高等职业教育通识类课程新形态教材

创新创业基础与实践

主　编　但唐仁　梅　石

副主编　曾姮艳　蒋阿宁　胡吉良

中国水利水电出版社
www.waterpub.com.cn
·北京·

内 容 提 要

本书采用活页任务驱动的编写方式，结合党的二十大报告内容，紧紧围绕大学生创新创业过程中完成各阶段任务所需的知识和技能来选择和组织内容。在开篇介绍创新创业基本概念后，接着详细介绍创新内容和创业内容。创新内容分为创新思维认知与训练、创新技法认知与应用和创新能力认知与创新成果的保护三个项目；创业内容分为创业前期准备与训练、创业团队组建、商业模式认知与训练、创业资源认知与获取、创业计划认知与训练和大学生创业实践六个项目。每个项目又进一步细分为若干个任务。

本书可作为高职院校“大学生创新创业”相关课程的教材使用，也可供有志于创业的社会人士参考。

图书在版编目（CIP）数据

创新创业基础与实践 / 但唐仁，梅石主编. -- 北京：中国水利水电出版社，2023.8
高等职业教育通识类课程新形态教材
ISBN 978-7-5226-1592-9

Ⅰ. ①创… Ⅱ. ①但… ②梅… Ⅲ. ①大学生－创业－高等职业教育－教材 Ⅳ. ①G647.38

中国国家版本馆CIP数据核字(2023)第115208号

策划编辑：石永峰　责任编辑：王玉梅　加工编辑：曲书瑶　封面设计：梁　燕

书　名	高等职业教育通识类课程新形态教材 创新创业基础与实践 CHUANGXIN CHUANGYE JICHU YU SHIJIAN
作　者	主　编　但唐仁　梅　石 副主编　曾姮艳　蒋阿宁　胡吉良
出版发行	中国水利水电出版社 （北京市海淀区玉渊潭南路1号D座　100038） 网址：www.waterpub.com.cn E-mail：mchannel@263.net（答疑） sales@mwr.gov.cn 电话：（010）68545888（营销中心）、82562819（组稿）
经　售	北京科水图书销售有限公司 电话：（010）68545874、63202643 全国各地新华书店和相关出版物销售网点
排　版	北京万水电子信息有限公司
印　刷	三河市德贤弘印务有限公司
规　格	184mm×260mm　16开本　12.75印张　310千字
版　次	2023年8月第1版　2023年8月第1次印刷
印　数	0001—4000册
定　价	49.00元

前　言

党的二十大报告指出，“创新是第一动力”“加快实施创新驱动发展战略”，大学生的创新创业教育是增强创新创业意识、焕发创新创业精神、提高创新创业能力、促进创新创业活动的基石。2012年开始，教育部对高校创新创业课程的普及做了明确的规定，广大高职院校积极响应号召，面向全体学生开设了“创新创业”这门课程。

本书作为“创新创业”在线课程配套的一体化教材，根据教育部关于大学生创新创业教育的最新精神，吸纳当代创新创业教育的最新成果，立足当前实际，对大学生创新创业的基本知识、基本训练进行全面讲解。本书的内容分为三个部分：第一部分项目1为逻辑起点，通过大学生创新能力、创业能力及问题解决能力的自我测试，让大学生对创新创业有基本认知及树立创新创业的信心和勇气；第二部分从项目2至项目4，从创新思维、创新技法和创新能力等角度，着重对创新技能的介绍和训练；第三部分从项目5至项目10，项目5至项目9着重对创业技能的训练，包括创业前期准备、创业团队、商业模式、创业资源、创业计划，最后在项目10中介绍如何把专业和创新创业结合起来的案例，帮助学生创业。

作为大学生创新创业的指导教材，本书具有以下特点。

1. 与专业相结合

大学生都有自己的专业，创新创业课程必须与专业相结合才有生命力，本书尽量引导学生将创新创业的方法与专业知识相结合，以实际案例讲解专业知识和创新创业的结合点、创新点。

2. 重训练讲技能

创新创业的关键是获得创新的能力和创业的方法，本书着重于创新创业技能训练方法、训练内容的讲解。

3. 活页工单编写

本书以高职及职教本科相关专业为对象，配合专业三教改革，采用活页工单方式编写，实现技术讲解与训练合二为一，以便于“教、学、做”一体化教学方法的实施。为满足项目学习、模块化学习等不同学习方式要求，本书配套完成了网络课程建设，实现了本书与线上线下教学的紧密结合。

本书由但唐仁、梅石任主编，曾姮艳、蒋阿宁、胡吉良任副主编，在编写过程中参考和引用了同类教材的一些材料，也得到了中国水利水电出版社的大力支持，在此谨向这些材料的作者以及为本书出版付出辛勤劳动的同志深表感谢！

由于编者水平有限，书中难免有不妥与疏漏之处，请广大读者批评指正。编者的电子邮箱为409320272@qq.com。

编　者

2023年3月

目　　录

项目 1　创新创业基本认知

知识目标

（1）理解创新创业的基本概念。

（2）掌握创新创业的区别与联系。

（3）理解当代大学生创新创业的特点和意义。

能力目标

（1）能初步树立创新创业意识，判别创新和创业的关系。

（2）能意识到自身对社会的责任，对自己与双创的差距有初步认识。

素质目标

（1）启蒙创新意识和创业精神，了解创新型人才的素质要求。

（2）培养改革创新精神和科学创业观。

思政目标

（1）培养爱国精神、民族自信、家国情怀。

（2）增强“四个意识”，坚定“四个自信”。

思维导图

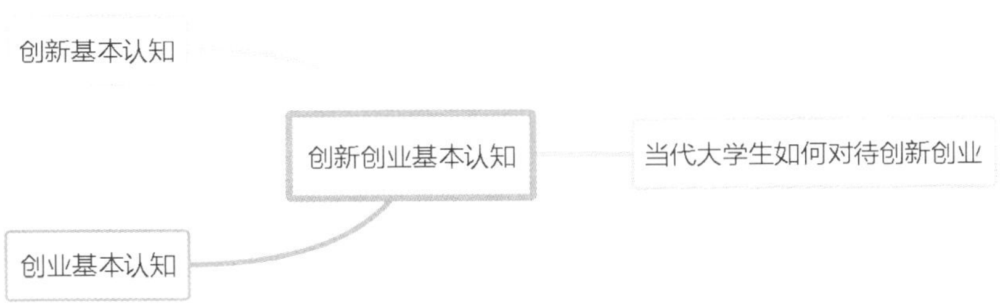

项目分析

“大众创业、万众创新”，当代大学生正处于创新创业的有利时期。大学生想要投身于创新创业，必须有对创新创业的基本认知，厘清二者之间的关系，并对自身有清醒的认知。本项目介绍创新创业的基础知识及当代大学生创新创业的特点与意义，帮助大学生对创新创业有一个整体的认识。

1.1 创新基本认知

1.1.1 任务实施单

任务编号	1.1	任务名称	创新基本认知
任务简介	创新是知识经济时代企业生存最重要的法则，也是员工体现自身价值、获得事业成功必备的职业能力。本任务引导大学生认知创新，从创新立场去思考问题，激发出思维的火花，提高创新能力		
任务目标	1. 理解创新的基本概念，认知创新的起源。 2. 理解问题意识的作用以及学会利用问题意识进行创新		
设备环境	计算机，Office 或 WPS 办公软件		
实施专业		实施班级	
实施地点		小组成员	
指导教师		联系方式	
任务难度	初级	实施日期	年 月 日
实施内容	结合本专业，以 PPT 方式用 1～2 个案例呈现问题意识在创新中的作用		

1.1.2 任务评价单

任务编号		1.1	任务名称	创新基本认知		
评价项目				自评/分	他评/分	综合/分
课堂表现	学习态度（20 分）					
	沟通合作（10 分）					
任务完成	用专业案例说明问题意识在创新中的作用（70 分）					
学生签字		年 月 日	教师签字		年 月 日	

评价规准						
项目		A（≥90%）	B（80%～89%）	C（70%～79%）	D（60%～69%）	E（<60%）
课堂表现	学习态度	与老师辩论	向老师提出质疑	与老师互动交流	被动回答问题	沉默
	沟通合作	主动承担任务且富有成效，主动发起讨论	主动承担任务，主动发起讨论	主动承担小组任务	能接受小组任务，配合他人	不能参与团队合作
任务完成	用专业案例 PPT 文档说明问题意识	专业案例全面展示问题意识，文档良好	专业案例全面展示问题意识，文档较好	专业案例基本展示问题意识，文档较好	专业案例基本展示问题意识，文档一般	没能展示问题意识，文档较差

1.1.3 案例引导

【案例描述】

她叫邬口关博，偶像是科学家爱迪生。在她看来，科学就像电灯一样，能让人们的生活明亮起来。

当别的孩子疯玩时，她做出了一连串让人啼笑皆非的事，比如研究如何在牛奶中加糖、醋、盐等，调制怪味牛奶。她那双明亮的眸子始终投射在生活中的难题上，专注于每个细节。小学时，为使校徽不刺伤人，她从文件夹得到启示，发明了一种安全校徽，将针夹牢牢锁住。初中时，她发现了热水器时冷时热，而燃烧器排出废气的温度又很高，于是她在废气上设计了水管，让自来水先在此水管中预热后再进入燃烧器，这样就容易保证水温了。高一时，她从铺位上滚下来扭伤脚，于是从汽车安全带上获得启示，设计了一种不影响睡觉的“防滚带”。她的奇思妙想让她在科学的世界里自由飞翔。

当人们向她请教如何创造发明时，她说，创新并不神秘，就是见人之所未见，思人之所未思，只要大胆想象，就可以得到意想不到的收获。

【案例感悟】

心理学研究表明，意识到问题的存在是思维的起点，不能发现问题的思维是肤浅的思维、被动的思维。有了问题，思维才有方向，才有动力；有了问题，才有主动探究的愿望。如果观察到某种事实但不提出问题，那么无论这种事实被观察过多少次，它们仍然是平凡的事实。

学生如果有问题意识，就会产生解决问题的需要和强烈的内驱力，他的思维就会为解决某一具体的、局部的实际问题而启动，不同层次水平的学生就会采用查找资料、请教师长等方式，大大地扩充了知识量。所以，培养学生的问题意识，有利于发挥主体作用，有利于激发学生学习的动力，学生只有在不断地试图提出问题、克服一切困难、努力解决问题的过程中，才会具有科学的探索精神和创造品质。

1.1.4 知识链接

创新基本认知

1.1.4.1 创新的含义

创新是民族进步的灵魂，是国家兴旺发达的不竭动力。习近平总书记指出：“在激烈的国际竞争中，惟创新者进，惟创新者强，惟创新者胜。”历史和经验表明，无论是发达地区还是欠发达地区，只要重视创新，就能赢得未来。

创新是指人们为了发展的需要，运用已知的信息，不断突破常规，发现或产生某种新颖、独特的有社会价值或个人价值的新事物、新思想的活动。创新的本质是突破，即突破旧的思维定势、旧的常规戒律。创新活动的核心是“新”，或是产品的结构、性能和外部特征的变革，或是造型设计、内容的表现形式和手段的创造，或是内容的丰富和完善。

创新是以新思维、新发明和新描述为特征的一种概念化过程，有三层含义：第一，更新，就是对原有的东西进行替换；第二，创造新的东西，就是创造出原来没有的东西；第三，改变，就是对原有的东西进行发展和改造。创新是人类特有的认识能力和实践能力，是人类主观能动性的高级表现形式。

创新是一个广泛的概念，包括各种类型的创新，如根据创新表现形式的不同，可以将创新分为知识创新、技术创新、管理创新、服务创新、方法创新和制度创新等；根据创新层次的不同，可以将创新分为原始创新和改进型创新；根据创新成果自主性的不同，可以将创新分为自主创新和模仿创新。创新包含科学技术、政治、经济、组织、金融、商业等一系列创新活动。

1.1.4.2 创新的意义

1. 创新是引领发展的第一动力

党的十八大以来，习近平总书记对创新发展提出了一系列重要思想和论断，把创新发展提高到事关国家和民族前途命运的高度，摆到了国家发展全局的核心位置。党的二十大指出“必须坚持科技是第一生产力、人才是第一资源、创新是第一动力”，这更加凸显了党中央对创新的极大重视。创新是推动民族进步和社会发展的不竭动力，一个民族要想走在时代前列，就一刻也不能没有理论思维，一刻也不能停止理论创新。

2. 创新是成功永恒的亮点

创新是一种态度，这种态度会让你拥有无数的梦想，让你渴望自己的生活变得不同，会鼓励你去尝试做一些事情，从而把一切变得更美妙、更有效、更方便。创新促进活力，活力产生动力。水稻杂交之父袁隆平说过：“作为一个科学家，不能迷信权威、迷信书本，也不能因为取得一丁点的成绩就沾沾自喜、居功自傲，科学是没有止境的，只有敢于探索敢于创新，才能成果迭出，常创常新。”

3. 创新是展现能力的需要

在企业中没有犯错误并不代表就是优秀员工，中规中矩不敢越雷池一步如何创新？而不创新如何展现能力呢？就好比在战场上，如果一枪不放，何来赫赫战功？现代企业中，最受欢迎的是那些勇于创新、善于提出新点子及新创意的员工。职场流行这样的看法：一流员工主动创新，二流员工被动创新，三流员工拒绝创新。

4. 人人可创新，人人能创新

在现实生活中，不少人把创新神秘化。他们认为创新是科学家的事，创新是高等院校的事，平常人与创新不搭界，一般人不能创新。其实，创新就在身边，生活、工作中到处散布着创新的种子，如果能做一个有心人，创新就会四处绽放。我们没有理由视创新为畏途，“高大上”的尖端技术当然需要攻克，但是我们身边更具体、更实际的技术革新、技术改造、小发明、小创造，同样值得为之努力。事实上，任何一项大的发明创造都是在许许多多小发明的基础上，量变到一定程度后实现突破的。创新是一个永远不老的话题，创新并不是少数几个天才者的权利，每个人都能创新。只要你能主动思考、积极求新、改变思维、突破定式、打破条条框框，就一定可以进入一个全新的创意空间，升华出精彩的创意。

对于创新，还需要跨越两个误区：一是“新”，就是指打破现有的、旧的东西，建立一个全新的事物，其实创新并不仅仅指全新，还有其他形式；二是“大”，认为创新必须是大发明、大创造，其实，有时创新仅仅是一个点子，一个小的改进而已。

1.1.4.3 创新的起源

成功的创新源于创新意识，只有标新立异才能独领风骚，也只有不断创新才能获得成功。任何企业和员工要想在激烈的竞争中站稳脚跟，都必须有创新意识。

1. 创新意识

创新意识是指人们根据社会和个体生活发展的需要，引起创造前所未有的事物或观念的动机，并在创造活动中表现出的意向、愿望和设想，它是人类意识活动中的一种积极的、富有成果性的表现形式，是人们进行创造活动的出发点和内在动力，是创造性思维和创造力的前提。

创新意识从何而来呢？创新意识存在于我们的现实生活中。只要拥有一点想象力，拥有一颗好奇心，敢于打破思维定势，就会不断地发现新事物，不断地有新的成就出现。当代大学生增强创新意识可以从以下几个方面入手。

（1）保持强烈的好奇心。创新源于好奇心，因为好奇心可以激发人们的求知欲，强烈的好奇心和求知欲能启发人们独立思考、细致观察，并从常见的现象中发现新问题，进而促使人们突破传统观念的束缚，别出心裁、标新立异地进行创造。中国铁路之父詹天佑，从小喜爱玩机械玩具，有时把家里的钟拆开，看里面有什么奥秘，研究它们是怎样转动和报时的。他从小喜爱理科，从对机械的兴趣入门，最终成为我国第一位著名的铁路工程师，设计并建造了外国人认为无法建造的京张铁路。能工巧匠鲁班也是充满了好奇心，他从爬山时被小树叶割伤腿受到启发，发明了人们广泛使用的锯子。

（2）培养丰富的想象力。想象就是人脑在过去感知的基础上，对所感知的形象进行加工、改造，创建出新形象的心理过程。想象是创新的翅膀，因为创新活动是从对生活中尚未存在的事物进行想象开始的。爱因斯坦想象人追光速时的情景而创立狭义相对论，又想象人在自由下落的情景中创立广义相对论。他对想象力推崇备至："想象力比知识更重要，因为知识是有限的，而想象力概括着世界上的一切，推动着进步，并且是知识进化的源泉。严格地说，想象力是科学的实在因素。""可以说，想象力是社会进步的原动力，正是具备了超凡的想象力，人类才有超凡的创举，人类才有今天和未来。"中国科学院院士施一公说："大学作为人类文明的灯塔，需要做的就是不断拓展认识自然的边界，保护好人类最原始也最宝贵的想象力。"

（3）突破思维障碍。思维是一种复杂的心理现象，"思"就是思考，"维"就是方向或次序，思维可以理解为沿着一定方向、按照一定次序而进行的思考。客观事物纷繁复杂，大脑思维相对简单，一旦长时间沿着一定方向、按照一定次序思考后，就会形成一种思维惯性。和物理学上的惯性相似，思维惯性也是很顽固的，如果对日常生活中经常发生的事物或自己长期从事的事物产生了思维惯性，并多次以这种惯性来对待客观事物，就形成了思维定势。思维惯性和思维定势合称为思维障碍。

思维障碍抑制着人们的创新意识，使人们的创新能力难以得到进一步的提高。要提高创新和创造能力，就应该突破思维障碍，而突破思维障碍的关键就是拓宽思维视角。如何突破思维障碍，将在创新思维的任务中讲述。

2. 问题意识

问题意识是指人们在认识活动中，经常意识到一些难以解决或疑惑的实际问题，并产生一种怀疑、困惑、焦虑、探索的心理状态，这种心理又驱使个体思维，不断提出问题、分析问题和解决问题。问题意识在思维过程和创新活动中占有非常重要的地位。强烈的问题意识不仅体现了个体思维的活跃性和深刻性，也反映了思维的独立性和创造性。强烈的问题意识，作为思维的动力，促使人们去发现问题、解决问题，直至有了新的发现。

问题意识、问题能力是创新意识和创新能力的基础，早在20世纪30年代，陶行知先生就言简意赅地说：“创造始于问题。有了问题才会思考，有了思考，才有解决问题的方法，才有找到独立思路的可能。”

问题意识人人都有，但有强弱之分。问题意识较强的人，经常主动进行提问，努力改善工作情况；而问题意识较弱的人，通常是发发牢骚，或者干脆闭口不语，很少提出建设性的问题。人人都羡慕成功者，而要想成为一个成功的人，则绝不能安于现状，要具有强烈的问题意识，不断地改进自己的缺陷和不足，朝着所设定的目标前进。

现代思维科学研究认为，问题是思维的起点，任何思维过程总是指向某一具体问题的。问题是创造的前提，一切创造都是从问题开始的。培养学生的问题意识，提高学生发现问题和解决问题的能力是培养创造型人才素质的核心。

一般来说，显而易见的问题无须发现，难以发现的是蕴含在习以为常现象背后让人难以觉察的问题。因此，发现表现为意识到某种现象的隐蔽未解之处，意识到寻常现象中的非常之处。从这个意义上说，发现问题是解决问题的关键，发现问题是创新的起点和开端。

问题意识是创造的动力，是创新精神的基石，培养创新精神，应始于问题意识。然而问题意识不是天生的，它也需要培养和激发。其中，培养好奇心和质疑精神是重要的举措。

（1）强烈的好奇心能导致问题意识的产生。好奇心既是一种寻根问底的求知情感，也是探索求知奥秘的钥匙，能激发进取的欲望。同时，好奇心还会增强人们对外界信息的敏感性，对眼前出现的新情况和发生的新变化及时做出反应，发现问题，并追根溯源，提出一连串的问题，从而激发思考，引起探索，开始创造活动。许多看似偶然的发现其实都隐含着一种必然：发现者必然具有强烈的好奇心。

（2）好奇心与质疑精神有着密切的关系。一般来说，当人们寻求真理的好奇心受到传统习俗或传统科学的压制时，好奇心就马上转化为质疑精神。建立在仔细观察和深刻思考基础上的质疑精神，是对好奇心的进一步推进。这种质疑精神越深刻、越有力，探索的目标就越清晰。质疑就是对权威的理论、既有的学说和传统的观念等不是简单地接受与信奉，而是持怀疑和批判的态度。由质疑而求异，才能突破传统观念和思维定势，另辟蹊径、大胆创新。李四光说：“不怀疑不能见真理，所以我希望大家都取怀疑态度，不要为已成的学说所压倒。”这充分肯定了质疑在创新中的重要作用。理学大师朱熹也说：“读书无疑者须教有疑，有疑，却要无疑，到这里方是长进。”这是对学习中的质疑的科学而辩证的阐述。宋代的著名学者陆九渊的观点更是精辟：“为学患无疑，疑则有进，小疑而小进，大疑而大进。”另一学者张载也讲过：“于不疑处有疑，方是进矣。”这些都是对质疑作用的充分肯定，强调提问对激发问题意识、促进思维、培养创新精神和创新能力的重要性。

1.1.5 技能测试

下面是一个大学生创新意识水平的自我测试，请仔细阅读每一个题目，然后根据自己的实际情况尽快作答，不要在每道题上花费过多时间。每个题目后面都有五个等级供选择，分别用“无”“偶尔”“有时”“经常”“总是”表示，每个题目都要作答，每个题目后只能选一个等级，并在相应的数字上打钩。

1. 我不随大流。
①无　②偶尔　③有时　④经常　⑤总是
2. 我不断追求事业进步。
①无　②偶尔　③有时　④经常　⑤总是
3. 我发言直爽而无顾忌。
①无　②偶尔　③有时　④经常　⑤总是
4. 我的思想比较活跃。
①无　②偶尔　③有时　④经常　⑤总是
5. 我对新知识有兴趣。
①无　②偶尔　③有时　④经常　⑤总是
6. 我的时间宝贵。
①无　②偶尔　③有时　④经常　⑤总是
7. 我敢于向困难挑战。
①无　②偶尔　③有时　④经常　⑤总是
8. 我提建议多。
①无　②偶尔　③有时　④经常　⑤总是
9. 我的求知欲望强。
①无　②偶尔　③有时　④经常　⑤总是
10. 我不迷信权威。
①无　②偶尔　③有时　④经常　⑤总是
11. 凡事我有主意。
①无　②偶尔　③有时　④经常　⑤总是
12. 新鲜事很容易吸引我的注意力。
①无　②偶尔　③有时　④经常　⑤总是
13. 我看问题站得高，望得远。
①无　②偶尔　③有时　④经常　⑤总是
14. 我兴趣广泛。
①无　②偶尔　③有时　④经常　⑤总是
15. 我不墨守成规。
①无　②偶尔　③有时　④经常　⑤总是
16. 我不害怕从来没做过的事。
①无　②偶尔　③有时　④经常　⑤总是
17. 我喜欢做新颖的工作。
①无　②偶尔　③有时　④经常　⑤总是
18. 我主意多。
①无　②偶尔　③有时　④经常　⑤总是
19. 我对事情喜欢寻根问底。
①无　②偶尔　③有时　④经常　⑤总是

20. 我相信自己不比别人差。

①无　　②偶尔　　③有时　　④经常　　⑤总是

计分方法：

选“无”计 1 分，选“偶尔”计 2 分，选“有时”计 3 分，选“经常”计 4 分，选“总是”计 5 分，20 个题目的得分加在一起为总分。

总分在 90 分以上，创新意识程度高。

总分在 80～89 分，创新意识程度中等偏高。

总分在 70～79 分，创新意识程度中等。

总分在 60～69 分，创新意识程度中等偏低。

总分在 60 分以下，创新意识程度低。

读书笔记

1.2 创业基本认知

1.2.1 任务实施单

任务编号	1.2	任务名称	创业基本认知
任务简介	创业就是发现机会、整合资源，从而创造财富。本任务引导大学生从多角度认知创业，并对自己是否适合创业有个基本认识		
任务目标	1．掌握创业的基本内涵。 2．对标成功人士的创业精神和素质，剖析自己的优缺点		
设备环境	计算机，Office 或 WPS 办公软件		
实施专业		实施班级	
实施地点		小组成员	
指导教师		联系方式	
任务难度	初级	实施日期	年 月 日
实施内容	以创业精神或创业素质为主题，以 PPT 方式呈现自己应该如何投入创业的浪潮中		

1.2.2 任务评价单

任务编号		1.2		任务名称		创业基本认知	
评价项目					自评/分	他评/分	综合/分
课堂表现	学习态度（20 分）						
	沟通合作（10 分）						
任务完成	如何投入创业浪潮（70 分）						
学生签字			年 月 日	教师签字			年 月 日
评价规准							
项目		A（≥90%）	B（80%～89%）	C（70%～79%）	D（60%～69%）	E（<60%）	
课堂表现	学习态度	与老师辩论	向老师提出质疑	与老师互动交流	被动回答问题	沉默	
	沟通合作	主动承担任务且富有成效，主动发起讨论	主动承担任务，主动发起讨论	主动承担小组任务	能接受小组任务，配合他人	不能参与团队合作	
任务完成	投入创业浪潮的 PPT 文档制作	全面展示投入创业浪潮，文档良好	全面展示投入创业浪潮，文档较好	基本展示投入创业浪潮，文档较好	基本展示投入创业浪潮，文档一般	没能展示投入创业浪潮，文档较差	

1.2.3 案例引导

【案例描述 1】任正非的创业精神

1987 年，43 岁的任正非集资 2.1 万元，在深圳创立了华为公司；次年，任正非出任华为公司总裁。随后的时间里，任正非凭借持续创新创业的精神，引领华为不断创造商业奇迹，并走出中国，走向世界。如今华为从一家立足于中国深圳特区的民营企业，稳健成长为世界 500 强公司。华为的电信网络设备以及智能终端已应用于全球 170 多个国家和地区。

“未来将是一个全连接的世界。”这是任正非领导下的华为孜孜以求的信念。30 多年来，华为抓住中国改革开放和信息通信技术（ICT）行业高速发展带来的历史机遇，基于客户需求持续创新，赢得了客户的尊重和信赖。华为坚持聚焦战略，对电信基础网络、云数据中心和智能终端等领域持续进行研发投入，以客户需求和前沿技术驱动创新，使公司始终处于行业前沿，引领行业的发展。

【案例感悟】任正非说：“什么叫成功？九死一生还能好好地活着，这才是真正的成功！”正是这种精神，使得华为在构建高效整合的数字物流系统，促进人与人、人与物、物与物的全面互连和交融等方面一马当先，推动了行业和社会进步。

【案例描述 2】董明珠的创业经验

在我国，大部分家电业都有与外资合资的背景，将别人的技术转化为自己的产品。格力也曾经持同样的观点，20 世纪 90 年代，董明珠曾赴日本，希望以最简单的购买方式，直接从日本企业手中取得核心技术，以便在国内的竞争中赢得主动。但是日本人拒绝了格力，“这种技术我们是不会卖的，因为它是世界上最先进的技术”。日本人的话点醒了董明珠，让她真正意识到：跟外资合作无非是别人将即将淘汰的技术给你，而他们会有更新的产品、更新的技术与你竞争，而且还能用这些淘汰技术获得另外的收益。“只有走中国创造之路，才能有中国制造的天下”，这让格力在痛定思痛中开展了自主研发之路。

2009 年，格力再次与日本企业合作，双方站在了一个完全平等的地位上，改变了过去简单购买别人技术的合作方式，双方共同研发、共同享用科技成果。

【案例感悟】现在的格力深深打上了董明珠的烙印，强调核心技术，强调工业精神。从“中国制造”到“中国创造”最终要体现在技术突破上，如果没有技术突破，还是像过去一样依赖于别人的技术，甚至简单地买一些核心部件回来自己组装，就不能实现真正“创造”的意义。一个企业要生存必须要有研发，否则就会在竞争中被淘汰出局。

1.2.4 知识链接

创业基本认知

1.2.4.1 创业的内涵及理解

创业是指某个人利用或借用相应的平台或载体，将其发现的信息、资源、机会或掌握的技术，以一定的方式，转化、创造成更多的财富、价值，并实现某种追求或目标的过程。创业是在竞争前提下的机会驱动过程，是创业者在面对大量的不确定性因素时分析、评估机会并进行有选择的投资决策的行动。简单来说，创业是指创办新的企业或开辟新的事业。实践性是创业的标志。

创业是创业者对自己拥有的资源或通过努力对能够拥有的资源进行优化整合，从而创造出更大经济或社会价值的过程。创业是一种劳动方式，是一种需要创业者组织与运用服务、技术、器物作业的思考、推理和判断的行为。

我国非常重视社会的创业，无论是从宏观还是从微观都给予大量的支持。宏观上，党的二十大报告指出“构建高水平社会主义市场经济体制，坚持和完善社会主义基本经济制度，毫不动摇巩固和发展公有制经济，毫不动摇鼓励、支持、引导非公有制经济发展”“强化企业科技创新主体地位，发挥科技型骨干企业引领支撑作用，营造有利于科技型中小微企业成长的良好环境”等；微观上，各省市县地方政府都出台了对创业全方位支持的政策。

1.2.4.2　增强创业意识

创业意识是指人们从事创业活动的强大内驱动力，是创业活动中起动力作用的个性因素，是创业者素质系统中的第一个子系统。创业意识主要包括以下五个方面。

1. 商机意识

真正的创业者，会在创业前、创业中和创业后，始终面临着识别商机、发现市场的考验。创业者必须有足够的市场敏锐度，可以宏观地审视经济环境，洞察未来市场形势的走向，以便做出正确的决策来保证企业的持续发展。

2. 转化意识

仅有商机意识是不够的，还要在机会来临时抓住它，也就是把握机会，把商机转化成实实在在的收入和公司的持续运作，最终实现自己的创业梦想。转化意识就是把商机、机会等转化为生产力；把自己的才能和在学校学到的知识转化为智力资本、人际关系资本和营销资本。

3. 战略意识

创业初期给自己制订一个合理的创业计划，解决如何进入市场、如何卖出产品等基本问题。创业中期需要制定整合市场、产品、人力方面的创业策略，转换创业初期战略。需要指出的是，创业战略不止一种，也没有绝对的好坏之分，关键要适合自己的创业之路。在这条路上应时刻保持着战略的高度，不以朝夕得失论成败。

4. 风险意识

创业者要认真分析自己在创业过程中可能会遇到的风险，一旦这些风险出现，要懂得如何应对和化解。创业者是否具备风险意识和规避风险的能力，将直接影响到创业的成败。

5. 勤奋敬业意识

李嘉诚说：“事业成功虽然有运气在其中，主要还是靠勤劳，勤劳苦干可以提高自己的能力，就有很多机会降临在你面前。”大学生创业一定要务实、要勤奋，不能光停留在理论研究上。可以从小额投资开始，逐步积累经验，不能只想着一口吃成个胖子。没有资金、没有人脉都不要紧，关键要有好的思路和想法，有勇气迈出第一步才可能成功。

1.2.4.3　培养创业精神

创业精神指的是一种追求机会的行为，这些机会还不存在于目前资源应用的范围，但未来有可能创造资源应用的新价值。哈佛大学商学院对其定义是：“创业精神就是一个人不以当前有限的资源为基础而追求商机的精神。”从这个角度上来讲，创业精神代表着一种突破资源限制，通过创新来创造机会、创造资源的行为，而不是简单地体现在创造新企业或体现在创新上。因此，创业精神可以简洁地概括为：没有资源创造资源，没有条件创造条件，用有限的资源去创造更大的资源。

对创业精神的解释多种多样，每位成功创业者所具备的创业精神也不完全相同。通过综合各种对创业精神的叙述，以下五种要素普遍地出现在对各个创业者的评价中。

（1）充沛的激情。创业的过程总是困难重重、艰辛曲折，创业者需要具备极大而又持久的创业激情，将创意团队凝聚在一起，克服困难，走向成功。马云讲述自己的创业经历时，特别地讲到创业需要激情，而且只是短暂的激情还远远不够，还需要持久地支持着创业者的灵魂。

（2）高度的适应性。在创业的过程中，会遇到各种局面、各种环境，要适应不断变化的市场及消费者的不同需求，就需要创业者有高度的适应性。例如，雅马哈集团不断推出新产品，从原本的乐器生产商发展成为横跨发动机、音响、家居等领域的综合工业生产集团。

（3）卓越的感召力。出色的创业者，一般具有很强的个人魅力和感召力，能够很好地凝聚创业团队，成为创业团队的精神力量和榜样。就像乔布斯曾经说服时任某企业的高管跳槽：“你想卖一辈子糖水，还是想改变世界？”该高管被决心改变世界的乔布斯所感召，加入了苹果公司。

（4）出色的合作精神。个人的力量是有限的，单打独斗难以成功创业，只有具备合作精神才能够充分发挥团队的力量，同时积极进行外部合作可以获得更多的商业机会和创业资源。

（5）远大的理想目标。目标能够帮助创业者在困难中坚持下来，帮助创业者在初有成绩时保持本色，帮助创业者以长远的、较高的眼光来谋划公司的发展。

1.2.4.4 提升创业素质

创业素质指的是创业者的心理素质和人格素质。心理素质包括要明确目标，要有激情，要有拼搏意识，要明白创业的风险而有失败的心理准备；而人格素质包括坚强的意识品质、坚强的必胜信心、良好的沟通能力、较强的组织管理能力、一定的企业工作或管理经验、良好的交际能力，要公平公正做人、广交朋友，这样才能调动所有人的积极性。

目前关于创业素质的含义有三种有代表性的观点。

（1）创业素质是指人在后天接受教育和环境影响下形成和发展的，在社会实践活动中表现出来的比较稳定的个性特征。

（2）创业素质是指在人的心理素质和社会文化素质基础上，在环境和教育的影响下形成和发展起来的，在社会实践活动中全面地、较稳定地表现出来并发挥作用的身心组织要素、结构及质量水平。

（3）创业素质是指以人的先天禀赋为基础，在环境和教育的影响下形成和发展起来的、在创业实践活动中表现出来并相对稳定地发挥作用的身心组织要素的总称。

由此可见，创业素质的培养，主要依靠后天的教育，在某些特定环境和教育下形成和发展。当代大学生的创业素质教育，也离不开这些基础和条件。因此，我们将当代大学生的创业素质的含义概括为：以其时代特点和自身特点为基础，优化整合优质教育资源，通过学校、家庭、企业、社会等多渠道，帮助他们树立创业意识、激发创业激情、掌握创业知识、提高创业能力，进一步培养具有时代特征的创业素质。

1.2.5　技能测试

下面是大学生创业素质水平的自我测试，基于创业者相应的能力与素质要求，选取 15 项要素作为评价指标，测试创业者的综合素质能力。测试时，可以独立完成，但对于一些不太明确的评价，也可以参考他人意见。每项要素可用 1～5 分别对应评价等级，分数越高说明越符合某项素质，最后取总分数。

1. 成功欲望

希望通过自己的努力实现创业目标，并且过程中积极主动。

2. 竞争意识

主动接受挑战，并在竞争过程中保持公平、公正。

3. 冒险意识

敢闯敢拼，勇于冒险，不畏惧失败与风险。

4. 持之以恒

在明确自己的目标后，坚持不懈，砥砺前行。

5. 沟通技巧

掌握人际交往过程中的沟通技巧，能够很快让别人清楚了解自己想要表达的东西，说话有吸引力。

6. 领导力

对自己和员工有清楚的认识和定位。既可以管理好自己，也可以管理好团队。

7. 洞察力

善于发现事物的闪光点，能够获取别人往往忽略的信息。

8. 创新力

能够在自己的创业项目中加入创新元素，大胆组合，迸发出别样的特点。

9. 组织力

办事逻辑清晰，可以良好、高效地组织企业中的团队活动。

10. 应变力

处理事务时能够保持清醒的头脑，随机应变。

11. 诚实守信

保持应有的职业道德与职业操守，真诚待人，实事求是。

12. 正直自信

品行端正，并且能够保持积极自信的态度，尤其是在遇到挫折时，依旧相信自己，相信自己的团队。

13. 知识储备

具备良好的知识储备，包括书本知识与实践知识；具备一定的社会阅历与社会分析能力。

14. 建立企业文化

有自己完整健康的世界观、人生观、价值观，能够形成优秀的企业文化，并带领团队不断深化完善。

15. 人际网络

有广泛的人际交往圈，喜欢并擅长结识新的朋友，同时又能为新朋友留下好的印象。

总分在 69 分以上，创业素质等级高。

总分在 63～69 分，创业素质等级中等偏高。

总分在 56～62 分，创业素质等级中等。

总分在 49～55 分，创业素质等级中等偏低。

总分在 48 分以下，创业素质等级低。

读书笔记

1.3　当代大学生如何对待创新创业

1.3.1　任务实施单

任务编号	1.3	任务名称	当代大学生如何对待创新创业
任务简介	“大众创业，万众创新（双创）”引起了人们高度关注，本任务引导大学生认清自身创新创业的氛围及优劣势，在成功案例的激励下，积极地投身双创的大潮之中		
任务目标	弄清自身创新创业优劣势，积极投身双创的风潮中		
设备环境	计算机，Office 或 WPS 办公软件		
实施专业		实施班级	
实施地点		小组成员	
指导教师		联系方式	
任务难度	初级	实施日期	年　月　日
实施内容	对照本节内容，列出自己创业的优势和劣势，以及发扬优势和克服劣势的方法		

1.3.2　任务评价单

任务编号		1.3		任务名称		当代大学生如何对待创新创业
评价项目				自评/分	他评/分	综合/分
课堂表现	学习态度（20 分）					
课堂表现	沟通合作（10 分）					
任务完成	列出自己创业的优势和劣势及发扬与克服的方法（70 分）					
学生签字		年　月　日		教师签字		年　月　日
评价规准						
项目		A（≥90%）	B（80%～89%）	C（70%～79%）	D（60%～69%）	E（<60%）
课堂表现	学习态度	与老师辩论	向老师提出质疑	与老师互动交流	被动回答问题	沉默
课堂表现	沟通合作	主动承担任务且富有成效，主动发起讨论	主动承担任务，主动发起讨论	主动承担小组任务	能接受小组任务，配合他人	不能参与团队合作
任务完成	自我反省，PPT 呈现	全面展示自我反省的内容，文档良好	全面展示自我反省的内容，文档较好	基本展示自我反省的内容，文档较好	基本展示自我反省的内容，文档一般	没能展示自我反省的内容，文档较差

1.3.3 案例引导

【案例描述】小游戏公司的成功

小钱、小赵、小林原是某大型网游公司的员工。虽然他们工作年限不长，但个人能力非常突出。尤其是小钱和小赵，他们经常在工作之余阅读一些与游戏设计相关的书，而小林则喜欢关注游戏市场的变化。在看到国内手机软件尤其是游戏软件市场蓬勃发展的趋势后，他们想抓住商机。经过反复商量，他们决定辞职创业。

他们创业的项目是一款适合在手机上玩的小游戏。游戏的大致内容为：由于人类对环境的污染，海洋中的生物都发生了变异乃至死亡，玩家需要协助环境保护人员进行调查，使海洋生态恢复如初。他们在过去的工作中设计制作过类似的小游戏，因此具备了相关经验。经过 5 个多月的艰苦奋战，一款画面美观、操作性强、引人入胜的小游戏终于“出炉”了。他们制订了相应的营销方案向国内游戏开发商推广他们的产品和服务，最终大获成功。

【案例感悟】

没有坚实的知识积累和深厚的知识底蕴，不可能孕育出好的创新成果，而没有优秀的创新成果作为支持，创业是很难成功的。

1.3.4 知识链接

当代大学生如何对待创新创业

1.3.4.1 创新与创业的关系

虽然创业与创新是两个不同的概念，但是两个范畴之间却存在着本质上的契合、内涵上的相互包容和实践过程中的互动发展。第一次提出创新概念的奥地利著名经济学家熊彼特认为，创新是生产要素和生产条件的一种从未有过的新组合，这种新组合能够使原来的成本曲线不断更新，由此会产生超额利润或潜在的超额利润。创新活动的这些本质内涵，体现着它与创业活动性质上的一致性和关联性。

创新是创业的基础，而创业推动着创新。从总体上说，一方面，科学技术、思想观念的创新，在促进人们物质生产和生活方式的变革，引发新的生产、生活方式，进而为整个社会不断地提供新的消费需求，这是创业活动源源不断的根本动因；另一方面，创业在本质上是人们的一种创新性实践活动。无论是何种性质、类型的创业活动，它们都有一个共同的特征，那就是创业是主体的一种能动的、开创性的实践活动，是一种高度的自主行为，在创业实践的过程中，主体的主观能动性将会得到充分的发挥和张扬，正是这种主体能动性充分体现了创业的创新性特征。

创新是创业的本质与源泉。熊彼特曾提出，“创业包括创新和未曾尝试过的技术”。创业者只有在创业的过程中具有持续不断的创新思维和创新意识，才可能产生新的富有创意的想法和方案，才可能不断寻求新的模式、新的思路，最终获得创业的成功。

创新的价值在于创业。从一定程度上讲，创新的价值就在于将潜在的知识、技术和市场机会转变为现实生产力，实现社会财富的增长，造福于人类社会。而实现这种转化的根本途径就是创业。创业者可能不是创新者或是发明家，但必须具有能发现潜在商机的能力和敢于冒险的精神；创新者也并不一定是创业者或是企业家，但是创新的成果则是经由创业者推向市场的，使潜在的价值市场化，创新成果也才能转化为现实生产力。这也从侧面体现了创新与创业的关联性。

创业推动并深化创新。创业可以推动新发明、新产品或是新服务的不断涌现，创造出新的市场需求，从而进一步推动和深化各方面的创新，因此也就提高了企业或是整个国家的创新能力，推动经济的增长。

1.3.4.2　大学生创新创业的优劣势与意义

1. 优势

大学生创业的优势主要有以下几个方面。

（1）大学生创业者年纪轻，精力旺盛，对未来充满希望，勇于接受挑战，有“初生牛犊不怕虎”的气势，这些特质是一个创业者应该具备的基本条件和素质。因此，对整个社会而言，应多给予这些创业的大学生关爱，保护好他们这份创业的热情。

（2）大学生具有高等教育的背景，领悟力强，一点即通，自主学习知识的能力强、接受新鲜事物快，许多大学生还成为潮流的引领者。在学校里，大学生学到了很多理论性的东西，如果将这些理论知识运用于创业实践，容易获得成功。这也是相比其他创业者而言，大学生创业更容易获得社会支持的一个重要原因。

（3）从大学生素质的角度来看，拥有较高文化水平、学习能力强、头脑灵活，是他们“不同凡响”的一个要素。虽然，许多大学生创业者都面临着缺乏资金、缺乏经验等客观问题，但从小到大培养起来的学习能力、思考和解决问题的能力，甚至他们与高校教授和大学同学的人脉关系，能帮助其在遇到问题时得到实际有效的帮助。

另外，很重要的一点是，大学生创业者不仅会学而且好学，多年的求学经历使得他们乐于接受新鲜事物，对于市场上出现的新兴事物能够快速接受并消化，从而快步跟上市场的需求，找到并满足市场商机。

（4）现代大学生普遍有创新精神，他们视野开阔，不甘心过平凡的生活，有对传统观念和传统行业挑战的信心和欲望，而这种创新精神成为大学生创业的动力源泉。创业要获得成功，必须有敏锐的市场观察力，必须深入了解顾客，确保自己的产品和服务相对竞争者而言更加受到顾客的青睐和欢迎。要取得更多的竞争优势，可以比别人提供更好的产品或服务，或者增加更多的用户体验等，这些举措都需要创业者具有非凡的想象力和创新精神，大学生的创新精神对大学生创业来说至关重要。

（5）大学生信息技术运用能力强，能够在互联网上搜寻到许多信息。当前从我国大学生创业实践来看，大学生利用互联网技术创业的比例越来越大，在创业中相对其他创业者来说更容易上手，同时也更方便获得市场信息，这帮助大学生在创业时更容易发现市场机会，在创业时做出正确的决策。

（6）大学生普遍无家庭负担，其创业很可能获得家庭或家族的支持。大学生在创业初期，获得家庭的支持很重要。现在的许多大学生家庭，对大学生创业的支持力度越来越大，他们相信，大学生的创业眼光更好，也更容易获得成功，即使不成功，对大学生来说也是一个提高自己能力、了解社会的机会，对今后的人生道路也是非常有益的。从整个大的环境来看，大学生家庭成员对大学生创业越来越宽容，这些也保证了大学生创业者能够轻装上阵，免除了后顾之忧。

（7）受过高等教育的大学生思想活跃，他们讲诚信、讲职业操守，这些确保了大学生在创业时，容易找到志同道合的人，共同组建一个结构合理的创业团队。这个创业团队因为有共同的理想和抱负，团队的凝聚力往往非常强。

2. 劣势

当然，大学生创业也有一些劣势，主要有以下几个方面。

（1）大学生社会经验不足，缺乏与人沟通的技巧是大学生创业者普遍会遇到的“拦路虎”。有些大学生创业者盲目乐观，没有充足的心理准备面对创业失败，心理承受能力差，遇到挫折就放弃，甚至有的大学生在前期听到创业艰难，没有尝试就轻易放弃了。

（2）大多数大学生局限于本专业学习，缺乏运营、管理、财务、税法和市场营销等方面的知识，这些已成为影响大学生成功创业的重要因素。大学生们虽然掌握了一定的理论知识，但终究缺乏必要的企业经营管理经验。不少创业的大学生有核心的技术、独特的创意，在有了启动资金、合作伙伴后，第一阶段的运营基本可以正常运转。但随着业务量的增多、团队的扩大，可能会在人事、财务、物资等方面出现问题。而由于在学校从未有过处理这些事情的经验，不少大学生创业团队在面对这些问题时变得手足无措，甚至导致创业半途而废。

（3）大学生创业资源比较少，融资能力比较弱。纵观我国的大学生创业实践，大学生创业者面临的融资难主要体现在集资途径少、集资数额小，他们的创业资金大多来自父母，而父母的钱一般也只够完成学业。这也导致了大学生创业的人数不多，因为即使他们具备创业成功的条件，也常因为没钱而无法创业，无形中也造成了创业难以成功的情况。国家虽然也为大学生提供贷款，但是数额少，杯水车薪，难以满足大学生创业的资金需要。目前，我国的创业投资机制还不健全，融资渠道不仅少，而且不够畅通。对于许多大学创业者来说，缺少资本和信用记录，也没有固定资产或抵押品，很难从银行获得贷款；同时，对政府相关扶持政策等了解不多，对创业资源的整合能力也有待提高。

（4）大学生的市场观念较为淡薄，对创业的理解还停留在一个点子或是几个人的突发奇想，但如何将这些想法转化为现实的商业计划常常被忽略，谈到目标市场定位与营销手段组合这些重要方面，则全然没有概念。其实，在创业实践中，投资人不仅看重创业计划技术含量有多高、在多大程度上是不可复制的，更重要的是看产品的市场盈利的潜力、能否比竞争者更能提高顾客的满意度。

3. 创新创业的意义

目前，我国大力支持大学生创业，各高校顺应社会发展要求，通过各种途径来培养大学生的创业能力，为大学生创业提供多方位的支持，取得了巨大的成绩。大学生的创业热情被点燃，更积极主动地进行创业，创业成功率也大幅度提高。大学生创业对国家、社会和个人都具有重要意义。

（1）有助于缓解就业压力。创业能力是一个人在创业实践活动中的自我生存、自我发展的能力，一个创业能力很强的大学毕业生不但不会成为社会的就业压力，相反还能通过自主创业活动来增加就业岗位，以缓解社会的就业压力。因此，自主创业应作为未来的就业途径之一，它将开辟新的就业渠道，在解决自身就业的同时也为社会创造新的就业机会，有利于缓解国家的就业压力。实践证明，大学生创业对带动整个社会就业的效果非常明显。

（2）有利于培养创新精神和勇于开拓的创业精神。大学生作为中国最具活力的群体，如果失去了创新的冲动和欲望，那么中华民族最终将失去发展的不竭动力。大学生的创业活动，有利于培养勇于开拓的创新精神，把就业压力转化为创业动力，培养出越来越多的各行各业的创业者。

创业是就业的另一种模式，不同的是创业者不是被动地等待他人给自己“饭碗”（就业机会），而是主动地为自己或他人创造“饭碗”。目前，我国提倡和鼓励大学生自主创业，并为此出台了一系列包括工商、税务等方面的优惠政策。之所以提倡大学生创业，除了创业不失为一条缓解目前就业压力的解决途径外，更重要的是引导大学生要具有一种敢于开拓的创业精神。

（3）有助于增强实践动手能力和树立正确的人生目标。大学生就业市场的竞争日益激烈，企业招聘大学生，既要看其理论知识，还要看其实践经验，而实践能力成为用人单位选贤任能的重要标准之一。大学生可以通过自主创业这一平台提高自己的实践能力，积累更多实践经验及社会经验，提前为毕业后进入好公司打好基础。

大学生创业，一方面使其较早接触社会、进入社会，对社会中层出不穷的现象及问题，甚至面对的机会有直接认识，进而在长期的适应过程中做到处之泰然、得心应手；另一方面可以培养他们积极、乐观、刚强的性格，为他们面对未来漫长的路途确立正确的人生态度。

（4）有利于促进经济的发展和社会的和谐稳定。创业为我国经济社会发展提供持续动力。从西方发达国家实践来看，各发达国家都非常重视对中小企业的扶持，欧洲国家的中小企业不仅在经济复兴中贡献了力量，更在增加就业岗位中发挥了重要作用。中小型创新型企业作为“小而活”企业的代表，对经济发展的影响力与日俱增。时至今日，创新型中小企业仍是美国经济活力的重要来源。因此，我们应创建良好的创业环境，大力鼓励大学生创办中小企业，充分发挥大学生的创新智慧，将创新技术转化为生产力并最终造福于广大人民，促进我国经济的持续发展和社会的和谐稳定。

1.3.5　技能测试

下面是针对大学生问题解决能力的测试。问题解决能力测试表见表 1.3.1，每个测试项有五个选项，依次为“从不这样（1 分）、很少这样（2 分）、有时这样（3 分）、经常这样（4 分）、总是这样（5 分）”，分数越大，代表能力越强。请根据自身实际作答，在相应的等级选项框中打“ √ ”，每个问题只选一个等级选项。

表 1.3.1　问题解决能力测试表

序号	测试项	从不这样（1 分）	很少这样（2 分）	有时这样（3 分）	经常这样（4 分）	总是这样（5 分）
1	面对问题时，我能很快理解问题是什么					
2	遇到问题时，我能很快确定哪些信息是主要的，哪些是次要的					
3	我能很快地明确解决问题所需要的知识					
4	面对问题时，我能恰当地表述问题答案					
5	我会很快抓住问题的主要信息来进行思考					

续表

序号	测试项	从不这样（1分）	很少这样（2分）	有时这样（3分）	经常这样（4分）	总是这样（5分）
6	准确评估问题的初始状态和预测问题的最终状态					
7	洞察问题的各层次结构，并从结构中发现解决问题的关键					
8	清楚地列出需要解决的复杂问题中的要点					
9	清晰地阐述解决问题的过程和结果					
10	清晰而连贯地解释推理过程，其推理过程富有见解					
11	真实的结果常常和我预测的结果相似					
12	成功解决问题后，我能获得经验，并应用于解决其他的问题上					
13	遇到问题时，我会首先想到寻求他人的帮助					
14	遇到问题时，我经常上网查资料，相信通过自己的能力可以解决问题					
15	我通常用自己想到的第一个方法去解决问题					
16	我使用学科领域的策略、工具和知识来解决问题					
17	解决问题前，我会制订一个具体的计划，以清楚知道自己要完成的部分					
18	我会同时拟定多种解题策略，并合理地进行决策					
19	我会在开始解决问题之前，细心而有步骤地分析问题的所有特征					
20	我会分析并尝试找出妨碍我成功的因素					

将 20 项的测试项所得分数相加，最后取总分数。

总分在 90 分以上，问题解决能力等级高。

总分在 80～89 分，问题解决能力中等偏高。

总分在 70～79 分，问题解决能力等级中等。

总分在 60～69 分，问题解决能力等级中等偏低。

总分在 60 分以下，问题解决能力等级低。

项目2　创新思维认知与训练

知识目标

（1）掌握创新思维含义、创新思维种类和创新思维特征。
（2）掌握发散思维含义和训练方法。
（3）掌握逆向思维含义和训练方法。
（4）掌握联想思维含义和训练方法。
（5）理解思维定势含义和突破思维定势训练方法。

能力目标

（1）学会运用发散思维、逆向思维、联想思维等方法解决问题。
（2）学会突破思维定势的方法。

素质目标

（1）提升学生对创新活动与创业行为的认知与信心。
（2）启发学生的创新思维，激活学生的创造意识。

思政目标

（1）培养学生胸怀世界、放眼全球的格局。
（2）引导学生自觉地知国、爱国、兴国，增强民族自信心、国家自豪感。

思维导图

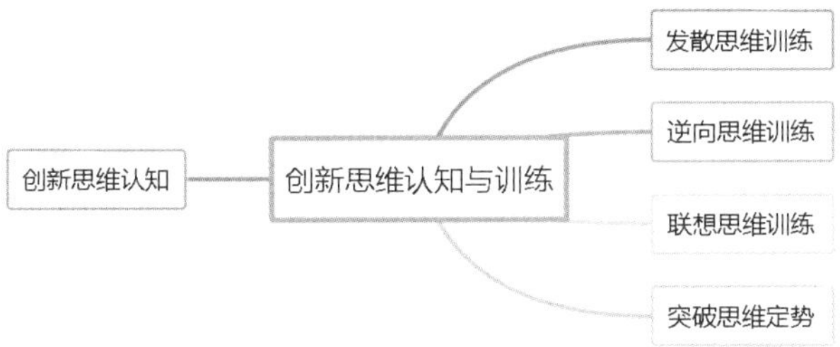

项目分析

创新思维是创新能力的核心，是创新活动的关键。创新思维从不同的角度有不同的分类方法，本项目从发散思维、逆向思维和联想思维三个方面阐明创新思维的含义，重点在于训练创新思维并应用于实践中，而突破思维定势是训练创新思维另一种方式。本项目通过创新思维的训练，使学生更好地掌握知识、产生新问题，把学到的知识不断地迁移到学习新知识的过程中。

2.1 创新思维认知

2.1.1 任务实施单

任务编号	2.1	任务名称	创新思维认知
任务简介	创新思维是创新能力的核心，是创新活动的关键，是人们找到问题解决方法的利器。本任务引导学生理解创新思维的含义、形式和特征		
任务目标	1. 掌握创新思维含义、创新思维种类和创新思维特征等基本概念。 2. 从实例中归纳出创新思维种类和创新思维特征		
设备环境	计算机，Office 或 WPS 办公软件		
实施专业		实施班级	
实施地点		小组成员	
指导教师		联系方式	
任务难度	初级	实施日期	年 月 日
实施内容	查资料，制作 PPT 文档，对超前思维、聚合思维、纵向思维、横向思维、立体思维五种创新思维列举案例，并说明原因		

2.1.2 任务评价单

<table>
<tr><td colspan="2">任务编号</td><td>2.1</td><td colspan="2">任务名称</td><td colspan="2">创新思维认知</td></tr>
<tr><td colspan="4">评价项目</td><td>自评/分</td><td>他评/分</td><td>综合/分</td></tr>
<tr><td rowspan="2">课堂表现</td><td colspan="3">学习态度（20 分）</td><td></td><td></td><td></td></tr>
<tr><td colspan="3">沟通合作（10 分）</td><td></td><td></td><td></td></tr>
<tr><td>任务完成</td><td colspan="3">制作 PPT 文档，展示五种创新思维的案例（70 分）</td><td></td><td></td><td></td></tr>
<tr><td>学生签字</td><td></td><td>年 月 日</td><td>教师签字</td><td></td><td colspan="2">年 月 日</td></tr>
<tr><td colspan="7">评价规准</td></tr>
<tr><td colspan="2">项目</td><td>A（≥90%）</td><td>B（80%～89%）</td><td>C（70%～79%）</td><td>D（60%～69%）</td><td>E（<60%）</td></tr>
<tr><td rowspan="2">课堂表现</td><td>学习态度</td><td>与老师辩论</td><td>向老师提出质疑</td><td>与老师互动交流</td><td>被动回答问题</td><td>沉默</td></tr>
<tr><td>沟通合作</td><td>主动承担任务且富有成效，主动发起讨论</td><td>主动承担任务，主动发起讨论</td><td>主动承担小组任务</td><td>能接受小组任务，配合他人</td><td>不能参与团队合作</td></tr>
<tr><td>任务完成</td><td>创新思维案例 PPT 文档制作</td><td>全面展示五种创新思维案例，文档良好</td><td>全面展示五种创新思维案例，文档较好</td><td>基本展示五种创新思维案例，文档较好</td><td>基本展示五种创新思维案例，文档一般</td><td>没能展示创新思维案例，文档较差</td></tr>
</table>

2.1.3　案例引导

【案例描述】创新思维的力量

小张是一名大二学生，专业是多媒体设计，主要方向为网页设计。由于家庭条件不是很好，为了减轻家里的负担，小张白天上课，晚上外出兼职，为商家设计网页。小张大学毕业后回到家乡，在亲人和朋友的帮助下创办了一个养鸡合作社。该合作社销售的并不是鸡肉，而是鸡蛋。为了让鸡蛋的蛋黄看起来更红、营养更丰富，小张特意在小鸡的饮食中添加了胡萝卜和南瓜。转眼就到了销售鸡蛋的时候，受之前网页设计工作的启发，小张突然有了一个"新创意"——开发"小张鸡蛋网上身份查询系统"，将每批鸡蛋进行登记，让消费者看到更加透明的产品信息，打消其购买顾虑。小张的巧妙创新让他手中的 5000 枚鸡蛋在不到两周的时间内销售一空，小张的鸡蛋事业也开拓出了一片新天地。

【案例感悟】

在上述材料中，小张之所以成功，主要是因为他的创新思维。他想到了开发鸡蛋网上身份查询系统，并在小鸡的饮食中添加胡萝卜和南瓜。其实，创新成功者往往都拥有独到的见解，他们总是从不同的角度看问题，从而能不断产生创意，发现新的需求。由此可见，创新思维对于大学生创业具有重要价值。

2.1.4　知识链接

创新思维认知

2.1.4.1　思维与创新思维

1. 思维

思维是人脑对客观现实概括和间接的反映，它反映的是客观事物的本质及其规律性联系。思维是人类认识的高级阶段，它是在感知基础上实现的理性认识形式。例如，通过对人的观察分析得出"人是能言语，能制造和使用工具的高等动物"；根据对水的研究得出水和温度之间的关系，在 101kPa 下，水的温度降低到 0℃就会结冰，升高到 100℃就会沸腾等。这些都是人脑对客观事物的本质及其规律的认识。人们常说的"考虑""设想""预计""沉思""审度""深思熟虑"等都是思维活动的表现形式。

2. 创新思维

创新思维是指以新颖独创的方法解决问题的思维过程，通过这种思维能突破常规思维的限制，以超常规甚至反常规的方法、视角去思考问题，提出与众不同的解决方案，从而产生新颖的、独到的、有社会意义的思维成果。

创新思维是人们在全方位、多角度观察问题后，跳出现实的制约，摆脱传统观念的束缚，寻找新的方式，运用新的方法分析问题的思维过程。创新性思维的关键在于多角度、多侧面、多方向地看待与处理事务和问题，引出创新性设想的思维形式，主要是指非逻辑思维。

2.1.4.2　创新思维的形式

创新思维形式是多种多样的，只有真正理解、掌握创新思维的多样性，在实践中灵活运用创新思维的多种形式，才能自由地步入创新王国，获取创新的丰硕成果。

常见的创新思维有发散思维（也称为多向思维或扩散思维）、逆向思维（也称为反向思维）、联想思维（也称为想象思维）、组合思维、超前思维（也称为前瞻思维）、聚合思维（也称为收敛思维）、侧向思维、纵向思维、横向思维和立体思维（也称为整体思维或空间思维）等。本项目先对超前思维、聚合思维、纵向思维、横向思维、立体思维进行介绍，后续项目将对发散思维、逆向思维、联想思维等创新思维进行详细介绍，也有些思维形式和创新技法相联系，将在项目3讲述。

1. 超前思维

超前思维是在已掌握多方面信息的基础上，根据客观事物的发展规律和发展趋势，对于事物的未来前景及其实现过程的预测、构想或推断的一种思维过程。超前思维是先于客观事物发展变化而出现的一个“对象世界”，它是引导人们积极地开拓未来的一抹曙光。

第二次世界大战期间，美国许多的企业受战争影响都处于半停滞、半瘫痪状态，除了军火工业，大多数行业都不景气。杰克是一家面临倒闭的缝纫机厂厂长，他经过深思熟虑，果断决定改行，但他并没有转向当时的其他行业，而是以超前的意识发现了战争所带来的市场——服务伤兵和残伤的百姓。于是他设计和改造部分设备，开发出残疾人用的轮椅。当世界大战结束后，那些伤兵和残伤的百姓纷纷购买轮椅，轮椅一时间成了热销货，而这种产品当时只有杰克一家有大批现货，这样，轮椅不但在美国销得快，还远销到其他国家。超前思维帮他们抢得了先机。

2. 聚合思维

聚合思维是指从已知信息中产生逻辑结论，从现成资料中寻求正确答案的一种有方向、有条理的思维方式。聚合思维法又称为求同思维法、集中思维法、辐合思维法和同一思维法等。聚合思维法是把广阔的思路聚集成一个焦点的方法，是一种有方向、有范围、有条理的收敛性思维方式，与发散思维相对应。聚合思维也是从不同来源、不同材料、不同层次探求出一个正确答案的思维方法。因此，聚合思维是对从众多可能性的结果中迅速做出判断、得出结论最重要的思维。

在实际生活中，如公安人员破案时，要从各种迹象、各类被怀疑的人员中发现作案人和作案事实等都是靠聚合思维；医生给患者看病，先检查出病因，然后根据病因开始实施治疗也是聚合思维的体现。

3. 纵向思维

纵向思维是指在一种结构范围内，按照有顺序的、可预测的、程式化的方向进行的思维形式，是一种符合事物发展方向和人类认识习惯的思维方式，遵循由低到高、由浅到深、由始到终等顺序，因此清晰明了、合乎逻辑。我们平常的生活、学习中大多采用这种思维方式。

爱迪生是人类历史上最伟大的发明家，他的发明很多来自提问，会对常人熟视无睹的问题提出无数个“为什么”。虽然他没有将自己所问的问题都求出答案来，然而他已得出来的答案却多得惊人。有一天，他在路上碰见一个朋友，得知朋友手指关节肿了是因为尿酸淤积在骨节里不能溶解，于是做实验发现有两种化学液体能溶化尿酸结晶。这样，一种医治痛风病的新方法问世了。

纵向思维就是要问“为什么”，实际上“为什么”这三个字表达了一种深入挖掘的欲望。平时，对那些寻常的事物，我们自认为很熟悉，想不起要问个“为什么”。殊不知，事物的真实本质和改变创新的机遇，往往就隐藏于对寻常事物再问一个“为什么”的后面。当你恰到好处地利用纵向思维这把开启脑力的钥匙后，整个世界也就为你敞开了大门。

4. 横向思维

横向思维是指突破问题的结构范围，从其他领域的事物、事实中得到启示而产生新设想的思维方式。它不一定是有顺序的，同时也不能预测。横向思维是一种打破逻辑局限，将思维往更宽广领域拓展的前进式思考模式。它的特点是不限制任何范畴，以偶然性来摆脱逻辑思维，从而可以创造出更多匪夷所思的新想法、新观点、新事物。

在美国的一个城市里，地铁里的灯泡经常被偷。窃贼拧下灯泡时会导致安全问题。接手此事的工程师不能改变灯泡的位置，也没多少预算供他使用，但他提出了一个非常好的横向解决方案：把电灯泡的螺纹改为左手方向（逆时针方向），而不再用传统的右手方向。这意味着当小偷认为自己正在拧下灯泡时，实际上是在拧紧灯泡。

5. 立体思维

立体思维也称为多元思维、全方位思维、整体思维、空间思维或多维型思维，是指跳出点、线、面的限制，能从上下左右、四面八方去思考问题的思维方式，也就是要“立起来思考”。其实，有不少东西都是跃出平面，伸向空间的结果。小到弹簧、发条，大到奔驰长啸的列车、耸入云天的摩天大厦，最典型的要数电子王国中的“格里佛小人”——集成电路。

有一家观光饭店，他们在对旅游业做了一系列的市场调查之后发现，许多喜欢到郊外蓝天碧水和山野之间旅游的旅客，除了希望能欣赏到大自然的秀美风光，怡情于流泉飞瀑、鸟语花之外，还希望能痛痛快快地把身体浸泡在温泉中，在轻松自在的温泉浴中暂时忘却竞争的纷扰和烦恼。根据这一需要，该饭店的主管充分利用饭店所在位置，突破常规，大胆而别致地构思了一套空中温泉浴。这种空中温泉浴池，形如一个个装满温泉水的空中缆车，安装在该饭店旁边山峰上 200m 高的电缆上，上下不停地在空中来回穿梭着。面对这一空中奇景，旅客进到空中温泉浴池后，仿佛置身于飘然欲仙的梦境，一切烦恼都抛到九霄云外。空中温泉浴这一奇招引来了大批游客，人们闻讯纷至沓来，饭店每天要接待想洗空中温泉浴的旅客竟达上千人。每逢周末、假日，更是门庭者盛况空前，大大提高了该饭店的知名度。

创新竞争，善谋者胜。善于观察和思考，善于突破传统、打破常规，才有一鸣惊人的创新奇迹。空中温泉浴这一奇招启示我们，奇迹孕育于平凡，创新思维贵在勇于突破。

2.1.4.3　创新思维的特征

1. 独创性

创新思维的独创性表现为创新成果的独一无二、与众不同。创新思维以新颖独特的思维活动揭示客观事物本质及内在联系，并指引人们去获得对问题的新的解释，从而产生前所未有的思维成果。

当一个人的思维可以不受外界因素的干扰，不受已有知识、经验的束缚，也不依附和屈从任何一个固有或权威的理论，那么他在认识问题、处理问题和解决问题时就具有独创性。因此，独创性是创新思维最重要的特征，也是衡量一个人创新活动的重要因素。创新思维的独特性可分为求异性独创、探索性独创和自变性独创。

（1）求异性独创是指认识过程中着力发掘客观事物的差异性、现象与本质的不一致性和已有知识的局限性。无论是发明创造、行政管理、商贸经营，还是科学研究、文艺创作，求异性的体现都是对思维的再思维，力求在时间、空间、观念和方向上另辟蹊径，别具一格。例如，在“日”字上加一笔能组成多少个新字呢？

（2）探索性独创在于独立思考和创新。对于未知领域迷惑不解的现象有着强烈的探索欲，善于发现理论和实践中的新问题、新情况，提出意想不到的新课题，或从新的角度进一步研究老问题，或用新材料、新方法做出新的概括。

有人看见蚕吐丝的过程就提出一个设想：既然蚕吃了桑叶能吐丝，那么让机器吃进桑叶是否也可以吐出丝呢？于是他开始实验，把从桑叶中提取出来的纤维素浸泡在硝酸溶液中，结果成功了，桑叶真的变成一种蛋白质黏液。将这种黏液通过一个小孔挤出，一根根连绵不断的细丝就从机器里吐了出来，这就是人类最早制造的人造纤维。

（3）自变性独创是指主动否定自己，打破自身的约束，不断地发现事物自身不合理的地方，并力图改变它们、完善它们。创新思维也是在自身的变革中不断完成的。

2. 灵活性

创新思维的灵活性表现为思维内容的随机应变、与时俱进。需要创新者发散思维，凡有发散性加工和转化的地方，都表现出了创新思维。灵活地多向思考为解决问题提供了多种可能性，发散地调整影响事物质和量的诸多因素中的某一个，从而产生新的思路或当前思维在某一方向受阻时，马上转向另一个方向，以求最优方案。

有3位著名演员应邀到一个剧场演出，他们向剧场的经理提出一个同样的要求，即在宣传海报上把自己的名字排在前面，否则他们将退出演出。这个难题令剧场经理头痛不已，3位演员同台献艺的消息早已传开，不可能临时改为个人专场演出，而且这3位演员都是当红明星，得罪哪一位都对剧场经营不利，该如何是好呢？

演出当天，3位演员一看海报不是一般的纸，而是一个不断转动的大灯笼，3位演员的名字都写在灯笼上，3个名字转圈儿出现，谁都可以说是自己的名字排在最前面，于是3位演员都参与了演出，皆大欢喜。当我们碰到难题，用静态思维不能解决时，不要拘泥于一端，用动态思维方法能找到出奇的解决方法。

3. 偶然性

创新思维的偶然性表现为思维内容的突发和跳跃。思维因为一些偶然因素而诱发顿悟，省略了某些中间环节突然迸发出的思想火花，新的观念在极短的时间就脱颖而出，这就是创新思维最可遇而不可得的环节，也是创新思维最精彩、最迷人的灵光闪现。

中国银行有多少钱？1950年一位外国记者这样问周恩来总理。面对这个一语双关的不友好的询问，无论怎么回答，都不会产生好的效果。如果你是总理，你将会怎样回答呢？

创新思维在生活中无处不在，不仅在创造发明中有创新，在日常生活中的琐碎小事中也有创新。周总理坦然地笑答：“他中国银行嘛，共有18元8角8分钱。人民币是中央政府发行的货币，具有极高的信誉。”在场的中外人士经过短暂的惊讶而反应过来之后，立即鼓起钦佩的热烈的掌声，因为。当时流通的人民币共有10种面值，即10元、5元、2元、1元；5角、2角、1角；5分、2分、1分，总额正是18元8角8分钱。

4. 综合性

创新思维的综合性表现为思维内容的广博采纳、融会贯通。创新思维是一种立体思维，是运用各种知识、综合多种思维方法的一门高超艺术。它形成于大量概念、事实和观察材料的综合；形成于前人智慧的巧妙结合；形成于多种思维和方法的交替融合。

2.1.5 技能训练

（1）我国历史上有许多发明创造的故事，如春秋战国时期的木工匠祖师鲁班发明了许多木工工具，如锯子、刨子等。请找出 5 个以上我国古代发明创造的故事，分析它们具有哪些创新思维的特征，列表说明。

（2）当代中国的高科技创新成就享誉世界，如中国高铁、北斗导航等。请列举 5 个以上世界级创新案例，并指出它们隐含了哪些创新思维。

读书笔记

2.2 发散思维训练

2.2.1 任务实施单

任务编号	2.2	任务名称	发散思维训练
任务简介	发散思维是大脑在思维时呈现的一种扩散状态的思维模式，表现为思维视野广阔，思维呈现出多维发散状。本任务将引导大学生从不同方面思考同一问题，培养发散思维能力		
任务目标	1．理解发散思维的含义。 2．能运用多种方法进行发散思维训练。 3．与专业结合，运用发散思维解决或解释专业上的问题		
设备环境	计算机，Office 或 WPS 办公软件		
实施专业		实施班级	
实施地点		小组成员	
指导教师		联系方式	
任务难度	初级	实施日期	年 月 日
实施内容	1．运用一般发散思维法，尽可能多地（10 种以上）用思维导图方式画出玻璃杯、报纸等物品的用途，做成 PPT 文档。 2．运用分类发散法使用两个圆、两条直线和两个三角形，组成尽可能多（8 种以上）有意义的图案，做成 PPT 文档。 3．任选一种发散思维，选择与本专业相关的案例自我训练，做成 PPT 文档		

2.2.2 任务评价单

<table>
<tr><td colspan="2">任务编号</td><td>2.2</td><td>任务名称</td><td colspan="3">发散思维训练</td></tr>
<tr><td colspan="4">评价项目</td><td>自评/分</td><td>他评/分</td><td>综合/分</td></tr>
<tr><td rowspan="2">课堂表现</td><td colspan="3">学习态度（20 分）</td><td></td><td></td><td></td></tr>
<tr><td colspan="3">沟通合作（10 分）</td><td></td><td></td><td></td></tr>
<tr><td rowspan="3">任务完成</td><td colspan="3">一般发散思维法训练（20 分）</td><td></td><td></td><td></td></tr>
<tr><td colspan="3">分类发散法训练（20 分）</td><td></td><td></td><td></td></tr>
<tr><td colspan="3">任选发散思维法，与专业结合，自我训练（30 分）</td><td></td><td></td><td></td></tr>
<tr><td>学生签字</td><td></td><td>年 月 日</td><td>教师签字</td><td></td><td colspan="2">年 月 日</td></tr>
<tr><td colspan="7">评价规准</td></tr>
<tr><td colspan="2">项目</td><td>A（≥90%）</td><td>B（80%～89%）</td><td>C（70%～79%）</td><td>D（60%～69%）</td><td>E（<60%）</td></tr>
<tr><td rowspan="2">课堂表现</td><td>学习态度</td><td>与老师辩论</td><td>向老师提出质疑</td><td>与老师互动交流</td><td>被动回答问题</td><td>沉默</td></tr>
<tr><td>沟通合作</td><td>主动承担任务且富有成效，主动发起讨论</td><td>主动承担任务，主动发起讨论</td><td>主动承担小组任务</td><td>能接受小组任务，配合他人</td><td>不能参与团队合作</td></tr>
</table>

续表

评价规准						
项目		A（≥90%）	B（80%～89%）	C（70%～79%）	D（60%～69%）	E（<60%）
任务完成	一般发散思维法训练	全面完成任务，文档良好	全面完成任务，文档较好	基本完成任务，文档较好	基本完成任务，文档一般	没能完成任务，文档较差
	分类发散法训练	全面完成任务，文档良好	全面完成任务，文档较好	基本完成任务，文档较好	基本完成任务，文档一般	没能完成任务，文档较差
	自我训练	全面完成任务，文档良好	全面完成任务，文档较好	基本完成任务，文档较好	基本完成任务，文档一般	没能完成任务，文档较差

2.2.3　案例引导

【案例描述】集群路由器的诞生

由于单台路由器的容量扩展性有限，近年来不断有新方案提出来缓解设备压力，主要有以下两种。

（1）网络层次分布式，即部署多个网络层次，通过逐层汇聚，减轻设备压力。

（2）节点内部署多台设备，即增加节点内设备数量，通过负载分担的方式减轻设备压力。

两种方案都是在单台路由器不能继续扩展的情况下，通过改变网络结构来适应流量的增长，主要差别在于网络分别在纵向和横向进行扩展。这两种方案都在一定程度上缓解了单台设备容量有限的局面，但随之而来的却是网络复杂度以及内部互联端口的增加。而网络结构的日趋复杂，也增加了运维部门的管理难度，同时也产生了多台路由器之间如何均衡流量的问题。

集群路由器通过采用并行交换技术，将两台或两台以上的普通核心路由器通过某种方式连接，共同组成一个多级多平面的交换矩阵系统，使其能够协同工作，并且对外只表现为一台逻辑路由器，从而突破单机箱在交换容量、功耗、散热等方面的限制，平滑地扩展为更大容量的路由交换系统。

路由器集群技术通过集中化、一体化的控制管理，使集群系统各台路由器单机之间能够很好地协同工作，极大地扩展了路由器的容量，从而突破了单机在开发技术工艺上的限制。在成本方面，由于集群系统中各台路由器通过高速光纤互连，节省了额外的内部互联端口，大大减少了投资。更为重要的是，由于集群路由器对外仅体现为一台路由器，使得网络拓扑和路由策略变得简单和清晰，维护也更加方便快捷。

【案例感悟】

集群路由器就是运用了结构发散思维。结构发散方法是以人们解决问题从事物的结构为发散点，设想利用该种方法的各种可能性。

发散思维训练

2.2.4　知识链接

2.2.4.1　发散思维的含义

发散思维，也称为多向思维、扩散思维、辐射思维、放射思维，是指对某一问题或事物的思考过程中，不拘泥于一点或一条线索，打破原有的思维格局，通过联想将思路拓展开来，从已有的信息出发，尽可能向各个方向扩展，而不仅仅局限于已知的或现存的方式、方法、规则和范围等约束，并且从这种扩散、辐射和求异式的思考中，求得常规的和非常规的多种不同的解决办法，衍生出各种不同的结果。这种思路好比自行车车轮一样，许多辐条以车轴为中心沿径向向外辐射。发散思维是多向的、立体的和开放型的。

发散思维是针对一个问题，沿着各种不同的方法去思考，从多方面提出解决方案，以求得最佳答案解决问题的思维。从定义可知，发散思维是从多方面寻求答案，尽可能多地提出不同的答案，它重视问题所提供的信息与记忆中的各种信息的各种关系，从而产生新的信息。发散思维有助于避免考虑问题的单一性，帮助人们摆脱思维的僵化、刻板和呆滞，获得创造成果。所以说，发散思维是创造性思维的主要构成成分，一位著名创造学专家说过："正是在发散思维中，我们看到了创造性思维的最明显的标志。"心理学家认为，发散思维是创造性思维最主要的特点，是测定创造力的主要标志之一。

2.2.4.2 发散思维的方法

1. 一般方法

一般方法包括材料发散法、功能发散法、结构发散法、形态发散法、组合发散法、方法发散法、因果发散法和关系发散法等。

2. 假设推测法

假设推测法是指所假设的问题一般都与问题事实相反的情况，是暂时不可能的或是现实不存在的状态，在此状态进行推测判断，得出解决问题的方法。由假设推测法得出的方法可能是不切实际的、荒谬的、不可行的，但这并不重要，重要的是这些方法在经过转换后，可以成为合理的、有用的思想。

3. 集体发散思维

发散思维不仅需要用上自己的大脑，有时候还需要用上身边的无限资源，集思广益。集体发散思维可以采取不同的形式，如常说的"诸葛亮会"就是其中一种。在设计方面，通常采用的"头脑风暴"，"头脑风暴"法将在项目 3 中详细讨论。

2.2.4.3 一般方法的训练

以材料、功能、结构、形态、组合、方法、因果、关系 8 个方面为"发散点"，进行具有集中性的多端、灵活、新颖的发散训练，以培养创造性思维的能力。

1. 材料发散

以某个物品为"材料"，以其为发散点，尽可能多地设想它的多种用途。1983 年，在广西南宁召开中国创造学第一届学术讨论会，日本创造学家村上幸雄在会上提出：回形针到底有多少用途？会议一下子热闹起来，代表们在会上提出的用途，加起来总共 20 种。村上幸雄竖起三个指头，大家认为是 30 种，当他说是 300 种时，大家无不感到惊讶，他当场通过幻灯片展示出回形针的众多用途。

把纸或文件别在一起；作发夹用；可用来代替西装领带上的别针；拉开一端，烧红了可在软木塞上穿孔；拉开一端，能在蜡板或泥地上画印痕——画图、写字；拉直了可用作粗织工的针或织针；拉直了还可以做鞋带（穿过鞋带孔扭结起来代替鞋带）；当鱼钩；穿上一条线当挂钩；固定标签；装在窗帘上代替小金属圈……

2. 功能发散

以某事物的功能为发散点设想出获得该功能的各种可能性。

有一次在某地举行了一场别开生面的时装表演，一些平常被人们遗弃的垃圾成了这次时装表演的主要原材料：用旧报纸、画报做的衣衫；用易拉罐做的衣裙的饰物；用旧光碟做的头饰等应有尽有，眼花缭乱，让人深切感受到了什么才是真正的变废为宝。

从发散思维的角度出发，没有废料一说，因为借助于功能发散，可以变废为宝，使一切废物得到利用。

3. 结构发散

以某种事物的结构为发散点设想出利用该结构的各种性能。

在山海关孟姜女庙前檐柱上有一副对联，原文如下：

海水朝朝朝朝朝朝朝落；浮云长长长长长长长消

根据“朝”有两个读法：表示早晨的“朝”和表示潮水的“潮”。“长”也有两个读法：表示长短的“长”和表示涨潮的“涨”。三个游客议论开了。

游客甲说，这对联可读成：海水潮，朝朝潮，朝潮朝落；浮云涨，长长涨，长涨长消。

游客乙说，这对联可读成：海水朝潮，朝朝潮，朝朝落；浮云长涨，长长涨，长长消。

游客丙说，这对联可读成：海水朝朝潮，朝潮，朝朝落；浮云长长涨，长涨，长长消。

这三个游客的读法都没有错，不过是他们以对联的结构为发散点，做出了不同的处理而已。

4. 形态发散

以事物的形态（如形状、颜色、音响、味道、气味、明暗等）为发散点，设想出利用某种形态的各种可能性。例如，尽可能多地设想利用铃声可以做什么事或办什么事，尽可能多地设想利用香味可以做什么事或办什么事。

例如红砖，它的形状是长方形，很平、很规整，可以砌墙；它的颜色是红色，所以它可以在地上写字，画线等；它打碎的声音很脆、很响亮，所以练习跆拳道的人喜欢通过劈砖来展现自己的功力。

5. 组合发散

从某一事物出发，以此为发散点，尽可能多地设想与另一事物（或一些事情）联结成具有新价值（或附加值）的新事物的各种可能性。

1877 年的一天，爱迪生将一张画着锡纸圆筒、螺旋杆、带有尖针和薄膜的圆头的图纸交给一个工人去制造。这个工人虽然根据要求把爱迪生需要的东西造了出来，但他不懂这是个什么东西。爱迪生把这台“会说话的机器”带到《科学美国人》杂志编辑部去表演，各报记者都来观看，盛况空前。当爱迪生把尖针放在锡纸圆筒上，转动圆筒，发出记录在锡纸上的说话声音时，大家无不热烈欢呼。这就是爱迪生发明留声机的故事，也是爱迪生进行组合法思维的结果，几件平凡的东西组合在一起产生了意想不到的效果。

6. 方法发散

以人们解决问题或制造物品的某种方法为发散点，设想利用该种方法的各种可能性。

为了不让水瓶漏水，制造了瓶盖，瓶盖和瓶身有齿环交错，用拧的方式，可以固定和封闭，水瓶就不会漏水了。将此往外扩散，笔杆和笔头的开合固定也可以是这种方式，还有螺丝钉、药瓶、洗发水瓶等。

7. 因果发散

以某个事物发展的结果为发散点，推测造成该结果的各种原因；或者以某个事物发展的起因为发散点，推测可能发生的各种结果。比如，教室里的日光灯不亮了，可能是灯丝坏了，也可能是停电了……再比如，玻璃杯碎了可能是因为落地上碎了、被某物碰碎了……

8. 关系发散

从某一事物出发，以此为发散点，尽可能多地与其他事物产生各种联系。例如，尽可能多地写出塑料薄膜的发明对人类社会会产生哪些影响。

2.2.4.4 其他方法的训练

1. 使用“图形发散”的方法训练发散思维

视觉图形在创造中有很重要的意义和作用。一个观念、一个思想有时很难用语言简单地表述出来，但用图形却能很简单地表示出来，而且图形能表示出用语言所无法表达的思想。在创造时，动手画画图，能起到使大脑清醒、增强意识功能、促进注意力集中、启发思维等作用。

（1）图形意义发散。从一个简单的图形中辨认出所表示的各种实物的名称，这是图形意义发散训练题目的形式。例如，黑板上画一个小粉笔点，它代表什么呢？它代表苍蝇、香烟蒂、米粒、星星、箭头、小石子、猫头鹰的眼睛、螳螂屎、圆珠笔头、露珠、珍珠、眼泪等。

（2）花边设计发散。花边设计发散是给出一个角、一个点、一条曲线、一个或几个简单图形为元素，要求在允许的时间内设计出尽可能多的不同样式的花边。

例如，以“×”图形为基本元素，在10分钟内设计出尽可能多的花边样式。设计得到的几个答案如“×××××××”“×+×+×+×+×+”“※※※※※※※※”等。

（3）组合设计发散。给出几个简单的图形，要求在允许的时间内进行各种各样的组合，并说出组合图形所表示的实物名称或意义。

（4）形成图像发散。给出一个图形，要求加上几个线条进行加工形成一定意义的图像，要求在允许的时间内尽可能多地形成各种图像。

2. 使用“事物功能性质发散”的方法训练发散思维

事物的功能性质是方方面面的，不只是日常所使用的功能和所认识的性质，还有很多有待发掘、认识的功能性质。发现、认识事物的另一种新的功能性质，能为我们从另一方面、另一角度利用该事物指明方向，引导我们进行新的创造。方式有物品用途发散、事物性质应用发散、组合发散。

3. 使用“语词发散”的方法训练发散思维

思维与语言的关系是很密切的。语词作为语言的载体具有一定的内涵，代表着相应的客观事物，所以人们可以用它为中间媒介进行间接的认识活动，成为思维的工具。语词发散训练是发散思维训练的重要形式。

2.2.5 技能训练

【训练2.2.1】利用思维导图，运用一般发散思维尽可能多地写出以下物品的用途：

（1）手机；（2）砖；（3）书。

【训练 2.2.2】尽可能多地写出以字词为元素的各种语词。

以“打”为元素的各种语词有：打人、打门、打鼓、打铁、敲打、击打、殴打、攻打、打官司、打交道、打墙、打刀、打卤、打包裹、打毛衣、打格子、打伞、打电话、打酒、打草、打主意、打手势、一打。

（1）在 10 分钟内尽可能多地写出以“发”为元素的各种语词。

（2）在 10 分钟内尽可能多地写出以“过”为元素的各种语词。

【训练 2.2.3】运用“分类发散”的方法训练发散思维。

分类发散训练是训练以多种方式对事物进行分类的能力，人们是根据种种事物所共同具有的属性来对它们进行分类的。

（1）对下列词按意义进行分组，要求每组至少有 3 个词，问可以有几种分法？

A. 知更鸟　　B. 飞机　　C. 小船　　D. 鲸鱼

E. 黄蜂　　F. 小刀　　G. 短鼻鳄鱼

（2）把下列物件按照性质尽可能多地进行分类。

A. 鸭　　B. 菠菜　　C. 石　　D. 人

E. 木　　F. 铁　　G. 菜油

读书笔记

2.3 逆向思维训练

2.3.1 任务实施单

任务编号	2.3	**任务名称**	逆向思维训练
任务简介	逆向思维是反过来思考问题，是用绝大多数人没有想到的思维方式去思考问题。运用逆向思维去思考和处理问题，实际上就是以“出奇”达到“制胜”。本任务将引导大学生从事物相反方面思考问题，培养逆向思维能力		
任务目标	1．理解逆向思维含义。 2．能运用多种方法进行逆向思维训练。 3．与本专业结合，运用逆向思维解决专业问题		
设备环境	计算机，Office 或 WPS 办公软件		
实施专业		**实施班级**	
实施地点		**小组成员**	
指导教师		**联系方式**	
任务难度	初级	**实施日期**	年 月 日
实施内容	1．在本小节的 7 种逆向思维种类中，任选 4 种类型，每种给出对应的 2 个案例，做成 PPT 文档。 2．在本专业中任选一种概念、原理或产品（案例），运用逆向思维方法推导出新事物或它是怎么来的，做成 PPT 文档		

2.3.2 任务评价单

任务编号		2.3		**任务名称**	逆向思维训练		
评价项目					**自评/分**	**他评/分**	**综合/分**
课堂表现	学习态度（20 分）						
	沟通合作（10 分）						
任务完成	四种类型的逆向思维自我训练（30 分）						
	专业结合的逆向思维自我训练（40 分）						
学生签字			年 月 日	**教师签字**			年 月 日
评价规准							
项目		A（≥90%）	B（80%～89%）	C（70%～79%）	D（60%～69%）	E（<60%）	
课堂表现	**学习态度**	与老师辩论	向老师提出质疑	与老师互动交流	被动回答问题	沉默	
	沟通合作	主动承担任务且富有成效，主动发起讨论	主动承担任务，主动发起讨论	主动承担小组任务	能接受小组任务，配合他人	不能参与团队合作	

续表

评价规准						
项目		A（≥90%）	B（80%～89%）	C（70%～79%）	D（60%～69%）	E（<60%）
任务完成	四种类型的逆向思维自我训练	全面完成任务，文档良好	全面完成任务，文档较好	基本完成任务，文档较好	基本完成任务，文档一般	没能完成任务，文档较差
	专业结合的逆向思维自我训练	全面完成任务，文档良好	全面完成任务，文档较好	基本完成任务，文档较好	基本完成任务，文档一般	没能完成任务，文档较差

2.3.3 案例引导

【案例描述】

复印机已成日常的办公用品，然而却耗费了大量的纸张，既不经济又不符合环保要求。对此，日本一家公司推出了一种“反复印机”，其大小与一台激光复印机差不多，已经复印过的纸张通过它，上面的图文即会消失，还原成为能够多次复印的白纸。一张复印纸可以重复使用 10 次左右，这样不仅节约了资源，创造了财富，而且使人们树立起新的价值观念：节俭固然重要，创新更加可贵。这种“反复印机”的出现适逢世界各国日益重视保护森林资源，在大力提倡节约用纸之时，深受用户欢迎，市场前景十分广阔。

【案例感悟】

逆向思维对于解决疑难问题或标新立异具有特殊意义，往往能做出突破性的贡献。怎样去适应市场和日趋变化的消费需求？“反复印机”的成功事例告诉我们，同类产品并非没有开发的潜力和价值，只要肯动脑筋，善于把先进的科学技术运用到老产品的挖潜和革新上，多在产品的款式、用途上下功夫，同样能够生产开发出适应市场需求的好产品。

2.3.4 知识链接

逆向思维训练

2.3.4.1 逆向思维的含义

逆向思维又称反向思维，是指从常规思维相反的角度、过程出发去思考问题，这种思维的特点是对人们习惯的思维方式持怀疑和反对的态度，善于唱反调。当然从问题的相反面深入地进行探索、树立新思想、创立新形象，可以给人意想不到的收获。

人们习惯于沿着事物发展的正方向去思考问题并寻求解决办法，其实，对于某些问题，尤其是一些特殊问题，从结论往回推，倒过来思考，从求解回到已知条件，或许会使问题简单化，使解决它变得轻而易举，甚至因此而有所发现，创造出惊天动地的奇迹来，这就是逆向思维的魅力。

逆向思维反过来思考问题，是用绝大多数人没有想到的思维方式去思考问题，实际上就是以“出奇”达到“制胜”。因此，“反其道而行之”，逆向思维的结果常常会令人别有所得。

2.3.4.2 逆向思维的特点

1. 普遍性

逆向性思维在各种领域、各种活动中都有适用性，由于对立统一规律是普遍适用的，而对立统一的形式又是多种多样的，有一种对立统一的形式，相应地就有一种逆向思维的角度，所以逆向思维也有无限多种形式。性质上对立两极的转换，如软与硬、高与低等；结构、位置上的互换、颠倒，如上与下、左与右等；过程上的逆转，如气态变液态或液态变气态、电转为磁或磁转为电等。不论哪种方式，只要从一个方面想到与之对立的另一方面，都是逆向思维。

2. 批判性

逆向是与正向比较而言的，正向是指常规的、常识的、公认的或习惯的想法与做法。逆向思维则恰恰相反，是对传统、惯例、常识的反叛，是对常规的挑战。它能够克服思维定势，破除由经验和习惯造成的僵化的认识模式。

3. 新颖性

循规蹈矩的思维和按传统方式解决问题虽然简单，但容易使思路僵化、刻板，摆脱不掉习惯的束缚，得到的往往是一些司空见惯的答案。其实，任何事物都具有多方面属性。由于受过去经验的影响，人们容易看到熟悉的一面，而对另一面却视而不见。逆向思维能克服这一障碍，往往出人意料，给人以耳目一新的感觉。

2.3.4.3 逆向思维种类

1. 原理逆向

原理逆向就是从事物原理的相反方向进行的思考。1901 年，伦敦举行了吹尘器的表演，它用强大的气流将灰尘吹走。吹尘器除尘后，地面是干净了，可吹起的灰尘却呛得人透不过气来。一位设计师却由此联想如果反过来“吸尘”是否可行呢？不久，一个简易的利用负压的“吸尘器”诞生了。今天使用的真空吸尘器就是根据这一原理设计的。

2. 功能逆向

功能逆向是指按事物或产品现有的功能进行相反的思考，寻求解决问题的新途径的思维方法。例如，3M 公司的一个职员无意中发现，原来废弃的纸张经过一定的处理可以成为粘贴纸，从而为公司创造了巨额的利润。一般情况下，风是助火势的，特别是当火比较大的时候，但风力灭火器却利用了在一定情况下风可以使小的火熄灭的原理，效果相当不错。

3. 结构逆向

结构逆向是指从已有事物的逆向结构形式中去设想，以寻求解决问题新途径的思维方法。一般可以从事物的结构位置、结构材料以及结构类型进行逆向思维。例如，洗衣机的脱水缸，它的转轴是软的，用手轻轻一推，脱水缸就东倒西歪。可是脱水缸在高速旋转时，却非常平稳，脱水效果很好。当初设计时，为了解决脱水缸的颤抖和由此产生的噪声问题，工程技术人员想了许多办法，先加粗转轴，无效；后加硬转轴，仍然无效。最后，他们来了个逆向思维，弃硬就软，用软轴代替了硬轴，成功解决了颤抖和噪声两大问题。

4. 属性逆向

属性逆向就是从事物属性的相反方向所进行的思考。事物的属性往往是多方向的，一件事情可以从不同的角度去理解，即使同一件事情从不同的角度观察，其性质也可能是多方面的，并且是相互转化的。例如，一位法国青年产生了用空心材料代替实心材料做家具的设想，成为新型建筑师和产品设计师的杰出代表。

5. 方向逆向

方向逆向就是颠倒已有事物的构成顺序、排列位置而进行的思考。例如，1877 年，爱迪生在实验改进电话时发现，传话器里的间膜随着说话的声音引起相应的颤动。那么反过来，同样的颤动能不能转换为原来的声音呢？结果根据这一想法，爱迪生又取得了重大发明：留声机。

6. 状态逆向

状态逆向是指人们根据事物某一状态的逆向方面来认识事物，引发创造发明的思维方法。过去木匠用锯和刨来加工木头，都是木头不动工具动（实际是人动）。这样做，人的体力消耗较大。为了改变这一状况，人们从工具不动、木头动的角度出发，设计发明了电锯，从而大大提高了效率和工艺水平，减轻了劳动量。这里从木头静与动加工状态的改变，就可知它是与状态逆向思维的内容紧密相连的。

7. 因果逆向

因果逆向是指从已有的事物的因果关系中，变因为果去发现新的现象和规律，寻找解决问题新途径的思维方法。在电的发明史上，从奥斯特的电能生磁到法拉第的磁能生电，它们之间就有着因果逆向思维的联系。近代的无线电广播的播放与接收、录像机与摄像机的发明，这些都属于因果逆向思维的成果。可见，因果逆向思维也是进行发明的有效方法。

早在我国宋朝，人们就想到用事物的结果去对抗事物的原因。据文献记载，当时人们把天花病人皮肤上干结的痘痂收集起来，磨成粉末，取一点吹入天花病患者的鼻腔。后来这种天花免疫技术经波斯、土耳其传入欧洲，直到 1798 年一位医生用同样的原理研制出了更安全的牛痘疫苗，为人类根治天花做出了决定性的贡献。

2.3.5　技能训练

【训练 2.3.1】王大爷花 30 元进了一双鞋，零售价 40 元。一个小伙子来买鞋，拿一张 100 元人民币，王大爷找不开，只能去找邻居换了这 100 元，然后找给了小伙子 60 元。后来邻居发现这个 100 元是假币，没办法王大爷又还了邻居 50 元。这场交易里，王大爷一共损失了多少钱？

【训练 2.3.2】有一只猴子，采回来一堆桃子。第一天吃了一半多一个；第二天吃了剩下的一半多一个；第三天又吃了剩下的一半多一个；接下来的每一天都吃了剩下的一半多一个，到第 10 天的时候剩下一个桃子（第 10 天没有吃桃子）。问这只猴子采回来多少个桃子？

【训练 2.3.3】赵女士买了一些水果准备去看望一个朋友，可这些水果被她的儿子们偷吃了，但她不知道是哪个儿子，为此就盘问 4 个儿子谁偷吃了水果。老大说道："是老二吃的。"老二说道："是老四偷吃的。"老三说道："反正我没有偷吃。"老四说道："老二在说谎。"这 4 个儿子中只有一个人说了实话，其他 3 个都在撒谎。那么，到底是谁偷吃了这些水果？

2.4 联想思维训练

2.4.1 任务实施单

任务编号	2.4	任务名称	联想思维训练
任务简介	联想可以唤醒沉睡在意识底层的记忆，把当前的事物与过去的事物有机地联系起来，产生新观念。本任务将引导大学生利用联想思维可以由此及彼扩展，举一反三，触类旁通，以至产生认识的飞跃，出现创意的灵感		
任务目标	1．理解联想思维含义。 2．能运用多种方法进行联想思维训练		
设备环境	计算机，Office 或 WPS 办公软件		
实施专业		实施班级	
实施地点		小组成员	
指导教师		联系方式	
任务难度	初级	实施日期	年　月　日
实施内容	1．从任正非、马云、马化腾、董明珠等人中任选一位，并以此为鉴，规划自己从现在到未来 20 年的人生目标，做成 PPT 文档，要求有时间节点（不少于 4 个），有较明确的事件和联想的过程。 2．任选一种联想思维的方法，选取与本专业相关的案例自我训练，做成 PPT 文档		

2.4.2 任务评价单

任务编号		2.4	任务名称	联想思维训练		
评价项目				自评/分	他评/分	综合/分
课堂表现	学习态度（20 分）					
	沟通合作（10 分）					
任务完成	利用联想思维进行人生规划训练（30 分）					
	利用联想思维选取本专业的案例，自我训练（40 分）					
学生签字		年　月　日	教师签字		年　月　日	

评价规准						
项目		A（≥90%）	B（80%～89%）	C（70%～79%）	D（60%～69%）	E（<60%）
课堂表现	学习态度	与老师辩论	向老师提出质疑	与老师互动交流	被动回答问题	沉默
	沟通合作	主动承担任务且富有成效，主动发起讨论	主动承担任务，主动发起讨论	主动承担小组任务	能接受小组任务，配合他人	不能参与团队合作

续表

评价规准						
项目		A（≥90%）	B（80%～89%）	C（70%～79%）	D（60%～69%）	E（<60%）
任务完成	利用联想思维进行人生规划训练	全面完成任务，文档良好	全面完成任务，文档较好	基本完成任务，文档较好	基本完成任务，文档一般	没能完成任务，文档较差
	自我训练	全面完成任务，文档良好	全面完成任务，文档较好	基本完成任务，文档较好	基本完成任务，文档一般	没能完成任务，文档较差

2.4.3　案例引导

【案例描述】

2003 年岁末，作家刘震云的《手机》和冯小刚导演的同名电影上市，均创造了不菲的成绩。其实，这部电影来自作家和导演的一个偶然的联想。2003 年 9 月底，刘震云在冯小刚工作室发表“向生活要艺术”还是“向艺术要艺术”的讨论时，每个人都不停地在接打手机，且状态各异，冯、刘二人的兴奋点便不知不觉地转移到他们的身上。冯小刚突然说：“应该拍一部电影，就叫《手机》，谨以此片献给每一位手机持有者。”刘震云一巴掌拍在冯小刚的肩上——这就是“向生活要艺术”！

“手机本来是用来沟通的，但它却使人们变得心怀鬼胎，这时手机就不再是手机了，手机变成了手雷，反过来控制了它的使用者……”刘震云当即当众表示：“我愿意写这个剧本，如果你们不做，我就把它写成小说——因为手机的使用极大地改变了人们的说话习惯，手机连着人的嘴，嘴连着心，心里的秘密源源不断地输入了手机。”

【案例感悟】

小说《手机》和电影《手机》诞生的契机，其实就是联想思维所产生的创造性成果。其联想过程是：向生活要艺术—开会解决讨论—与会人员经常接打手机—话语与手机是喧嚣与助长的关系—写一部表现话语与手机的书—拍一部同样的电影。

2.4.4　知识链接

联想思维训练

2.4.4.1　联想思维的含义

联想思维是指在人脑内记忆表象系统中，由于某种诱因使不同表象发生联系的一种没有固定思维方向的自由思维活动。主要思维形式包括幻想、空想、玄想。其中，幻想，尤其是科学幻想，在人们的创造活动中具有重要的作用。

联想思维是指由一个事物外部构造、形状或某种状态与另一种事物的类同、近似而引发的想象延伸和连接；是指联想物和触发物之间存在一种或多种相同而又具有极为明显属性的联想。例如，看到学生想到教室、实验室及课本等相关事物。

2.4.4.2　联想思维的特征

（1）连续性。联想思维的主要特征是由此及彼、连绵不断地进行，可以是直接的，也可以是迂回曲折地形成闪电般的联想链，而链的首尾两端往往是风马牛不相及的。

（2）形象性。由于联想思维是形象思维的具体化，其基本的思维操作单元是表象，是一幅幅画面。因此，联想思维和想象思维一样显得十分生动，具有鲜明的形象。

（3）概括性。联想思维可以很快把联想到的思维结果呈现在联想者的眼前，而不顾及其细节如何，是一种整体把握的思维操作活动，因此可以说有很强的概括性。

2.4.4.3 联想思维的作用

1. 在两个以上的思维对象之间建立联系

通过联想，可以在较短时间内在问题对象和某些思维对象间建立起联系来，这种联系，就会帮助人们找到解决问题的答案。正如《科学研究的艺术》的作者在书中所说，独创性常常在于发现两个或两个以上对象或设想之间的联系或相似点，而原来以为这些对象或设想彼此没有联系。

2. 为其他思维方法提供一定的基础

联想思维一般不能直接产生有创新价值的新形象，但是，它往往能为产生新形象的想象思维提供一定的基础。

3. 活化创新思维的活动空间

联想，就像风一样，扰动了人脑的活动空间。由于联想思维有由此及彼、触类旁通的特性，常常把思维引向深处或更加广阔的天地，促使想象思维的形成，甚至灵感、直觉、顿悟的产生。

4. 有利于信息的储存和检索

思维操作系统的重要功能之一，就是把知识信息按一定的规则存储在信息存储系统，并在需要时再把其中有用的信息检索出来。联想思维就是思维操作系统的一种重要操作方式。

2.4.4.4 联想思维的训练方法

1. 类比法

类比法是把陌生的对象与熟悉的对象、把未知的东西与已知的东西进行比较，从中获得启发和解决问题的方法。类比法的实施分为直接类比、仿生类比、对称类比等。

（1）直接类比：根据原型的启发，直接将一类事物的现象或规律用到另一类事物上。古埃及人曾用不断转动的链条运送水桶以灌溉农田，于是有人运用类比法将该方法用于磨坊以传送谷粒。

（2）仿生类比：类比生物结构、功能或原理而产生新成果。例如，根据鱼类、鸟类的身体形状的流体力学特性，研制出各种各样的船舶和空间飞行物；根据蛋壳、乌龟壳、贝壳等弯曲表面，发明了建筑物上的薄壳结构；狗鼻子灵敏度高，能嗅出 200 万种物质和不同浓度的气味，嗅觉比人灵敏一万倍，据此研制出的“电子警狗”灵敏度可达到狗的 1000 倍等。

（3）对称类比：利用对称关系进行类比而产生新成果。例如由女性化妆品的热销联想到男性化妆品的生产销售。

2. 移植法

移植法是指把某一事物的原理、结构、方法、材料等转到当前研究对象中，从而产生新成果的方法。移植法的实施分为原理移植、结构移植、方法移植和材料移植。

（1）原理移植：将某种科学技术原理转移到新的研究领域。例如：电子语音合成技术最初用到贺年卡上，随后台湾一位业余发明家将其移植到汽车倒车提示器上；后来有人把它移植到公交车辆上报站名，导致了无人售票车的出现；后来又有人把它移植到玩具上；我国一位在校大学生，把它移植到婴儿的尿布上等。

（2）结构移植：将某事物的结构形式和结构特征转用到另一事物上，以产生新的事物。例如：拉链除了用在衣服、裤子、写字、被子等方面外，许多人将其移植到新的领域。某公司为一个有口蹄疫地区的羊群做了成百上千双“短筒拉链靴”，以防止这种传染病的蔓延。有家医疗公司已正式将拉链移植到外科手术，完全取代用线缝合的传统技术。

（3）方法移植：将新方法转用到新的情景中，以产生新的方法移植成果。我国汉末医学家华佗，有一次看到蜘蛛被马蜂蜇后，落在一片绿苔上打了几个滚，肿块便消失了。他由此联想到绿苔可用来为人治病，通过试验，消肿解毒良药便问世了。

（4）材料移植：将材料转用到新的载体上，以产生新的成果。例如纸造房屋、塑料坦克、夜光工艺品、夜光油墨等。

2.4.5　技能训练

【训练 2.4.1】将两个看似不相干的词语通过多个步骤的联想建立起联系。例如高山和镜子，是两个风马牛不相及的概念，但是联想思维可以使它们之间发生联系：高山—平地，平地—平面，平面—镜面，镜面—镜子。

针对以下各组词语通过多个（5 个或以上）步骤的联想建立起联系。

（1）足球—讲台　（2）汽车—绘图仪　（3）发动机—台灯　（4）黑板—冬天

【训练 2.4.2】辐射式的联想思维。

水的联想：从一滴水置于阳光之下，一下子便干涸，但如果汇入大海就永远存在的角度，联想到个人与集体的问题。从水虽是液体，却能冲决堤围，冲垮桥梁，毁坏公路，其柔弱身躯却有如此力量，联想到柔能克刚的问题。从水的遇冷结成冰，变为冰山冰川；遇热变为水蒸气，变为云霞，甚至变为海市蜃楼联想到善于应变的问题。

对船、小草、向日葵等进行丰富的联想，可以想到哪些问题或现象。

读书笔记

2.5 突破思维定势

2.5.1 任务实施单

任务编号	2.5	任务名称	突破思维定势
任务简介	思维定势表现在人们生活、学习和工作的各个领域，构成了巨大的定势思维障碍，往往会形成创造性思维的障碍，极大地影响着人们创造力的发挥。本任务将引导大学生遇到问题时不妨换个角度，打破模式，从而获得突破和创新		
任务目标	1．理解思维定势的含义。 2．能运用多种方法突破思维定势		
设备环境	计算机，Office 或 WPS 办公软件		
实施专业		实施班级	
实施地点		小组成员	
指导教师		联系方式	
任务难度	初级	实施日期	年 月 日
实施内容	1．网上冲浪给人带来很多的便利和乐趣，但盲人上网就会遇到很大的困难。针对这个问题，请分析其主要困难，试突破思维定势提出解决方案。 2．任选一种突破思维定势的方法，寻找与本专业相关的案例自我训练，做成 PPT 文档		

2.5.2 任务评价单

任务编号		2.5	任务名称		突破思维定势	
评价项目				自评/分	他评/分	综合/分
课堂表现	学习态度（20 分）					
	沟通合作（10 分）					
任务完成	解决盲人上网问题的方案（30 分）					
	与专业相关的突破思维定势自我训练（40 分）					
学生签字		年 月 日	教师签字		年 月 日	
评价规准						
项目		A（≥90%）	B（80%～89%）	C（70%～79%）	D（60%～69%）	E（<60%）
课堂表现	学习态度	与老师辩论	向老师提出质疑	与老师互动交流	被动回答问题	沉默
	沟通合作	主动承担任务且富有成效，主动发起讨论	主动承担任务，主动发起讨论	主动承担小组任务	能接受小组任务，配合他人	不能参与团队合作
任务完成	解决盲人上网问题的方案	全面完成任务，文档良好	全面完成任务，文档较好	基本完成任务，文档较好	基本完成任务，文档一般	没能完成任务，文档较差
	自我训练	全面完成任务，文档良好	全面完成任务，文档较好	基本完成任务，文档较好	基本完成任务，文档一般	没能完成任务，文档较差

2.5.3　案例引导

【案例描述】

“外婆家”从一家路边店成长为拥有众多连锁分店的杭州餐饮航母，“排队候餐”成为外婆家的品牌标志，究竟什么原因让如此多的人心甘情愿地等上一两个小时只为吃顿饭？

研究菜单可以发现，“外婆家”吸引食客的招数首推高性价比。别致的就餐环境、品种丰富的菜肴、良好的服务加上相对低廉的价格，让消费者觉得值。而且，外婆家的华丽吊灯、藤编木椅、砖墙、鸟笼、装饰画，颇具小资情调。装修如此雅致、文艺的餐厅，价位却与普通餐厅相仿甚至更低，很自然就引发一个问题：外婆家究竟如何盈利？

如果说，性价比是外婆家提供给顾客的价值感，那么支撑外婆家盈利的则是产出比，外婆家每桌在正餐时间能相继接待 4 群不同的顾客，而大部分生意好的餐厅则只接待 2 群顾客。凡到过外婆家就餐的人都会发现，尽管这些餐厅装修颇有格调，但远没有同档次装修餐厅那种宽敞、私密感。桌与桌之间挨得很近，往往只能容一人通过，这样就能充分利用空间摆放尽可能多的餐位。与陌生人过于接近的座位安排，当然不是为了让大家彼此沟通，而是在暗示顾客不要停留太久，以加快翻台率。细心的消费者还发现，和咖啡馆相比，“外婆家”的椅子不是很舒服，不便久坐聊天，所以吃完了就离开，无形中也提高了营业系数。

【案例感悟】

对于餐饮业如何赚钱，最常规的想法是提高菜价，让吃饭的顾客多掏钱，这样餐馆的利润就可以得到保障。而外婆家的管理者却能打破这种思维局限，将“让吃饭的顾客多掏钱”转变为“让更多的顾客来吃饭”，通过提升每张桌子的产出来保障自己的利润，从而在一定程度上保障自己和顾客的利益，实现双赢。

2.5.4　知识链接

突破思维定势

2.5.4.1　思维定势的含义

思维定势也称惯性思维，就是按照积累的思维活动经验教训和已有的思维规律，在反复使用中所形成的比较稳定的、定型化了的思维路线、方式、程序、模式。在环境不变的条件下，定势使人能够应用已掌握的方法迅速解决问题。而在情境发生变化时，它则会妨碍人采用新的方法。消极的思维定势是束缚创造性思维的枷锁。

思维定势从另一个角度讲，也可以说思维定势是思维的惯性或思维的惰性，在人的思维能力上是一种重要的表现，是人通过不断地学习和实践累积下来的经验及形成自己独有的对世界、对客观认识、认知的规律、途径，所以思维定势具有明显的个体性。

日本的东芝电气公司 1952 年前后曾一度积压了大量的电扇卖不出去，7 万多名职工为了打开销路，费尽心机地想了不少办法，依然进展不大。有一天，一个小职员向当时的董事长石坂提出了改变电扇颜色的建议。在当时，全世界的电扇都是黑色的，东芝公司生产的电扇自然也不例外。这个小职员建议把黑色改为浅色，这一建议引起了石坂的重视，第二年夏天东芝公司推出了一批浅蓝色电扇，大受顾客欢迎，市场上还掀起了一阵抢购热潮。从此以后，在日本以及在全世界，电扇就不再都是一副统一的黑色面孔了。

此例具有很强的启发性。只是改变了一下颜色，大量积压滞销的电扇，几个月之内就销售了几十万台。这一改变颜色的设想，效益竟如此巨大，而提出它，既不需要有渊博的科技知识，也不需要有丰富的商业经验，为什么其他的几万名职工就没人想到、没人提出来？这显然是因为自有电扇以来都是黑色的，虽然谁也没有规定过电扇必须是黑色的，但彼此仿效，代代相传，渐渐地就形成了一种惯例、一种传统，似乎电扇只能是黑色的，不是黑色的就不称其为电扇。这样的惯例、常规、传统，反映在人们的头脑中，便形成一种心理定势、思维定势。时间越长，这种定势对人们的创新思维的束缚力就越强，要摆脱它的束缚也就越困难，越需要做出更大的努力。东芝公司这位小职员提出的建议，从思考方法的角度来看，其可贵之处就在于，他突破了电扇只能漆成黑色这一思维定势的束缚。

2.5.4.2 思维定势的作用

1. 思维定势的积极作用

思维定势对于问题解决具有极其重要的意义。在问题解决活动中，思维定势的作用是：根据面临的问题联想起已经解决的类似的问题，将新问题的特征与旧问题的特征进行比较，抓住新旧问题的共同特征，将已有的知识和经验与当前问题情境建立联系，利用处理过类似的旧问题的知识和经验处理新问题，或者把新问题转化成一个已解决的熟悉的问题，从而为新问题的解决做好积极的心理准备。见月晕而知风、见石润而知雨，就是例证。刑侦警察能一眼辨认出小偷、逃犯、走私分子，能从蛛丝马迹中察觉作案人员的多方面的具体情况，也是定势效应的积极作用。

2. 思维定势的消极作用

思维定势对问题解决既有积极的一面，也有消极的一面，它容易使我们产生思想上的惰性，养成一种呆板、机械、千篇一律的问题解决习惯。当新旧问题形似质异时，思维的定势往往会使问题解决者步入误区。

客观事物千差万别，情况又总在不断变化，因此仅仅凭借已有的经验、知识、认识去认知新的事物，又往往容易使人在认识上出现偏差。“刻舟求剑”“缘木求鱼”就是对这种错误思维方式的比喻。俗话说“老眼光看人”“想当然”“按老皇历办事”讲的也是定势效应的消极作用。

大量事例表明，思维定势确实对问题解决具有较大的负面影响。当一个问题的条件发生质的变化时，思维定势会使问题解决者墨守成规，难以涌出新思维、做出新决策，造成知识和经验的负迁移。

2.5.4.3 突破思维定势的方法

思维定势抑制着我们的创新意识，使我们的创新能力难以得到进一步的提高。要提高创新和创造能力，就应该突破思维定势，而突破思维定势的关键就是拓宽思维视角，具体方法如下。

1. 改变思考顺序

我们思考问题时常常顺着想，顺着想能较为方便地找到问题的切入点，并且顺着想的确能解决一些问题。但客观事物的发展是千变万化的，凡事都顺着想未必能真实地反映事物的客观规律。一个立志于创新的人，一定要深刻认识顺着想的局限性，改变凡事顺着想的惰性，不妨从事物的对立面、侧面多考虑，也就是逆向思维。很多时候逆向思维能将我们带入“山重水复疑无路，柳暗花明又一村”的境界，它站在问题的对立面，使问题解决得干净利索而充满智慧。

有一道智力测验题，“用什么方法能使冰最快地变成水？”一般人往往回答要用加热、太阳晒的方法，答案却是“去掉两点水”，这就超出人们的想象了。萧伯纳（英国讽刺戏剧作家）很瘦，一次他参加一个宴会，一位大腹便便的资本家挖苦他：“萧伯纳先生，一见到你，我就知道世界上正在闹饥荒。”萧伯纳不仅不生气，反而笑着说：“哦，先生，我一见到你就知道闹饥荒的原因了。”

2. 转化思维方式

哲学的基本原理告诉我们，世界万物是普遍联系的，这些相互联系的事物是可以转化的，在创新学里我们的转化更多指的是思维方式的转化：将不可能转化为可能，将复杂转化为简单，把生疏的问题转化为熟悉的问题。

有一头驴掉到一个陷阱里，主人放弃救它，每天还有人往陷阱里倒垃圾，起初驴很生气，可是有一天，它转变了思维，何不从垃圾中找残羹来维持体能，何不将垃圾踩到自己脚下。终于有一天，垃圾成为它的垫脚石，使它重回地面。于振善，我国大名鼎鼎的尺算发明家，因“巧称地图”的故事，赢得了“神算子”的美誉。那年，清苑县长想知道全县多大面积，但因地图形状不规则，边界线曲折蜿蜒，谁也算不出来，就找来于振善。于振善经过一番思考，找到一块厚薄均匀的长方形木板，称得重量为 10 两，按比例推算出木板面积代表 1000 平方里。然后将清苑地图贴在木板上，沿图界锯出来，称得重量为 7 两 5 钱 3 分，由此推测出全县面积近似 753 平方里。一张地图、一块木板、一杆秤、一把锯，巧妙地算出了全县的面积，不禁让人想起千古流传的“曹冲称象”，曹冲只是化整为零，用重量算出重量；而于振善却是用重量称出了面积，可谓更胜一筹。

3. 把直接变为间接

在解决比较复杂、比较困难的问题时，有时直接解决往往会遇到其他的阻力。这时就需要扩展视角，或退一步来考虑问题，或采取迂回线路，或先来设置一个相对简单的问题做铺垫，为最终实现人类的目标创造条件。

一位老人有 17 头牛。在他病重的时候，留下了遗嘱，要把这 17 头牛分给他的三个儿子：长子分得 1/2，次子分得 1/3，三子分得 1/9。按照规定，牛不能被宰杀，否则取消继承遗产资格。他死之后，三个儿子按照父亲生前的要求去分牛，结果不管怎么样也分不好。

没办法，三兄弟只好向村里最有学问的秀才与最睿智的老人请教。

老人很快帮他们想了一个办法，他带了一头牛来帮他们分。这样，大儿子 1/2 分了 9 头牛，二儿子 1/3 分了 6 头牛，三儿子 1/9 分了 2 头。三个儿子刚好分去 17 头牛，最后恰好剩下这头老人带来的牛。于是老人又把自己的牛牵了回来。这样牛就分好了。秀才也不甘示弱，也想到了一个办法：如果牛要完全分完，每个人分的牛的份额比例相加肯定是 100%，也就是 1。但是 1/2+1/3+1/9=17/18≠1，那就要把 17/18 看作是一个整体。长子、次子、三子分别在这个整体的占比才是真正的份额。于是长子实际应分 1/2÷17/18=9/17，次子实际应分 1/3÷17/18=6/17，三儿子实际应分 1/9÷17/18=2/17。所以长子应分 9 头，次子应分 6 头，三儿子应分 2 头。事情这样得到完美解决。

2.5.5 技能训练

【训练 2.5.1】有一个人带着猫、鸡、米过河，船除需要人划外，至少能载猫、鸡、米三者之一，而当人不在场时猫要吃鸡，鸡要吃米。试设计一个安全过河方案，并使渡船次数尽量减少。

【训练 2.5.2】篮子里有 4 个苹果，由 4 个小孩平均分。分到最后，篮子里还有一个苹果。他们是怎样分的?

【训练 2.5.3】有三个秀才去赶考，一天在旅店投宿。房价每间三百文，三人合住一间房间，每人向老板付了一百文钱。后来老板见三人可怜，优惠五十文，让店小二拿着还给三个秀才。店小二想五十文三个人如何分？不如拿去二十文，剩余三十文还给了三个秀才。问题来了：每个秀才实际各付了九十文，合计二百七十文，加上店小二私吞的二十文，等于二百九十文，请问还有十文钱去了哪里？

项目3 创新技法认知与应用

知识目标

（1）掌握头脑风暴法的含义、组织形式、成功要点等。

（2）掌握奥斯本检核表法、5W2H法及和田十二法的含义、使用方法。

（3）掌握列举分析法的含义、类型、使用方法等。

（4）掌握组合创新法的含义、使用方法。

能力目标

（1）能够运用头脑风暴法解决问题。

（2）能够运用奥斯本检核表法、5W2H法及和田十二法解决问题。

（3）能够运用列举分析法进行创新。

（4）能够运用组合创新法进行创新。

素质目标

（1）培养学生诚信、责任、创新、奉献的职业精神。

（2）培养学生用创新思维解决问题的能力。

思政目标

（1）培养学生的改革创新精神、民族自信、家国情怀。

（2）培养学生敬业、精益、专注、创新的工匠精神。

思维导图

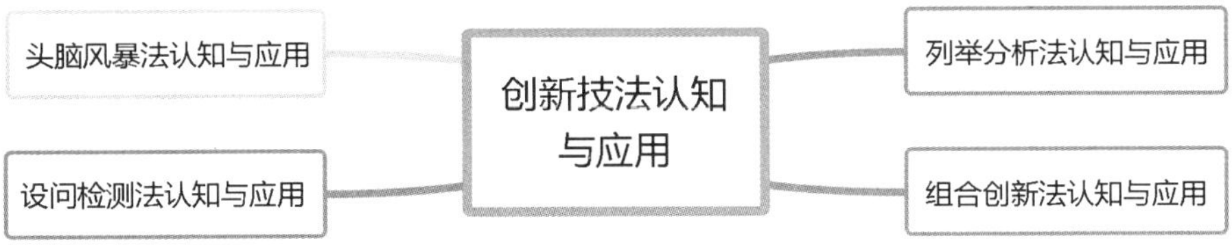

项目分析

创新技法就是创造学家根据创新思维的发展规律而总结出来的一些原理、技巧和方法。创新技法的应用既可直接创造成果，也可启发人的创新思维，提高人们的创新能力。本项目重点介绍头脑风暴法、奥斯本检核表法、特性列举法、缺点列举法、希望列举法和组合法等常用的创新技法并引入实践中。

3.1 头脑风暴法认知与应用

3.1.1 任务实施单

任务编号	3.1	任务名称	头脑风暴法认知与应用
任务简介	有人说过:“良好方法能使我们更好地发挥天赋的才能,而笨拙的方法则可能阻碍才能的发挥。”头脑风暴法是一种集体创新方法,简单快速有效,是大学生将来在职场上常用的创新方法之一		
任务目标	1. 掌握头脑风暴法含义、组织形式、成功要点等。 2. 实施头脑风暴法		
设备环境	计算机,Office 或 WPS 办公软件		
实施专业		实施班级	
实施地点		小组成员	
指导教师		联系方式	
任务难度	初级	实施日期	年 月 日
实施内容	1. 在“解决城市堵车”和“组织旅游活动”中任选一主题,运用“头脑风暴法”讨论解决(活动)方案,要求有完整的过程记录(20 条以上)和最终结论。 2. 以本专业中某一问题(如技术创新、设备创新、专业发展等)为主题,运用“头脑风暴法”讨论解决方案,要求有完整的过程记录(20 条以上)和最终结论		

3.1.2 任务评价单

任务编号	3.1	任务名称	头脑风暴法认知与应用		
评价项目			自评/分	他评/分	综合/分
课堂表现	学习态度(20 分)				
	沟通合作(10 分)				
任务完成	社会问题的“头脑风暴法”方案(30 分)				
	专业问题的“头脑风暴法”方案(40 分)				
学生签字		年 月 日	教师签字		年 月 日

评价规准						
项目		A(≥90%)	B(80%~89%)	C(70%~79%)	D(60%~69%)	E(<60%)
课堂表现	学习态度	与老师辩论	向老师提出质疑	与老师互动交流	被动回答问题	沉默
	沟通合作	主动承担任务且富有成效,主动发起讨论	主动承担任务,主动发起讨论	主动承担小组任务	能接受小组任务,配合他人	不能参与团队合作

续表

评价规准						
项目		A（≥90%）	B（80%～89%）	C（70%～79%）	D（60%～69%）	E（<60%）
任务完成	社会问题的“头脑风暴法”方案	全面展示问题解决过程，文档良好	全面展示问题解决过程，文档较好	基本展示问题解决过程，文档较好	基本展示问题解决过程，文档一般	没能展示问题解决过程，文档较差
	专业问题的“头脑风暴法”方案	全面展示问题解决过程，文档良好	全面展示问题解决过程，文档较好	基本展示问题解决过程，文档较好	基本展示问题解决过程，文档一般	没能展示问题解决过程，文档较差

3.1.3 案例引导

【案例描述】

某国北方格外严寒，大雪纷飞，电线上积满冰雪，大跨度的电线常被积雪压断，严重影响通信。过去，许多人试图解决这一问题，但都未能如愿以偿。后来，电信公司经理应用奥斯本头脑风暴法，尝试解决这一难题。他召开了一种能让头脑卷起风暴的座谈会，参加会议的是不同专业的技术人员，要求他们必须遵守以下原则。

第一，自由思考。即要求与会者尽可能解放思想，无拘无束地思考问题并畅所欲言，不必顾虑自己的想法是否“离经叛道”或“荒唐可笑”。

第二，延迟评判。即要求与会者在会上不要对他人的设想评头论足，不要发表“这主意好极了”“这种想法太离谱了”之类的“捧杀句”或“扼杀句”，至于对设想的评判，留在会后组织专人考虑。

第三，以量求质。即鼓励与会者尽可能多而广地提出设想，以大量的设想来保证质量较高的设想的存在。

第四，结合改善。即鼓励与会者积极进行智力互补，在增加自己提出设想的同时，注意思考如何把两个或更多的设想结合成另一个更完善的设想。

按照这种会议规则，大家七嘴八舌地议论开来，有人提出设计一种专用的电线清雪机，有人想到用电热来化解冰雪，也有人建议用振荡技术来清除积雪，还有人提出能否带上几把大扫帚，乘直升机去扫电线上的积雪。对于这种“坐飞机扫雪”的想法，大家心里尽管觉得滑稽可笑，但在会上也无人提出批评。相反，有一位工程师听到用飞机扫雪的想法后，大脑突然受到冲击，一种简单可行且高效率的清雪方法冒了出来：每当大雪过后，出动直升机沿积雪严重的电线飞行，依靠调整旋转的螺旋桨即可将电线上的积雪迅速扇落。他马上提出“用干扰机扇雪”的新设想，顿时又引起其他与会者的联想，有关用飞机除雪的主意一下子又多了七八条。不到一小时，与会的 10 名技术人员共提出 90 多条新设想。

会后，公司组织专家对设想进行分类论证。专家们认为设计专用清雪机，采用电热或电磁振荡等方法清除电线上的积雪，在技术上虽然可行，但研制费用大、周期长，一时难以见效。那种因“坐飞机扫雪”激发出来的几种设想，倒是一种大胆的新方案，如果可行，将是一种既简单又高效的好办法。经过现场试验，发现用直升机扇雪真能奏效，一个久悬未决的难题，终于在头脑风暴会中得到了巧妙的解决。

【案例感悟】

自古以来中国民间流传着“三个臭皮匠顶个诸葛亮”的说法，形容在遇到问题时采取集思广益的方式，博采众长。头脑风暴法就是基于这个道理产生的，这种技法一方面能够给予与会者的大脑较多的信息刺激，促进与会者的大脑把已有知识和所得信息围绕着要解决的问题重新安排，形成多种新的组合，从而产生大量的新设想；另一方面能够造成一种鼓励与会者大胆思维和提出新设想的氛围，提高与会者的创新积极性。

3.1.4 知识链接

头脑风暴法认知与应用

3.1.4.1 头脑风暴法的诞生与含义

一位名人说过：倘若你有一个苹果，我也有一个苹果，而我们彼此交换，你我仍然只有一个苹果。但是，倘若你有一种思想，我也有一种思想，而我们彼此交流这种思想，那么我们每个人将各有两种思想。创造学家奥斯本发现传统的商业会议制约了新观点的产生，于是提出了帮助激发产生新观点的规则。他把头脑风暴描述成一个小组为一个特定问题找到解决方法的会议技巧，提出了如下规则。

（1）没有对观点进行批评。

（2）追求观点的数量。

（3）在彼此的观点之上建立新观点。

（4）鼓励新的和夸张的观点。

他发现，当遵循这些规则的时候，更多的观点就产生了，而且更多的新颖观点带来了更多有用的观点。使用这些新规则，人们的自然拘束减少了，这些拘束使人们不能提出他们感到可能被认为是“错误”或“愚蠢”的观点。奥斯本发现，即便是“愚蠢”观点，由于改变了常规的思维方式，也可以激发出非常有用的观点。

头脑风暴法是世界上最早付诸实施的创新技法，是指利用特定的会议形式，使与会者产生联想和创造性想象，激发灵感，以获得大量的创新性设想的创新技法。头脑风暴法由奥斯本于 1939 年首次提出，1953 年正式发表的一种激发性思维的方法。此法经各国创造学研究者的实践和发展，至今已经形成了一个发明技法群，如奥斯本智力激励法、默写式智力激励法、卡片式智力激励法等。

头脑风暴法是一种通过小型会议的组织形式，让所有参加者在自由愉快、畅所欲言的气氛中，自由交换想法或点子，并以此激发与会者创意及灵感，使各种设想在相互碰撞中激起脑海的创造性“风暴”。它适用于解决那些比较简单、严格确定的问题，如研究产品名称、广告口号、销售方法、产品的多样化等，以及需要大量的构思、创意的行业，如广告业等。

3.1.4.2 头脑风暴法的优势与局限性

头脑风暴法可以让人自由交流，容易碰撞出创新的火花，是创新的有效手段。同时，这种方式所诞生的创意往往是由多方面的各行业人士进行完善的，比单个专家单独思考得出的创意更为全面、合理。头脑风暴法具有以下优势。

（1）极易操作执行，几乎不再有任何难题，具有很强的实用价值。

（2）非常具体地体现了集思广益，体现团队合作的智慧。因为良好的沟通氛围，有利于增加团队凝聚力，增强团队精神，可以有效锻炼一个人及团队的创造力。

（3）创造良好的平台，提供了一个能激发灵感、开阔思路的环境。每一个人思维都能得到最大限度的开拓，能有效开阔思路，激发灵感。

（4）在最短的时间内可以批量生产灵感，会有大量意想不到的收获。可以提高工作效率，能够更快、更高效地解决问题。

（5）面对任何难题，举重若轻。对于熟练掌握“头脑风暴法”的人来讲，再也不必一个人冥思苦想，孤独“求索”了。

（6）使参加者更加自信，因为他会发现自己居然能如此有“创意”。使参加者更加有责任心，因为人们一般都乐意对自己的主张承担责任。

（7）可以发现并培养思路开阔、有创造力的人才。

同时，头脑风暴法也有如下局限性。

（1）头脑风暴法参与人员过多，层次太杂，一旦涉及意见不能统一时往往会出现少数服从多数，或导致某些有重要观点的人保持沉默而其他成员成为讨论的主角。

（2）在事件过程中进行头脑风暴法，容易扰乱设计者和规划者的思路，而且在会议中做出的一些决定可能不是经过深思熟虑的，容易造成头脑发热。

（3）要求参与者有较好的素质，若参与者缺乏必要的技术及知识，就会无法提出有效的意见，影响头脑风暴法实施的效果。

（4）由于头脑风暴法相对松散，可能较难保证过程的全面性。

（5）头脑风暴不适用于一些具有机密性和高技术含量及专业性的问题。

3.1.4.3　头脑风暴法的组织形式

头脑风暴法通常采用会议形式实施，会议要求参加的人都能尽情地发表意见，充分发挥想象能力，鼓励大家在别人提出设想的基础上进行补充和综合，进一步提出自己的新设想。

（1）参加人数一般为 5～10 人（课堂教学也可以班为单位），最好由不同专业或不同岗位者组成。

（2）会议时间控制在 1 小时左右。

（3）设主持人一名，主持人只主持会议，对设想不进行评论。

（4）设记录员 1～2 人，要求认真将与会者每一设想不论好坏都完整地记录下来。

3.1.4.4　头脑风暴法的会议原则

为使与会者畅所欲言，互相启发和激励，达到较高效率，必须严格遵守下列原则。

（1）禁止批评和评论，也不要自谦。对别人提出的任何想法都不能批判、不得阻拦。即使自己认为是幼稚的、错误的，甚至是荒诞离奇的设想，也不得予以驳斥；同时也不允许自我批判，在心理上调动每一个与会者的积极性，彻底防止出现一些“扼杀性语句”和“自我扼杀语句”。诸如“这根本行不通”“你这想法太陈旧了”“这是不可能的”“这不符合某某定律”以及“我提一个不成熟的看法”“我有一个不一定行得通的想法”等语句，禁止在会议上出现。只有这样，与会者才可能在充分放松的心境下，在别人设想的激励下，集中全部精力开拓自己的思路。

（2）目标集中，追求设想数量，越多越好。在头脑风暴法实施会上，只强制大家提设想，越多越好，会议以谋取设想的数量为目标。

（3）鼓励巧妙地利用和改善他人的设想。这是激励的关键所在。每个与会者都要从他人的设想中激励自己，从中得到启示，或者补充他人的设想，或者将他人的若干设想综合起来提出新的设想等。

（4）与会人员一律平等，各种设想全部记录下来。与会人员，不论是该领域的专家、员工，还是其他领域的学者，以及该领域的外行，一律平等；各种设想，不论大小，甚至是最荒诞的设想，记录人员也要认真地将其完整地记录下来。

（5）提倡自由发言，独立思考，畅所欲言，任意思考。会议提倡自由奔放、随便思考、任意想象、尽量发挥，主意越新、越怪越好，因为它能启发人推导出好的观念。不允许私下交谈，以免干扰别人思维。

（6）不强调个人的成绩。应以小组的整体利益为重，注意和理解别人的贡献，人人创造民主环境，不以多数人的意见阻碍个人新的观点的产生，激发个人追求更多、更好的主意。

3.1.4.5 头脑风暴法的成功要点

一次成功的头脑风暴除了在实施步骤上的要求之外，更为关键的是探讨方式，心态上的转变。概言之，即充分、非评价性的、无偏见的交流，具体而言，则可归纳为以下几点。

（1）自由畅谈。参加者不应该受任何条条框框的限制，放松思想，让思维自由驰骋。从不同角度、不同层次、不同方位，大胆地展开想象，尽可能地标新立异、与众不同，提出独创性的想法。

（2）延迟评判。头脑风暴，必须坚持当场不对任何设想做出评价的原则。既不能肯定某个设想，又不能否定某个设想，也不能对某个设想发表评论性的意见。一切评价和判断都要延迟到会议结束以后才能进行。这样做一方面是为了防止评判约束与会者的积极思维；另一方面是为了集中精力先开发设想，避免把应该在后阶段做的工作提前进行，影响创造性设想的大量产生。

（3）禁止批评。绝对禁止批评是头脑风暴法应该遵循的一个重要原则。参加头脑风暴会议的每个人都不得对别人的设想提出批评意见，因为批评对创造性思维无疑会产生抑制作用。有些人习惯于用一些自谦之词，这些自我批评性质的说法同样会破坏会场气氛，影响自由畅想。

（4）追求数量。头脑风暴会议的目标是获得尽可能多的设想，追求数量是它的首要任务。参加会议的每个人都要抓紧时间多思考，多提设想。至于设想的质量问题，可留到会后的设想处理阶段去解决。在某种意义上，设想的质量和数量密切相关，产生的设想越多，其中的创造性设想就可能越多。

3.1.4.6 头脑风暴法的主持人技巧

（1）主持人应懂得各种创造思维和技法，会前要向与会者重申会议应严守的原则和纪律，善于激励成员思考，使场面轻松活跃而又不失脑力激荡的规则。

（2）可轮流发言，每轮每人简明扼要地说清楚一个创意设想，避免形成辩论会和发言不均。

（3）要以赏识激励的词句语气和微笑点头的行为语言，鼓励与会者多出设想，例如“对，就是这样”“太棒了”“好主意！这一点对开阔思路很有好处”等。

（4）禁止使用的话语：“这点别人已说过了”“实际情况会怎样呢”“请解释一下你的意思”“就这一点有用”“我不赞赏那种观点”等。

（5）经常强调设想的数量，如平均 3 分钟内要发表 10 个设想。

（6）遇到参会者才穷计短、暂时停滞的情况时，可采取一些措施，如休息几分钟，自选休息方法，如散步、唱歌、喝水等，再进行几轮脑力激荡。或者发给每人一张与问题无关的图画，要求讲出从图画中所获得的灵感。

（7）要掌握好时间，会议持续 1 小时左右，形成的设想应不少于 100 种。最好的设想往往是会议要结束时提出的，因此预定结束的时间到了可以根据情况再延长 5 分钟，这是人们容易提出好的设想的时候。在 1 分钟时间里再没有新主意、新观点出现时，头脑风暴会议可宣布结束或告一段落。

3.1.4.7　头脑风暴法运用示例

运用头脑风暴法讨论云计算专业的 Docker 应用，以下是讨论的过程和大家提出的方案。

主持人：Docker 究竟是什么？

甲：Docker 是一个开源的应用容器引擎，让开发者可以打包他们的应用以及依赖包到一个可移植的容器中，然后发布到任何流行的 Linux 机器上，也可以实现虚拟化。

丙：容器是完全使用沙箱机制，相互之间不会有任何接口。几乎没有性能开销，可以很容易地在机器和数据中心中运行。

丁：最重要的是，他们不依赖于任何语言、框架或包括系统。

主持人：Docker 安装好之后，能做什么？

乙：Docker 就相当于是 VMware，Docker 镜像就相当于 VMware 在装系统时使用的镜像文件，Docker 创建的容器就相当于是在 VMware 创建的虚拟机并已使用镜像文件装好系统。

丙：它能做什么？虚拟机能做什么它就能做什么，就是一台服务器虚拟化很多服务器。

主持人：容器解决了什么？

丁：运行环境一致性，容器打包了程序必需的所有依赖以及操作系统，可创建与其他应用相隔离的环境，彻底解决了环境的一致性问题。

甲：各环境灵活迁移，Docker 镜像可在所有主流 Linux 发行版、Microsoft 平台灵活迁移，极大减轻了开发和部署的工作量。

乙：大大减少资源的消耗，同时容器会将应用相互隔离，我们可以为每个应用设置明确的资源限制，不必担心依赖项冲突或资源争用。

丙：提高生产力，容器可减少调试和诊断环境差异所需的时间，提高了开发生产效率。

乙：安全隔离，容器会在操作系统级别虚拟化 CPU、内存、存储和网络资源，为开发者提供在逻辑上与其他应用相隔离的沙盒化操作系统接口。

主持人：Docker 有什么应用场景？

丙：Docker 很适合用于测试发布，不再需要测试人员与运维、开发进行配合，进行环境搭建与部署。

甲：测试数据分离，Docker 相较于传统的虚拟机，更轻量与方便。可以很容易地将这些数据分离到不同的镜像中，根据不同需要随时进行切换。

丁：开发人员共同使用同一个 Docker 镜像，同时修改的源代码都被挂载到本地磁盘。不再因为环境的不同而造成的不同程序行为而伤透脑筋，同时新人到岗时也能迅速建立开发、编译环境。

Docker 应用最终结论：Docker 本质是操作系统上的一个容器进程。Docker 是轻量级的，可以快速创建和销毁，自身不消耗过多资源，最大的好处是便于搬运。Docker 可以更高效地利用系统资源，更快地启动，更轻松地维护和拓展。

结果，仅用十分钟就收集了四十个想法，经评价后，从中得出参考解决方案。

3.1.5 技能训练

运用默写式智力激励法解决问题。

头脑风暴法虽然能造成自由探讨、互相激智的气氛，但也有一些局限性。如有的创造性强的人喜欢深思，但会议无此条件；表现力强和控制力强的人会影响其他人提出设想；会议严禁批评，虽能保证自由思考，但又难于及时对众多的设想进行评价和集中。针对这些局限性，德国人提出了一种默写式智力激励法。此法规定：每次会议请 6 人参加，每人在卡片上默写 3 个设想，每轮限时 5 分钟，即默写式智力激励法（也称为 635 法）。

有 1 位船长和 12 名水手一起驾船出海，船上有足够的粮食和水，船上还携带了 5 只鸭子和 5 只鸡，请问：船长还带了几只羊？运用默写式智力激励法写出自己的答案，即 6 人一组，每人在纸上默写 3 个设想，每轮限时 5 分钟。

读书笔记

3.2　设问检测法认知与应用

3.2.1　任务实施单

任务编号	3.2	任务名称	设问检测法认知与应用
任务简介	设问检查法实际上就是提供了一张提问的单子，针对所需解决的问题逐项对照检查，以便能够从多个角度进行较为系统周密的考虑，探求较好的创新方案。本任务将引导大学生用奥斯本检核表法、5W2H 法及和田十二法等设问创新法解决问题		
任务目标	1．掌握奥斯本检核表法、5W2H 法及和田十二法的含义、使用方法。 2．实践使用奥斯本检核表法、5W2H 法及和田十二法		
设备环境	计算机，Office 或 WPS 办公软件		
实施专业		实施班级	
实施地点		小组成员	
指导教师		联系方式	
任务难度	初级	实施日期	年　月　日
实施内容	1．运用奥斯本检核表从下列 6 项产品中任选 2 个从 9 个方面提出相应的优化改进解决方案。 ①枕头；②眼镜；③拖鞋；④手机；⑤自动车；⑥空调 2．在网络通信系统的交换机、路由器中任选一种设备，运用和田十二法，看看能产生多少种新的想法		

3.2.2　任务评价单

<table>
<tr><td colspan="2">任务编号</td><td colspan="2">3.2</td><td>任务名称</td><td colspan="3">设问检测法认知与应用</td></tr>
<tr><td colspan="5">评价项目</td><td>自评/分</td><td>他评/分</td><td>综合/分</td></tr>
<tr><td rowspan="2">课堂表现</td><td colspan="4">学习态度（20 分）</td><td></td><td></td><td></td></tr>
<tr><td colspan="4">沟通合作（10 分）</td><td></td><td></td><td></td></tr>
<tr><td rowspan="2">任务完成</td><td colspan="4">奥斯本检核表任务（30 分）</td><td></td><td></td><td></td></tr>
<tr><td colspan="4">和田十二法任务（40 分）</td><td></td><td></td><td></td></tr>
<tr><td colspan="2">学生签字</td><td></td><td>年　月　日</td><td>教师签字</td><td></td><td colspan="2">年　月　日</td></tr>
<tr><td colspan="8">评价规准</td></tr>
<tr><td colspan="2">项目</td><td>A（≥90%）</td><td>B（80%～89%）</td><td>C（70%～79%）</td><td>D（60%～69%）</td><td colspan="2">E（<60%）</td></tr>
<tr><td rowspan="2">课堂表现</td><td>学习态度</td><td>与老师辩论</td><td>向老师提出质疑</td><td>与老师互动交流</td><td>被动回答问题</td><td colspan="2">沉默</td></tr>
<tr><td>沟通合作</td><td>主动承担任务且富有成效，主动发起讨论</td><td>主动承担任务，主动发起讨论</td><td>主动承担小组任务</td><td>能接受小组任务，配合他人</td><td colspan="2">不能参与团队合作</td></tr>
</table>

续表

评价规准						
项目		A（≥90%）	B（80%～89%）	C（70%～79%）	D（60%～69%）	E（<60%）
任务完成	奥斯本检核表任务	全面展示奥斯本检核表，文档良好	全面展示奥斯本检核表，文档较好	基本展示奥斯本检核表，文档较好	基本展示奥斯本检核表，文档一般	没能展示奥斯本检核表，文档较差
	和田十二法任务	全面展示和田十二法，文档良好	全面展示和田十二法，文档较好	基本展示和田十二法，文档较好	基本展示和田十二法，文档一般	没能展示和田十二法，文档较差

3.2.3 案例引导

【案例描述】

运用奥斯本检核表对手电筒进行分析并提出创新思路，见表 3.2.1。

表 3.2.1 针对手电筒提出的创新思路

序号	检核项目	创新思路
1	能否他用	其他用途：信号灯、装饰灯
2	能否借用	增加功能：加大反光罩，增加灯泡亮度
3	能否改变	延长使用寿命：使用节电、降压开关
4	能否扩大	延长使用寿命：使用节电、降压开关
5	能否缩小	缩小体积：1 号电池→2 号电池→5 号电池→7 号电池→8 号电池→纽扣电池
6	能否替代	代用：用发光二极管替代小电珠
7	能否调整	换型号：两节电池直排或横排、改变式样
8	能否颠倒	反过来想：不用干电池的手电筒，用磁电机发电
9	能否组合	与其他组合：带手电的收音机、带手电的钟等

【案例感悟】

奥斯本检核表法的设计特点之一是思维多向，用多条提示引导人们去发散思考。奥斯本检核表法中有 9 个问题，就好像有 9 个人从 9 个角度帮助思考。可以把 9 个思考点都试一试，也可以从中挑选一两条深入思考。奥斯本检核表法让人们突破了不愿提问或不善提问的心理障碍，在进行逐项检核时，强迫人们思维扩展，突破旧的思维框架，开拓了创新的思路。

3.2.4 知识链接

设问检测法认知

设问检查法是根据需要解决的目标，从多角度提出问题，然后从问题中寻找思路，进而做出选择，深入开发创造性设想的一类技法。本项目讨论的设问检测法主要类型有奥斯本检核表法、5W2H 法及和田十二法。

3.2.4.1　奥斯本检核表法

奥斯本检核表法又称分项检查法或对照表法，由奥斯本在《创造性想象》专著中提出，是根据需要研究对象的特点列出有关问题，形成检核表，然后一个个来核对讨论，从而发掘出解决问题的大量设想，主要用于新产品开发。

1．基本原理

奥斯本检核表引导人们根据检核项目一条条思路求解问题，有利于较系统周密地思考，共有 9 类 75 个问题，见表 3.2.2，其实质就是从 9 个方面的 75 个角度，启发人们提出问题和思考问题，使思路沿着正向、侧向、逆向及合向发散开来。因此它的侧重点是提出思考问题的角度而不是步骤，它的核心是启发和发挥联想的力量。

表 3.2.2　奥斯本检核表法的检查项目与包括的问题

序号	检核项目	含义	包括的问题
1	能否他用	现有的事物有无其他的用途、保持不变能否扩大用途、稍加改变有无其他用途	1-1 有无新的用途 1-2 是否有新的使用方法 1-3 可否改变现有的使用方法
2	能否借用	能否引入其他的创造性设想：能否模仿别的东西；能否从其他领域、产品、方案中引入新的元素、材料、造型、原理、工艺、思路	2-1 有无类似的东西 2-2 利用类别能否产生新观念 2-3 过去有无类似的问题 2-4 可否模仿 2-5 能否超越
3	能否改变	现有事物能否做些改变，如颜色、声音、味道、样式、花色、音响、品种、意义、制造方；改变后效果如何	3-1 可否改变功能 3-2 可否改变颜色 3-3 可否改变形状 3-4 可否改变运动 3-5 可否改变气味 3-6 可否改变音响 3-7 可否改变外观 3-8 是否还有其他改变的可能性
4	能否扩大	现有事物可否扩大适用范围；能否增加使用功能；能否添加零部件；延长它的使用寿命，增加长度、厚度、强度、频率、速度、数量、价值	4-1 可否增加些什么 4-2 可否附加些什么 4-3 可否增加使用时间 4-4 可否增加频率 4-5 可否增加尺寸 4-6 可否增加厚度 4-7 可否提高性能 4-8 可否增加新成分 4-9 可否加倍 4-10 可否扩大若干倍 4-11 可否放大 4-12 可否夸大

续表

序号	检核项目	含义	包括的问题
5	能否缩小	现有事物能否体积变小、长度变短、质量变轻、厚度变薄以及拆分或省略某些部分（简单化），能否浓缩化、省力化、方便化、短路化	5-1 可否减少些什么 5-2 可否密集 5-3 可否压缩 5-4 可否浓缩 5-5 可否聚合 5-6 可否微型化 5-7 可否缩短 5-9 可否去掉 5-8 可否变窄 5-10 可否分割 5-11 可否减轻 5-12 可否变成流线型
6	能否替代	现有事物能否用其他材料、元件、结构、力、设备力、方法、符号、声音等代替	6-1 可否代替 6-2 用什么代替 6-3 还有什么其他的排列 6-4 还有什么其他的成分 6-5 还有什么其他的材料 6-6 还有什么其他的过程 6-7 还有什么其他的能源 6-8 还有什么其他的颜色 6-9 还有什么其他的音响 6-10 还有什么其他的照明
7	能否变换	现有事物能否变换排列顺序、位置、时间、速度、计划、型号；内部元件可否交换	7-1 可否变换 7-2 有无可互换的成分 7-3 可否变换模式 7-4 可否变换布置顺序 7-5 可否变换操作工序 7-6 可否变换因果关系 7-7 可否变换速度或频率 7-8 可否变换工作规范
8	能否颠倒	现有的事物能否从里外、上下、左右、前后、横竖、主次、正负、因果等相反的角度颠倒过来用	8-1 可否颠倒 8-2 可否颠倒正负 8-3 可否颠倒正反 8-4 可否前后颠倒 8-5 可否上下颠倒 8-6 可否颠倒位置 8-7 可否颠倒作用

续表

序号	检核项目	含义	包括的问题
9	能否组合	能否进行原理组合、材料组合、部件组合、形状组合、功能组合、目的组合	9-1 可否重新组合 9-2 可否尝试混合 9-3 可否尝试合成 9-4 可否尝试配合 9-5 可否尝试协调 9-6 可否尝试配套 9-7 可否把物体组合 9-8 可否把目的组合 9-9 可否把特性组合 9-10 可否把观念组合

2. 实施过程及注意事项

（1）根据创新对象明确需要解决的问题。

（2）根据需要解决的问题，参照表中列出的问题，强制性地一个个核对讨论，写出新设想。

（3）对新设想进行筛选，将最有价值和创新性的设想筛选出来。

（4）联系实际一条一条地进行检核，不要有遗漏。

（5）多检核几遍，可能会更准确地选择出所需创新、发明的设想。

（6）在检核每项内容时，可以将每大类问题作为一种单独的创新方法来运用。

（7）核检方式可根据需要，1 人核检，3～8 人共同核检都可以。集体核检可以互相激励，产生头脑风暴，更有希望创新。

3. 奥斯本检核表法的价值

（1）远离思维惰性。思维惰性就是不想浪费脑细胞，由于习惯和惰性，在考虑事情的时候，不想去做深入思考，仅仅是把大脑内存里面形成的物质重新取出来，这个时候已经开始进入了思维的舒适区，在舒适区生活得越久，成长就越慢。

奥斯本检核表法提供了 9 个维度去刺激你的大脑，让自己逃离思维舒适区，强迫自己去思考和改变，进而远离思维惰性。

（2）突破思维定势。消极的思维定势是束缚创造性思维的枷锁，奥斯本检核表法一共有 9 个维度 75 个问题，帮助人们突破思维定势，激发人们的想象力。

（3）建立思维自信。创新思维自信是指相信自己有能力改变周围的世界，拥有思维创造力自信的人会有很强的自我效能感，相信自己有创造力，敢于挑战挫折和失败。在创新的过程中，很多人不愿意而且不知道如何提出高质量的问题，害怕提问错了被人嘲笑，而奥斯本检核表法提供了提问的清单，有效帮助人们突破不愿意提问、不会提问的心理障碍，帮助人们建立提问、思考、想象和创新思维自信。

3.2.4.2 5W2H 法

1. 基本原理

5W2H 法又称 7 问分析法，用 7 个疑问词来进行设问，这 7 个疑问词的第一个字母正好是五个 W 和两个 H，即 Why、What、Who、When、Where、How、How much，5W2H 法因此而得名。

该法简单、方便，易于理解和使用，富有启发意义。人们通过设问发现解决问题的线索，寻找出创新新思路，再进一步设计构思和实施。目前，5W2H 法已广泛应用于改进工作、改善管理、技术开发及价值分析等方面。

2. 实施步骤

（1）对某一种现行的方法或现有的产品从 7 个角度检查提问。

（2）对 7 个方面提问一一审核，将发现的疑点、难点一一列出。

（3）讨论分析，寻找改进措施。可采用列表方式提问，见表 3.2.3，使问题、原因及改进措施更加简洁明晰。

表 3.2.3 5W2H 法核检表

	追问原因			对策
5W2H 追问原因 VS 5W2H 对策	5W	Why	为什么	为何做
		What	何事	做何事
		Where	何地	何地做
		When	何时	何时做
		Who	是谁	谁去做
	2H	How	怎么做	如何实施
		How much	何价	成本多少

3. 5W2H 法应用案例

某高校校内一个食堂小吃窗口的生意一直没有起色，顾客较少，损失比较严重，老板运用 5W2H 法来检查亏损的原因，制订改善方案，从而改变经营状况。

（1）分析问题。

1）Why。为什么开小吃窗口？（赚钱、服务顾客）为什么小吃窗口的生意冷清？（顾客少）。

2）What。小吃窗口提供些什么？经营些什么品种？还可经营些什么？（目前主要经营油炸麻辣烫等，品种款式少）。

3）Who。谁来买小吃？是否存在潜在客户？（顾客以学生为主，教职工零星来，很少）。

4）When。食堂小吃窗口什么时间营业？（早中晚以学生一日三餐时间为主）。

5）Where。小吃窗口在哪里？（食堂二楼）。

6）How。食堂供应小吃窗口是如何经营的？（食物先做好，学生来了再卖给学生）。

7）How much。价格如何？（学生普遍反映价格偏贵、不实惠）。

由此可见，该窗口因品种少、口味一般、价格偏贵、位置偏、营业时间不灵活等原因造成顾客少，导致生意一直冷清。

（2）提出解决问题的方案。

1）Why：吸引更多顾客。

2）What：品种太少，无新颖性。

解决办法：增加品种，翻新花样，高薪聘请手艺好的厨师。

3）Who：除了学生之外，还要吸引教师、周边居民，扩大顾客范围。

4）When：延长营业时间，冬天早餐时间延长，夏天晚上餐时间延长；增加特色小吃，如端午粽子、中秋月饼、生日面等。

5）Where：二楼地理位置不理想，学生不知或不愿爬二楼。

解决办法：一楼做醒目、个性化广告，拉近心理距离。

6）How：供应特色小吃，不同地域、口味的小吃；色香味美、干净卫生、品种多样；开拓电话、网络点餐业务，送货上门。

7）How much：做到物美价廉，定价要符合学生的消费能力，以薄利做到多销。

针对这些问题，该窗口做出了上述整改措施，从而实现了扭亏为盈，生意开始火爆起来。

3.2.4.3　和田十二法及其应用

在长期的实践中，我国创造学家对奥斯本检核表法进行了改进，提出和田十二法。和田十二法是上海市创造学者许立言、张奎福根据上海和田路小学开展创造发明活动所总结的一种创新技法。这种技法通俗易懂、运用简便，非常适合在中小学发明创造活动中使用，被称为创造发明的“一点通”。

简单地说，和田十二法可以归纳为 36 个字，在此以电风扇的应用创新为例，其操作要点、操作说明及应用实例见表 3.2.4。

表 3.2.4　和田十二法的操作要点、操作说明及应用实例

序号	操作要点	操作说明	电风扇的创新应用
1	加一加	这件事物还可以添加点什么	带电脑的风扇
2	减一减	在这件东西上还可以减去点什么	去掉吊杆——吸顶电风扇
3	扩一扩	这件东西在功能、结构上还可以扩展吗	扩大送风角度——全方位电风扇
4	缩一缩	这件东西在功能、结构上还可以减缩吗	婴儿电扇
5	变一变	这件东西在功能、结构、形态方面还可以变化吗	球式电风扇
6	改一改	这件东西哪些缺点需要改进	保健电风扇
7	联一联	这件事物与哪些有联系呢	防火、驱蚊风扇
8	代一代	这件事物能用别的事物取而代之吗	木叶片电风扇
9	搬一搬	这件东西搬到别的场合会派上新用途吗	电视机罩内微型电扇：防止电视机过热
10	反一反	将这件事反向思考会产生什么新的结果呢	无叶片风扇：振动送风、排风扇
11	定一定	为了完善此事还需要规定些什么呢	低噪声电风扇
12	用一用	对新技术能不能用上一用呢	太阳能电风扇

3.2.5 技能训练

运用“奥斯本检核表”进行创新设计或思维：

（1）眼镜、电吹风、水泥、纸张等物品能否他用？

（2）超声波、激光、红外辐射等技术能否借用？

（3）在纯牛奶、纯铁、玻璃中增加点什么可提高功能或性能？

（4）衣架、尺子、澡盆、电话机能缩小吗？

（5）热水瓶、算盘、轮胎、自行车能改变吗？

（6）汽车燃料、文字记录能否被替代？

（7）车床、刨床的加工方式可否调整？

读书笔记

3.3 列举分析法认知与应用

3.3.1 任务实施单

任务编号	3.3	任务名称	列举分析法认知与应用
任务简介	列举分析法作为一种最基本的创新技法，应用广泛，常用于设想简单的事物。本任务引导大学生从特性、缺点、希望三个角度列举现有事物，从而产生新事物来进行创新		
任务目标	1. 掌握列举分析法的含义、类型、使用方法等。 2. 能利用列举分析法解决问题		
设备环境	计算机，Office 或 WPS 办公软件		
实施专业		实施班级	
实施地点		小组成员	
指导教师		联系方式	
任务难度	初级、中级	实施日期	年 月 日
实施内容	1. 在手机、插座中任选一个，运用特性列举法进行创新，看谁创新最多。 2. 在本专业中，任选一设备，运用缺点或希望列举进行创新		

3.3.2 任务评价单

任务编号	3.3	任务名称	列举分析法认知与应用		
评价项目			自评/分	他评/分	综合/分
课堂表现	学习态度（20 分）				
	沟通合作（10 分）				
任务完成	运用特性列举法创新（30 分）				
	运用缺点或希望列举创新（40 分）				
学生签字		年 月 日	教师签字		年 月 日

评价规准						
项目		A（≥90%）	B（80%～89%）	C（70%～79%）	D（60%～69%）	E（<60%）
课堂表现	学习态度	与老师辩论	向老师提出质疑	与老师互动交流	被动回答问题	沉默
	沟通合作	主动承担任务且富有成效，主动发起讨论	主动承担任务，主动发起讨论	主动承担小组任务	能接受小组任务，配合他人	不能参与团队合作

续表

评价规准						
项目		A（≥90%）	B（80%～89%）	C（70%～79%）	D（60%～69%）	E（<60%）
任务完成	运用特性列举法创新	全面展示特性列举法创新，文档良好	全面展示特性列举法创新，文档较好	基本展示特性列举法创新，文档较好	基本展示特性列举法创新，文档一般	没能展示特性列举法创新，文档较差
	运用缺点或希望列举创新	全面展示缺点或希望列举，文档良好	全面展示缺点或希望列举，文档较好	基本展示缺点或希望列举，文档较好	基本展示缺点或希望列举，文档一般	没能展示缺点或希望列举，文档较差

3.3.3 案例引导

【案例描述】

以台灯为例说明运用特性列举法进行创新设计的方法。

（1）名词特性。

1）整体：台式台灯、挂式台灯、夹式台灯、吊式台灯。

2）部件：灯罩、灯泡、立柱、底座、开关、电源线。

3）材料：金属、塑料、玻璃、铝合金、钢、棉布、纸、木质。

4）制造方法：手工制作、机器加工、锻造、铸造。

5）性能：高低、能见度、可调节。

针对名词属性进行思考，改进设想：增加一组？即换用双层灯罩，组成“双层台灯”。开关的改进，可以改成“遥控式开关”或“感应式开关”。

（2）形容词特性。

1）外形：圆形、椭圆形、梯形、方形、三角形、多边形、不规则形。

2）颜色：彩色、黑、白、蓝色。

针对形容词属性进行思考，改进设想：能否做成“装饰性”式台灯；日常台灯闲置不用，可以改变其造型的设计，外形设计新颖，灯罩配以各种造型，作为很好的室内装饰品；台灯的灯罩涂色能否多样化；将单色变为彩色，让其有个性化特点，或者采用变色材料，开发一种“迷幻式台灯”，给人以新的感受。

（3）动词特性。

照明、发热、辐射、防近视、清新空气、风扇式。

针对动词属性进行思考，改进思考：防近视灯，能够有效放出可保护眼睛的光，对正在照明的人的眼睛进行“保护”；清新空气灯，具有清新空气的功能，通过发热一段时间挥发作用，来达到清新空气的功能；风扇式台灯，在台灯原有的灯功能下多加一个风扇的功能，两者并用。

【案例感悟】

当对某一产品进行创新设计时，倘若只是从整体上考虑，由于涉及面较广，很难找出主要矛盾，也难以发掘创新点和得出创新设想。如果先按照产品的属性将该产品化整为零，按组成要素分解并分别进行研究，就比较容易找出问题，得到创新的方案了。通过对需要革新改进的对象进行观察分析，尽量列举该事物的各种不同的特征或属性，然后确定应加以改善的方向及实施方法，这样就可以大大提高创新效率。

3.3.4　知识链接

列举分析法认知与应用

列举分析法运用了分解和分析的方法，将研究对象的特性、缺点、希望点罗列出来，提出改进措施，形成独特性的设想。

3.3.4.1　特性列举法

1. 特性列举法的基本原理

特性也称特有属性，是指某类对象都具有而别的对象都不具有的属性。特性列举法也称属性列举法，是一种通过创新对象的特征，包括名词性、形容词性和动词性等一一列举出来，然后分析、探讨能否以更好的特性替代，最后提出革新方案的创新技法。

一个事物具有许多属性，所谓属性就是指事物所具有的固有的特性，例如，人类有性别、年龄、体重等属性，事物的每一个属性都可以被分开，加以增进或改变。他提出用一个词来描述产品的一个特性，这些词分为名词（部件、材料、制造方法等）、形容词（形状、颜色、状态等）、动词（功能、作用等）三大类。然后，逐一思考每个词的替代、修改、取消、补充，只要某一特性得到改进，其整体性能就可能出现质的飞跃。

2. 特性列举法的一般过程

（1）确定一个研究对象。一般来说，研究对象宜小不宜大。如果是一个比较大的研究对象，最好分成若干个小对象来进行。例如，汽车这个大的研究对象可以分成发动机、离合器、传动装置、制动装置车身、底盘、车灯、轮胎等小的研究对象。

（2）将研究对象加以分解。将对象的特性全部罗列出来，并分门别类加以整理。一般包括以下三个方面。

1）名词特性：采用名词来表达的特性。全体、部分、材料、制作方法等，可以是整体的、部分的一些结构的名称，也可以是建造时所用材料的名称及其制造方法等。

2）形容词特性：采用形容词来表达的特性。形状、颜色、质量、尺寸等，一般是用来描述事物性质的形容词。

3）动词特性：采用动词来表达的特性，主要是用来描述使用功能的。例如，扫帚扫东西、刀子割物品等。

（3）按照特性分类加以创新。可以找一找缺点，能否用其他物品代替，怎样更实用等，然后分别记录下来，最后加以筛选获得创新性设计。

3. 运用特性列举法对水壶进行创新设计的示例

（1）名词特性。

1）全体：水壶。

2）部分：壶柄、壶盖、蒸汽孔、壶身、壶口、壶底。

3）材料：铝、铜。

4）制作方法：冲压法、焊接法。

（2）形容词特性。

性质：轻、重。

（3）动词特性。

功能：烧水、装水、倒水。

以壶柄为例，有如下启示：金属的壶柄，水烧开后提起时很烫手，于是就在提手处装上塑料；开始时塑料捏手做成平的，倒水不方便，后来就在塑料件大拇指着力的地方做出一个合适的突出点，而四指着力的地方则呈下凹状；壶柄烧水的时候放在壶身上，水烧开后壶柄太烫手，于是就在壶柄上装上支臂活动卡使壶柄竖着。

在对研究对象的特性进行列举时，特性分析越详细越好。仍以水壶为例，看看除了壶柄之外的其他特性给人们带来了哪些启示。

1）壶盖：在倒水的时候，壶盖有时会翻落，弄不好会烫伤人。在最初进行改进时，人们以为这是因为壶盖插入壶身的内圈部分太短造成的。于是，就设法使其加长。加长后效果虽然好一些，但有时壶盖还会翻落。如果再加长，开盖又不方便。于是人们又进行了防倾水壶盖的设计。

2）蒸汽孔：蒸汽孔一般开在壶盖的边缘。水烧开后，由于蒸汽向上冒，壶柄被烤得很烫。现在，市场上有一种鸣笛水壶。蒸汽孔设在壶口，水烧开后会自己鸣笛。由于蒸汽直接从壶口跑掉了，壶柄自然就不会烫手。

3）壶口：开始时，有的水壶壶口设计不合理，在倒水时出水不畅，不仅费力还影响了倒水的速度，于是改进成现在的壶口形状。

4）壶底：壶底最初是平的，为了使集热效果更好，人们就把水壶底改成了波浪形，有人考虑到水烧开后溢出的水会浇灭煤气，于是就把壶底改为四周向下凸而壶底向上凹。这样，溢出的水就不会浇灭火焰了。

5）从材料和制作方法、性质及状态方面考虑，水壶由用铜制作改为用铝板冲压，这样既轻巧又美观，造价也低多了。

6）从烧水和倒水两方面考虑，人们发明了电热热水瓶。

3.3.4.2 缺点列举法

1. 缺点列举法的基本原理

缺点列举法是指通过发掘现有事物的缺陷，把事物的缺点一一列举出来，然后提出改进方案的一种技法。列举缺点就是发现问题，而创造发明就是要解决现有的问题。每发现一个缺点，提出一个问题，也就找到了一个创造发明的课题。

缺点列举的方法是主动围绕产品的功能、材料、结构、造型、性能、装饰等方面去寻找不足之处。人们使用产品时的感受不同，所观察产品的角度也不同，提出的缺点也是五花八门，这样更能全面地看待和分析产品。

某公司原是生产体育用品的一家小厂，为了产品畅销世界，厂里的开发人员到市场上去调查。在调查中，发现初学网球者在打球时不是打不到球，就是打“触框球”，为此就专门做了一些比标准大30%的初学者球拍。后来他们又了解到初学者手腕容易发生一种皮炎，被人称之为“网球腕”，就用发泡聚氨酯为材料，但是经过试验，发现打起球来软塌塌，很容易疲劳，又重新进行了试验，终于制成了著名的“减震球拍”。

2. 缺点列举法的一般过程

（1）确定研究对象。研究对象要相对小一些、简单一些，这样比较容易成功。如果研究对象过大，则可以把它分解开来，就该研究对象的局部进行考虑。

（2）确定与研究对象有关的相关信息种类，如材料、功能、结构等。

（3）根据已确定的信息一一列出缺点，分析产生缺点的各种原因。

（4）针对一个或几个缺点提出改进方案

（5）综合各类解决办法，提出最先解决主要缺点的可操作方案。

3. 运用缺点列举法分析体温表

表体太光滑、重病人夹持不住、容易脱落、冬天使用时发凉、存放不方便、容易碎（表体是玻璃）、测量部位单一、使用不方便（要解开衣服）、不卫生（轮流使用）、只能从一面看刻度、看不清刻度（要转动表体找刻度）、易污染环境、水银有毒（破碎后不好清除）、夜间无光线时无法使用、使用前要甩动表体（有些人不易掌握该方法）、测量精度低、测试时间长、样式单一、功能单一、技术落后（靠液体受热膨胀）、盲人无法使用等。

针对产生缺点的原因，提出相应的改进设想或具体方法，现列举几条改进设想如下。

（1）为改变易碎、不卫生、使用不方便的缺点，设计一种一次性高敏测温纸，贴在身上就可测温。纸的颜色可随温度发生变化，类似 pH 试纸，包装可呈卷尺或书本状，一次撕一条。

（2）测体温元件与手表或手表带组合在一起，制成柔性体温表。

（3）体温表和退烧药物组合在一起。

（4）采用音乐定时。

（5）鸣叫式报体温，供盲人使用。

3.3.4.3　希望列举法

1. 希望列举法的基本原理

人们很早以前就有顺风耳和千里眼、上天和入地的“希望”。经过一代又一代人的不懈努力，现在都如愿以偿了：雷达、收音机、电视机就是顺风耳和千里眼，宇宙飞船和深海探测可以上天和入地。“希望”给人们带来许许多多新的发明。

希望列举法是从社会需求和个人的愿望出发，通过对某事物的希望，进行一一列举，以实现希望而寻找设计方案的技法。这是一种不断提出“希望”“怎么样才会更好”等的理想和愿望，进而探求解决问题和改善对策的技法，这种方法是通过提出对该问题和事物的希望或理想，使问题和事物的本来目的聚合成焦点来加以考虑的技法。

希望列举法与缺点列举法相反，从希望的优点出发来构思新创意，所产生的创意经常是石破天惊的。希望列举法也是特性列举法的一种，所要列出的属特性是产品的所希望拥有的希望点，要积极地幻想，将不论是否可行、是否天马行空的希望点都列出来，再针对这些希望点来构思新的改进方案、产生新的创意；换句话说，希望列举法就是对现有产品积极地幻想其他希望点，来拓展产品设计新的构思方向，找出新的创意产品，它是一种积极的、主动型的发明方法。

2. 希望列举法的一般过程

（1）确定研究对象。

（2）针对研究对象列出希望点。

（3）制订具体的实施方案。

3. 以常用的笔来说明希望列举法的施行步骤

（1）确定研究对象和欲改进的目标：改进现有笔的功能。

（2）列出笔的希望点。

1）如果能够有好几个颜色可以更换，该多好。

2）如果能够调整笔的粗细，该多好。

3）如果能够同时具有测电功能，该多好。

4）如果能够同时具有激光指示的功能，该多好。

5）如果能够长久使用又不会断墨水，该多好。

（3）根据这些希望点，构思满足其中一项或多项希望点，可能的方案如下。

1）利用按钮或旋转来更换笔芯的方法，将笔设计成具有好几个颜色。

2）利用按钮或旋转来更换笔芯的方法，将笔设计成具有不同粗细。

3）在笔的头部增加测电装置，使之具有测电功能。

4）在笔的头部增加激光装置，使之具有激光指示功能。

5）将笔的内部挖空并装入大量的墨水，使之长久使用又不会断墨水。

3.3.5 技能训练

1. 选取两种物品，运用特性列举法进行创新设计

①眼镜；②帽子；③雨伞；④香肠

2. 运用缺点列举法进行创新设计

分析你家电视机的缺点并提出改进意见。

3. 运用希望列举法进行创新设计

电风扇的希望点见表 3.3.1 第 2 列，针对这些希望点进行创新设计，将创新设想填入表 3.3.1 中第 3 列。

表 3.3.1 电风扇的希望点与创新设想

序号	希望点	创新设想
1	希望角度不仅仅限制在一定角度范围	
2	希望不摆头部就能得到不同的风向	
3	希望风吹的范围更大	
4	希望随意调节风力的强弱，而不用换挡位	
5	希望电扇也像电视一样用遥控器控制	
6	希望风扇能丰富多彩	
7	希望风扇像折扇那样方便随身携带	

续表

序号	希望点	创新设想
8	希望风扇的转叶不会伤到人	
9	希望一种节约空间的风扇	
10	希望只是调节空气流动	
11	希望更关注健康功能	
12	希望风速根据温度的高低而变化	
13	希望电扇能驱蚊虫	
14	希望在停电时也能享受风扇	
15	希望在电脑前享受舒服的凉风	
16	希望结合空调和风扇的优点	

读书笔记

3.4 组合创新法认知与应用

3.4.1 任务实施单

任务编号	3.4	任务名称	组合创新法认知与应用
任务简介	组合创新方法以组合为核心，把表面看来似乎不相关的事物，有机地结合在一起，合而为一，从而产生意想不到、奇妙新颖的创新成果。本任务将引导大学生领悟组合创新的方式无穷无尽，组合创新方法也多种多样		
任务目标	1．掌握组合创新含义及组合创新训练方法。 2．运用组合创新解决问题		
设备环境	计算机，Office 或 WPS 办公软件		
实施专业		实施班级	
实施地点		小组成员	
指导教师		联系方式	
任务难度	初级	实施日期	年 月 日
实施内容	1．在智能手机和超声波电动牙刷中任选一个，用思维导图方式列举用了哪些组合创新功能（10 个以上）。 2．在本专业中任选一物，分析它是由哪些组合（5 种以上）创新产生的，或附加哪些东西（5 种以上）可以组合出新事物		

3.4.2 任务评价单

任务编号	3.4	任务名称	组合创新法认知与应用		
评价项目			自评/分	他评/分	综合/分
课堂表现	学习态度（20 分）				
	沟通合作（10 分）				
任务完成	用思维导图方式列举组合创新功能（30 分）				
	在专业中任选一物分析（40 分）				

学生签字		年 月 日	教师签字		年 月 日

评价规准						
项目		A（≥90%）	B（80%～89%）	C（70%～79%）	D（60%～69%）	E（<60%）
课堂表现	学习态度	与老师辩论	向老师提出质疑	与老师互动交流	被动回答问题	沉默
	沟通合作	主动承担任务且富有成效，主动发起讨论	主动承担任务，主动发起讨论	主动承担小组任务	能接受小组任务，配合他人	不能参与团队合作

续表

评价规准						
项目		A（≥90%）	B（80%～89%）	C（70%～79%）	D（60%～69%）	E（<60%）
任务完成	用思维导图方式列举组合创新功能	全面展示组合创新，文档良好	全面展示组合创新，文档较好	基本展示组合创新，文档较好	基本展示组合创新，文档一般	没能展示组合创新，文档较差
	在专业中任选一物分析	全面展示分析过程，文档良好	全面展示分析过程，文档较好	基本展示分析过程，文档较好	基本展示分析过程，文档一般	没能展示分析过程，文档较差

3.4.3　案例引导

【案例描述】瑞士军刀的精彩组合

被世界各国视为珍品的瑞士军刀，被认为是迄今为止最精彩的组合，其中被称为“瑞士冠军”的款式最为难得，它由大刀、小刀、木塞拔、螺丝刀、开瓶器、电线剥皮器、钻孔锥、剪刀、钩子、木锯、凿子、钳子、放大镜、圆珠笔等 31 种工具组合而成。携刀一把等于带了一个工具箱，但整件长只有 9 厘米，重只有 185 克，完美得令人难以相信。

瑞士军刀的生产商在国际消费电子展上推出了一款数字版的瑞士军刀，这把军刀集成了一个 32GB 的 U 盘，可支持硬件 256bit 数据加密，并整合了指纹识别认证功能。除此之外，它还集成了蓝牙模块，在连接计算机后，用户可利用刀身上的两个按钮来控制幻灯片播放，并附带了一个演讲中常用的激光灯。当然，作为一把瑞士军刀，它依旧配备了主刀、指甲剪、螺丝刀、剪刀和钥匙圈等工具。

【案例感悟】

巧妙的组合就是创新，组合在创新活动中极为常见并被广泛运用。创造学研究者认为，创新的实质是信息的截取和处理后的再次结合。在组合创新实践中，把聚集的信息分离开，以新的方式进行组合，就会产生新的事物。组合是对事物的创造性综合，综合的结果是创造出新思想、新概念、新技术、新产品等。参与组合的事物，相辅相成、优势互补，共同发挥作用。组合后不仅是量的叠加，更是质的突变。

3.4.4　知识链接

组合创新法认知与应用

3.4.4.1　组合创新技法的基本原理

组合型创新技法是指利用创新思维将已知的若干事物合并成一个新的事物，使其在性能和服务功能等方面发生变化，以产生出新的价值。如产品创新，可根据市场需求分析比较，得到具有创新性的技术产物，包括功能组合、材料组合及原理组合等。我国古代的“龙”就是以蛇为主体，结合兽脚、马头、鹿角、鱼鳞等其他特征的超现实想象，人面狮身的斯芬克斯和传说中的美人鱼都是人类组合思维的杰作。

人类的许多创造成果来源于组合，正如一位哲学家所说“组织得好的石头能成为建筑，组织得好的词语能成为漂亮文章，组织得好的想象和激情能成为优美的诗篇”。同样，发明创造也离不开现有技术、材料的组合。

组合法的原理本质上是系统的原理，其具体表现在以下三个方面。

（1）从系统的思想来看，组合法就是把两个或多个系统按照一定原则组合成新系统的过程，在统一的整体目标下，其中各个组成元素能够协调、有机地进行组合并且在某些方面相互作用。

（2）产生的新系统具有新的特征或效果，系统的功能总和必须大于系统内各组成元素的单独功能之和。

（3）系统具有不同的属性或状态，这就要求在运用组合法进行创造活动时，从各个不同的方面或角度进行系统的分析和评价。

3.4.4.2 组合创新的常见形式

各种各样的事物要素都可以进行组合。例如，不同的功能、不同的组织或系统、不同的机构或结构、不同的材料、不同的技术或原理等，可以是简单的联合、结合或混合，也可以是综合或化合。

按运用的手段来分，组合方法有数学组合法、物理组合法、化学组合法、生物组合法等；按组合对象来分，则有工艺组合法、结构组合法、材料组合法等；按所实现的目的又可分为提高效能或综合性能的组合法、完全多效用的组合法、具有最优性的组合法、探索创新的组合法等。组合方法的具体类型有很多，它在工程技术中的应用十分广泛。

（1）功能组合。有些商品的功能已被用户普遍接受，通过组合可以为其增加一些新的附加功能，适应更多用户，例如：带橡皮头的铅笔；自行车从代步功能到添加测速、照明、辅助观察等。

（2）材料组合。有些应用场合要求材料具有多种特征，而实际上很难找到一种同时具备这些特征的材料，通过某些特殊工艺将多种不同材料加以适当组合，可以制造出满足特殊需要的材料。例如：钢筋、水泥和砂石组合的混凝土；铁和铜组合的铁芯。

（3）同类组合。将同一种功能或结构在一种产品上重复组合，满足人们更高的要求，这也是一种常用的组合方法。例如：有两个插孔的电源插座；双人自行车；双色或多色圆珠笔；多面牙刷。

3.4.5 技能训练

（1）在保留主体功能不变的情况下，加上其他附加物，以扩大其功能，描述自己的创新设想。

主体	附加物	改进后的名称
日历	手表	带日历的手表
电视机		
自行车		

续表

主体	附加物	改进后的名称
钱包		
黑板		
旅行包		
皮靴		

（2）收录机、电子表笔、闪光装饰品、香味橡皮、音乐贺卡分别由哪些对象组合创新而来？

（3）有一棵长在沙丘旁边的大树，树的根部有一个 1 米深的、碗口一般大的洞。有一天，几个小孩在树下玩铁球，一不留神，铁球掉进了洞里。小孩们只有一根 1 米长的木棍，此外再没有其他可以利用的工具。

如何把掉进洞里的铁球掏出来？利用已有的几种信息、资源、条件组合完成。

项目4　创新能力认知与创新成果的保护

知识目标

（1）理解创新能力含义、训练方法和认知变通能力等。

（2）理解创新能力保护方法。

能力目标

（1）能运用变通能力解决实际问题。

（2）能自己进行创新能力训练。

（3）能自己保护创新成果。

素质目标

（1）了解国家的法律法规，培养遵守国家法律的意识。

（2）培养开放的思维、宽广的胸怀。

思政目标

（1）培养爱国精神、民族自信、家国情怀。

（2）培养社会主义核心价值观。

思维导图

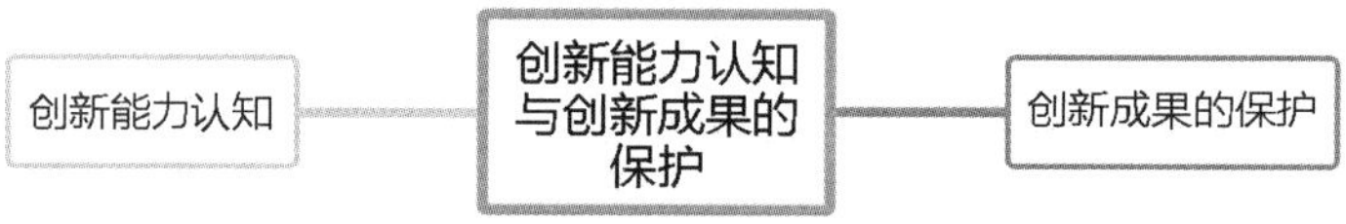

项目分析

创新能力是民族进步的灵魂、经济竞争的核心。当今社会的竞争，与其说是人才的竞争，不如说是人的创造力的竞争。创新能力的训练包含变通能力的训练，创新能力产生创新成果，但同时也要学会保护创新成果。本项目主要介绍创新能力、变通能力的训练方法和创新成果的保护方法，并要求在实践中具体应用。

4.1　创新能力认知

4.1.1　任务实施单

任务编号	4.1	任务名称	创新能力认知
任务简介	创新是知识经济时代企业生存最重要的法则，也是员工体现自身价值、获得事业成功必备的职业能力。本任务引导大学生认知创新能力，从创新角度去思考问题，理解变通能力，激发出思维的火花，提高创新能力		
任务目标	1．理解创新能力的含义、培养方法。 2．运用变通能力解决实际问题		
设备环境	计算机，Office 或 WPS 办公软件		
实施专业		实施班级	
实施地点		小组成员	
指导教师		联系方式	
任务难度	初级	实施日期	年　月　日
实施内容	要求以 PPT 文档方式完成下面两个任务。 1．用 1～2 个社会案例说明如何运用变通能力。 2．在本专业中挖掘 1～2 个案例说明发挥创新能力的方法和对自己的启示		

4.1.2　任务评价单

<table>
<tr><td colspan="2">任务编号</td><td>4.1</td><td>任务名称</td><td colspan="3">创新能力认知</td></tr>
<tr><td colspan="4">评价项目</td><td>自评/分</td><td>他评/分</td><td>综合/分</td></tr>
<tr><td rowspan="2">课堂表现</td><td colspan="3">学习态度（20 分）</td><td></td><td></td><td></td></tr>
<tr><td colspan="3">沟通合作（10 分）</td><td></td><td></td><td></td></tr>
<tr><td rowspan="2">任务完成</td><td colspan="3">用社会案例说明获得变通能力的方法（30 分）</td><td></td><td></td><td></td></tr>
<tr><td colspan="3">用专业案例说明发挥创新能力的方法（40 分）</td><td></td><td></td><td></td></tr>
<tr><td>学生签字</td><td></td><td>年　月　日</td><td>教师签字</td><td></td><td colspan="2">年　月　日</td></tr>
</table>

<table>
<tr><td colspan="7">评价规准</td></tr>
<tr><td colspan="2">项目</td><td>A（≥90%）</td><td>B（80%～89%）</td><td>C（70%～79%）</td><td>D（60%～69%）</td><td>E（<60%）</td></tr>
<tr><td rowspan="2">课堂表现</td><td>学习态度</td><td>与老师辩论</td><td>向老师提出质疑</td><td>与老师互动交流</td><td>被动回答问题</td><td>沉默</td></tr>
<tr><td>沟通合作</td><td>主动承担任务且富有成效，主动发起讨论</td><td>主动承担任务，主动发起讨论</td><td>主动承担小组任务</td><td>能接受小组任务，配合他人</td><td>不能参与团队合作</td></tr>
</table>

续表

评价规准						
项目		A（≥90%）	B（80%～89%）	C（70%～79%）	D（60%～69%）	E（<60%）
任务完成	获得变通能力的方法 PPT 文档制作	全面展示获得变通能力的方法，文档良好	全面展示获得变通能力的方法，文档较好	基本展示获得变通能力的方法，文档较好	基本展示获得变通能力的方法，文档一般	没能展示获得变通能力的方法，文档较差
	发挥创新能力 PPT 文档制作	全面展示发挥创新能力的方法，文档良好	全面展示发挥创新能力的方法，文档较好	基本展示发挥创新能力的方法，文档较好	基本展示发挥创新能力的方法，文档一般	没能展示发挥创新能力的方法，文档较差

4.1.3 案例引导

【案例描述】

古人云：“锲而舍之，朽木不折；锲而不舍，金石可镂。”这是强调执着的重要性。从小父母和老师就告诉我们，做事情要想成功就要有滴水穿石的毅力。当然，我们不能否认执着的重要性，然而在执着的同时要思考一下变通的重要性。

著名硬笔书法家张文举说：“一个人能否取得成功，理想很重要，勇气很重要，毅力很重要。但更重要的是，人生路上要懂得变通，更要懂得转弯！”正是因为懂得变通，所以他在写作的路途中寻找到了书法的美妙。只有在执着中不忘变通，在变通处彰显执着，才能成就雄心壮志。

春秋时期有个名叫孙阳的人精通相马，无论什么样的马，他都能一眼分辨出优劣，人们都称他为“伯乐”。伯乐将自己终身积累的经验和知识写成了《相马经》。伯乐有个儿子，很是愚笨，但总想着和自己的父亲一样出名，于是就拿着《相马经》出去找千里马。《相马经》说好马有“额头高、眼睛亮、蹄子大”的特点。

有一天，伯乐的儿子在路边看到了一只癞蛤蟆，突然想起《相马经》中千里马的特点，心想：这家伙的额头隆起来，眼睛又大又亮，不正是一匹千里马吗？于是他非常高兴地把癞蛤蟆抓回了家，并对伯乐炫耀说：“快看，我找到了一匹千里马，只是马蹄短了些。”伯乐一看被气乐了，对儿子说：“你抓的马太爱跳了，不好骑啊！”这就是成语按图索骥的由来。

【案例感悟】

成功的路上，虽然需要我们坚持到底，但若是遇到挫折和困难，懂得转弯和变通也同样重要，千万不能食古不化、固执己见，否则只会让自己离成功的目标越来越远。“按图索骥”这个成语后用来讽刺那些不懂得变通的人。只要人们将思考问题的思路稍加扭转，另辟蹊径，换一个角度，就可以用被人忽视的方法解决问题。

4.1.4 知识链接

创新能力认知

无论是提高创新意识、培养创新思维还是掌握创新方法，其共同目的都是提高创新能力，创新能力是一切有益于创新的因素的总和。

4.1.4.1 创新能力的含义

创新能力是为了达到某一目标综合运用所掌握的知识，通过分析解决问题，获得新颖独创、具有社会价值的精神和物质财富的能力，是指人根据一定的目标任务，提出新理论、新构思或发明新技术、新产品，创造性地解决问题的能力。

1. 创新能力的特征

每个人都具备创新能力，人类具有改变现实的本能，以及创新所需的想象力、实践力，所以每个人都具有创新的能力。

（1）潜在性。创新能力是一种潜在的能力，每个人都有创新能力，但是每个人都不会一直进行创新，只有受到外界的刺激，如迫切需求、灵感、目标等，人的创新能力才会得到激发，人才会主动进行创新活动。

（2）综合独特性。创新能力并非单一的能力，而是多种能力的综合，这种综合是独特的，在每个人身上的体现都不同。

（3）结构优化性。创新能力呈现出明显的结构优化特征，正是这种特征让创新能力呈现出各式各样的功能。

2. 创新能力的构成要素

每个人的创新能力都有不一样的构成要素，但是通常情况下，创新能力强的人在以下 7 个方面的表现更加优秀。

（1）学习能力。学习能力指获取、掌握知识、方法和经验的能力，包括阅读、写作、理解、表达、记忆、搜集资料、使用工具、对话和讨论等能力。

（2）分析能力。分析能力指把事物的整体分解为若干部分进行研究的技能和本领。

（3）综合能力。综合能力强调把研究对象的各个部分结合成一个有机整体进行考察和认识的技能与本领，是将事物的各个要素、层次用一定线索联系起来，以此发现其本质关系和发展规律的能力。

（4）想象能力。想象能力指以一定知识和经验为基础，通过直觉、形象思维或组合思维，不受已有结论、观点、框架和理论的限制，提出新设想、新意见的能力。

（5）批判能力。在学习、吸收已有知识和经验时，批判能力保证人们批判性地、选择性地吸收和接受知识与经验，去粗取精、去伪存真。

（6）实践能力。产生创造发明成果，只是创新活动的第一阶段，要使成果得到承认、传播、应用，实现其学术价值、经济价值和社会价值，则必须要和社会打交道，实践能力就是为实现这一目标而进行各种社会实践活动的能力。

（7）组织协调能力。通过合理调配系统内的各种要素，发挥系统的整体功能，以实现目标。对于创新人才来说，要完成创新活动就要协调各方，当拥有一定资源时，就可通过沟通、说服、资源分配和荣誉分配等手段来组织协调各方以最终实现创新目标。

4.1.4.2 当代大学生培养创新能力的途径

当代大学生在学习知识、增长才干的过程中，应同时注重培养想象力和发展思维，通过实践锻炼和经验积累，积极开发个人创新潜能。大学生毕业后在实际工作中会遇到一些前人从未遇到的新课题，有的人能对这些问题进行科学分析，理出头绪，分清主次，抓住本质提出方案，充分利用自己解决实际问题的能力，不断地进行探索研究得出科学的结论，取得创新的成果；有的人却不知所措，不敢问津，或者乱碰乱撞费了不少精力和时间，到头来一事无成，这些差异就是因为开拓性创新能力的不同所导致的。因此，大学生在校期间要不断加强自己的开拓创新能力的锻炼，增强开拓创新意识，为在今后的工作中有所发明、有所创造奠定良好的基础。

为此，大学生必须树立创新意识，掌握创新方法，培养创新精神，逐步提高自己的创新能力。大学生主动培养创新能力的途径如下。

（1）勤于实验观察，树立创新意识。大学生应该积极地发现并保护自己的好奇心，激发求知欲，培养创新意识。好奇心是人们对新鲜奇异事物以及纷繁复杂的大千世界进行探究的一种心理倾向，是推动人们积极主动地去观察生活、观察社会、展开创新思维的内在动因，是有目的有计划的一种思维直觉。操作实验是锻炼大学生观察能力、培养创新意识的最重要途径。从实验目的的角度讲，一般可分为验证性实验和探索性实验。对于验证性实验，应该注重实验操作步骤的合理性和规范性，培养自己严谨的实验态度和作风；而对于探索性实验，应该灵活运用所学的科学知识，对实验过程进行全方位的想象，对多种因素进行取舍，对所得信息进行筛选，有全局观点，并善于应变。

（2）努力学习课程知识，掌握创新方法。研究表明，人的创新能力来源于创新思维，而创新思维是建立在合理的知识结构上的，因此培养创新能力必须从构建良好的知识结构开始。没有扎实的知识基础，创新就成了无源之水、无本之木，扎实学好基础课程是大学生培养创新能力的基础。通过学习获得的知识和经验越丰富、越扎实，就越能观察和发现问题，就越能开阔视野；思路越广阔，也就越能产生灵感，找出解决问题的办法。因此要创新，就必须打好学习基础。

（3）积极参与科研项目，锻炼创新技能。在当今的教育模式下，大学生日常的学习和实践基本上都是验证性的活动，而选择研究课题并参与相关的科研活动，可以使自己在整个科研活动中去发现问题，并采用有效的方法和途径去解决问题。参与科研项目，可以培养信息加工能力、动手操作能力、创新技术的运用能力、创新成果的表现能力，进而提高创新能力。

（4）善始善终参加各种竞赛，培养创新精神。参加各种竞赛，不但需要付出艰苦的思想劳作，更是一种探索、一种尝试。要提高创新能力，就应该培养坚韧不拔、善始善终的创新精神，积极参加一些创新竞赛活动，激发学习兴趣以及创新潜力，培养迎难而上、开拓进取的创新精神。

4.1.4.3 提高创新能力方式——变通能力

古人云：“穷则变，变则通，通则达。”变通是一种审时度势的智慧，是一种打破常规的勇气，更是一种挑战自我的决心。每天面对层出不穷的矛盾和变化，是刻舟求剑以不变应万变，还是采取灵活机动的变通方式，这是要确立的一种做人做事的态度。学会变通是做人做事的诀窍，如何提高自己的变通能力呢？

（1）学会变通要审时度势、打破常规。在生活中总会发现一些人被条条框框圈住，让自己变成了一只井底之蛙，常见的一种现象就是：我在工作上只能这样了，好像突破不了了。这种类型的人内心连想突破一下的想法都没有，又怎么可能实现改变呢。不管是在生活中还是在学习中，一定要做那个善于打破常规的人，因为这样可以增加很多解决问题的办法。

（2）学会变通要借助外力为我所用。一个人不管自恃有多大本事，个人的力量毕竟是有限的，但是可以借用外力，使自己强大起来，这也算是一种变通。有一则笑话，讲一个大汉在大街上喊：“谁敢惹我？”看到这位膀大腰圆的大汉，人们纷纷闪开，这时来了一个更大个的大汉，他走了过去大叫一声：“我敢惹你！”原先的大汉沉思了，一会儿便回答说：“那好吧，谁敢惹咱俩！”围观的人群本想让两个大汉较量一番，没想到他们竟然联合起来。虽然一台好戏没看成，但大家悟出一个道理：借助别人的力量，自己就可以变得强大起来，这就是变通术。

（3）学会变通要有勇气应对变化。勇气是什么？勇气是一个哨音、一声呐喊、一个命令，它的作用就是调动起自己全部的能力去迎接变化和挑战。有人曾对数百个百万富翁做过一次调查，发现这些百万富翁并非都是名牌大学毕业的，其中不少人是智力平平者，然而他们的创新的勇气大大超过那些名牌大学毕业的人。勇气是人的一种非凡力量，它虽然不能具体地去处理某一个问题、克服某一种困难，但这种精神和心态却能唤醒心中的潜能，帮助应对一切变化和困难。

（4）学会变通要有信心开发潜能。所谓信心就是一种心态潜能，一个人对自己充满信心的时候，常常就是他获得成功的时候。心理学家指出，人的天性里有一种倾向，如果将自己想象成什么样子，就真会成为什么样子。也就是说，如果你是一个充满信心的人，有信心克服困难，有信心处理问题，有信心获得成功，那么你身上的一切能力都会为你的信心去努力，也就有可能成为你希望成为的那样。

（5）学会变通要善于改变自己的思维定势。人的思维方式常常出现两大定势：一是直线型，不会拐弯抹角，不会逆向思维和发散思维；二是复制型，常以过去的经验作为参照，不容易接受新鲜事物。西方有一句谚语：“上帝向你关上一道门，就会在别处给你打开一扇窗”，只要不拒绝变化，并且善于变化自己的思维习惯、善于改变自己的观念，就能走出困境，进入新的天地。

实践证明，不管愿不愿意，实际上每个人时时刻刻都在寻求变通。不同的是，善于变通的人越变越好，而不善于变通的人却是越变越差。只有掌握了变通，知道应对各种变化，才能在变化中寻找机会，在变化中取得成功。

4.1.5　技能训练

我国历史上有很多善于变通和不懂变通的例子，如战国时期赵括的“纸上谈兵”使得赵国一蹶不振，三国时期的曹冲称象让人津津乐道等，请列举 5 个我国历史上这样的例子，试分析他们是如何变通的。

读书笔记

4.2 创新成果的保护

4.2.1 任务实施单

任务编号	4.2	任务名称	创新成果的保护
任务简介	创新成果可以通过申请专利来保护，通过法定程序确定创新的权利归属关系，从而有效保护创新成果，独占市场，以此换取最大的经济利益。本任务引导大学生懂得申请专利，既可以保护自己的发明成果，防止科研成果流失，同时也有利于科技进步和经济发展		
任务目标	1．理解保护创新成果方式基本概念、作用及申请流程。 2．学会使用专利保护创新成果		
设备环境	计算机，Office 或 WPS 办公软件		
实施专业		实施班级	
实施地点		小组成员	
指导教师		联系方式	
任务难度	初级	实施日期	年 月 日
实施内容	以专利为中心，用思维导图方式展示专利的概念、申请原则、申请流程及不予申请的情况，要求以 PPT 文档方式呈现		

4.2.2 任务评价单

任务编号		4.2	任务名称	创新成果的保护	
评价项目			自评/分	他评/分	综合/分
课堂表现	学习态度（20 分）				
	沟通合作（10 分）				
任务完成	用思维导图展示专利（70 分）				
学生签字		年 月 日	教师签字		年 月 日

评价规准						
项目		A（≥90%）	B（80%～89%）	C（70%～79%）	D（60%～69%）	E（<60%）
课堂表现	学习态度	与老师辩论	向老师提出质疑	与老师互动交流	被动回答问题	沉默
	沟通合作	主动承担任务且富有成效，主动发起讨论	主动承担任务，主动发起讨论	主动承担小组任务	能接受小组任务，配合他人	不能参与团队合作
任务完成	用思维导图展示专利	用思维导图全面展示专利，文档良好	用思维导图全面展示专利，文档较好	用思维导图基本展示专利，文档较好	用思维导图基本展示专利，文档一般	没能展示专利，文档较差

4.2.3　案例引导

【案例描述 1】商标风波

郝亚婷是一个致力于农产品生产加工的大学生创业者，有一天她突然收到了商标管理部门的来函，信中告知：有企业反映，她 6 年前申请的禽蛋类商标“土而奇”一直属于闲置状态，按照商标法的相关规定，应予收回，并要求她 3 个月内准备好自诉材料，3 个月后将决定是否收回商标。

郝亚婷蒙了，她自大学毕业后半年即投身经营农畜产品，“土而奇”是她在 2007 年为自家鸡蛋申请的商标，一直在产品上使用，怎么会突然就要被收回了呢？

通过相关部门，郝亚婷终于了解了事情的来龙去脉。原来在她申请商标 6 个月后，四川的一家大型农产品企业也申请了“土而奇”商标，该企业的产品众多且都是以“土而奇”为名的，只有禽蛋类的“土而奇”商标被郝亚婷捷足先登，于是向商标管理部门检举郝亚婷是商标闲置，这才有了开头郝亚婷收到商标管理部门来函这一事件。

郝亚婷当然不愿意放弃已经使用了 6 年的商标，她通过网络找到了该企业的产品，并发现该企业的所有产品，包括禽蛋制品的包装上都印着“土而奇”的字样，这毫无疑问是侵权行为。郝亚婷不仅要保住自己的商标，还要让侵权者付出代价，她随后向四川当地的工商部门递交了相关材料举报这家企业违规使用商标。最后该企业与郝亚婷协商，以 20 万元的价格买走了禽蛋类商标“土而奇”。

【案例感悟】

在本案例中，四川的这家大型农产品企业未经允许，擅自在自家禽蛋产品上使用了属于郝亚婷的注册商标“土而奇”（禽蛋类），直接侵犯了郝亚婷的注册商标专用权。郝亚婷收集到相关证据并举报了该企业，果断地捍卫了自身的合法权利。

【案例描述 2】联合维权

2016 年，电视剧《锦绣未央》热播，一时间风头无两。但不久之后，网络上就爆发出一条令人震惊的消息，该消息称《锦绣未央》的同名原著小说涉嫌抄袭，还不止抄袭了一部小说，而是涉嫌抄袭 200 多本小说，其全书近 300 章内容中，仅有 9 章未抄袭，其他的所有章节都涉嫌抄袭。

由于《锦绣未央》抄袭的作品较多，导致单个作品被抄袭的比例极低，难被认定为抄袭，所以一共有 12 位作家决定联合起诉《锦绣未央》的原作者周静。该案的审理历时两年多，其中第一案最终在 2019 年 5 月 8 日由北京市朝阳区人民法院做出判决，认定《锦绣未央》有 116 处语句和 2 处情节与原告沈文文的小说构成相同或实质性相似，总共涉及近 3 万字。法院判决被告周静的抄袭行为构成对沈文文享有的复制权、发行权和信息网络传播权的侵害，判令其立即停止对小说《锦绣未央》的复制、发行及网络传播并赔偿原告相应损失。

之后一个月的时间里，其他 11 案也相继审理宣判，所有原告作者均获胜诉。在全部 12 案中，周静累计赔偿人民币 70 余万元，并且相关作品停止复制、销售、发行。这是我国第一起联合起诉、联合审理的著作权侵权案件，是我国著作维权的一个里程碑。

【案例感悟】

在本案例中，由于侵权认定难度大，被侵权作家以集体诉讼的方式进行维权，揭开了

《锦绣未央》多方抄袭的真相，捍卫了自身的权利。

4.2.4 知识链接

创新成果的保护

4.2.4.1 认识创新成果

大学生在创新活动中取得成果是一件不容易的事情，然而却有很多创新成果没能转化成生产力，没能创造收益，这是社会的巨大损失。想要对创新成果进行保护和转化，大学生要对创新成果有充分的认识。

顾名思义，创新成果是人们进行创新活动所取得的，从前没有或没有被普遍认识的成就，它可以是一种新的材料、一种新的理论、一种新的技术、一种新的规则，或者是其他的具有学术价值或经济价值的新发现。总而言之，一切首创的且有可能改变人类生活和社会的东西，都是创新成果。

大学生在创新活动中所取得的成果，绝大多数是非物质性的智力成果，这种成果不以实物的方式被创新者实际掌握，这就需要国家法律对其进行保护，以确保创新者能够获取其创新成果的价值。

创新成果是创新者投入资源、时间、精力进行创新活动所得到的成果，是创新者的心血。但有不法分子以剽窃、盗用、假冒等方式恶意侵犯创新成果，这极大地损害了创新者的利益，对此国家也出台了各项法律法规来对创新成果进行保护，大学生应该用这些法律知识武装自己，保护自身权益。

4.2.4.2 商标权的法律保护

现代的商业经营者离不开商标，商标本身包含巨大的品牌价值，但又容易被仿冒，所以是知识产权侵权的重灾区。商标侵权行为不仅损害商标所有者的利益，还会损害商标本身的价值，因此，对商标的保护就成了知识产权保护的重点。

1. 商标与商标权

商标，是经营者对自身产品或服务添加的独特标记，商标的雏形在古代商业活动中就已经被广泛使用。在近代，各国都通过立法来对商标进行保护，我国早在 1982 年就通过了《中华人民共和国商标法》（以下简称《商标法》），其中规定“（商标是）任何能够将自然人法人或者其他组织的商品与他人的商品区别开的标志，包括文字、图形、字母、数字、三维标志、颜色组合和声音等，以及上述要素的组合”。

在通过商标注册程序后，商标即成为注册商标，注册商标受《商标法》等法律法规的保护。商标权是指商标所有者（商标权人）对于注册商标所享有的权利，包括商标专用权、标记权、续展权、处分权等，其中最易被他人侵犯、需要特别保护的是注册商标专用权。

根据我国《商标法》的规定，注册商标的有效期为 10 年，自核准之日起计算。注册商标有效期满，需要继续使用的，商标注册人应当在期满前 12 个月内按照规定办理续展手续；在此期间未能办理的，可以给予 6 个月的宽展期。每次续展注册的有效期为 10 年，自该商标上一届有效期满次日起计算。期满未办理续展手续的，注销其注册商标。

2. 对注册商标专用权的侵犯

注册商标专用权是指商标权人对其商标所享有的独占的、排他的权利，根据《商标法》规定，有以下行为之一的均属侵犯注册商标专用权的行为。

（1）未经商标注册人的许可，在同一种商品上使用与其注册商标相同的商标的。

（2）未经商标注册人的许可，在同一种商品上使用与其注册商标近似的商标，或者在类似品上使用与其注册商标相同或者近似的商标，容易导致混淆的。

（3）销售侵犯注册商标专用权的商品的。

（4）伪造、擅自制造他人注册商标标识或者销售伪造、擅自制造的注册商标标识的。

（5）未经商标注册人同意，更换其注册商标并将该更换商标的商品投入市场的。

（6）故意为侵犯他人商标专用权行为提供便利条件，帮助他人实施侵犯商标专用权行为的。

（7）给他人的注册商标专用权造成其他损害的。

凡是构成以上侵权行为的，商标权人就需要收集相关证据，向工商管理部门投诉或者直接向法院起诉，要求侵权行为方立即停止侵权行为并赔偿相应损失，维护自身的合法权益。

4.2.4.3　著作权的法律保护

《中华人民共和国著作权法》（以下简称《著作权法》）自 1990 年颁布，又分别于 2001 年、2010 年和 2020 年三次进行修正，其主旨为“保护文学、艺术和科学作品作者的著作权，以及与著作权有关的权益”。下面就对著作权的相关知识及法律保护进行介绍。

1. 著作权与作品

著作权又称版权，是指作者对其创作的作品依法享有的专属权利。著作权的主体即是著作权人，第一著作权人是作者，但通过受转让、继承或赠予等方式取得著作权的公民、法人以及其他组织也是著作权人。

著作权的获取不用进行注册或登记等程序，无论作品发表与否，自作品完成之时起便自动获得。著作权包括人身权和财产权两个大类，其中人身权包括发表权、署名权、修改权、保护作品完整权；财产权包括复制权、发行权、出租权、展览权、表演权、放映权、广播权、信息网络传播权、摄制权、改编权、翻译权、汇编权以及应当由著作权人享有的其他权利。

著作权的客体是作品，根据《著作权法》的规定，作品是指在文学、艺术和科学领域内具有独创性并能以某种有形形式复制的智力成果，具体包括以下 9 个类别。

（1）文字作品。文字作品是指小说、诗词、散文、论文等以文字形式表现的作品。

（2）口述作品。口述作品是指即兴的演说、授课、法庭辩论等以口头语言形式表现的作品。

（3）音乐、戏剧、曲艺、舞蹈、杂技艺术作品。音乐作品是指歌曲、交响乐等能够演唱或者演奏的带词或者不带词的作品。戏剧作品是指话剧、歌剧、地方戏等供舞台演出的作品。曲艺作品是指相声、快书、大鼓、评书等以说唱为主要形式表演的作品。舞蹈作品是指通过连续的动作、姿势、表情等表现思想情感的作品。杂技艺术作品是指杂技、魔术、马戏等通过形体动作和技巧表现的作品。

（4）美术、建筑作品。美术作品是指绘画、书法、雕塑等以线条、色彩或者其他方式构成的有审美意义的平面或者立体的造型艺术作品。建筑作品是指以建筑物或者构筑物形式表现的有审美意义的作品。

（5）摄影作品。摄影作品是指借助器械在感光材料或者其他介质上记录客观物体形象的艺术作品。

（6）电影作品和以类似摄制电影的方法创作的作品。电影作品和以类似摄制电影的方法创作的作品是指摄制在一定介质上，由一系列有伴音或者无伴音的画面组成，并且借助适当装置放映或者以其他方式传播的作品。

（7）工程设计图、产品设计图、地图、示意图等图形作品和模型作品。图形作品是指为施工、生产绘制的工程设计图、产品设计图，以及反映地理现象、说明事物原理或者结构的地图、示意图等作品。模型作品是指为展示、试验或者观测等用途，根据物体的形状和结构，按照一定比例制成的立体作品。

（8）计算机软件。计算机软件是指计算机程序及其文档。

（9）法律、行政法规规定的其他作品。

根据作者性质的不同，著作权的保护年限也有所不同，作品的作者是国家公民的，保护期限至作者死亡之后第 50 年的 12 月 31 日；作品的作者是法人或其他组织的，保护期限至作品首次发表之后第 50 年的 12 月 31 日。对于作品创作后 50 年内未发表的，不再受《著作权法》的保护。署名权、修改权、保护作品完整权不受保护期限限制。

2. 作品著作权登记

依据《著作权法》的有关规定，作者自作品完成之时即自行取得著作权，但是为维护著作权人和作品使用者的合法权益，更好地解决因著作权归属造成的著作权纠纷，我国在 1995 年实施了《作品自愿登记试行办法》，作者可以自愿携带个人有效身份证明、作品样本等资料到所属的省（自治区、直辖市）的版权局进行作品著作权登记，以进一步明确权利归属，方便版权交易，保护权属人权益。作品著作权登记申请并不是必需的，但登记申请也有其优势：一是可以获得作品登记证，明确著作权归属，在遭遇著作权纠纷时作为权威证据；二是登记机关会对完成了著作权登记的作品进行公示，这有利于作品的宣传和传播。

3. 对著作权的侵权行为的判定

要想更好地保护自身的著作权，了解《著作权法》中对于侵权行为的判定是很有必要的，构成著作权的侵权行为必须满足 4 个条件，分别是违法性、损害事实、因果关系和主观过错，下面进行具体介绍。

（1）违法性。违法性是指该行为触犯了《著作权法》，具备违法性质，才能算侵权行为，否则即使该行为侵犯了著作权人的利益，也不能使行为人承担法律责任。

（2）损害事实。损害事实是指该行为在客观上对著作权人的利益造成了损害，这里的损害不仅包括物质的损害，也包括精神的损害，如某出版商未经作者许可便发行了其作品，虽然后来向作者支付了稿酬，但该出版商的行为侵犯了作者的精神权利，依然是侵权行为。

（3）因果关系。因果关系是指只有当该行为与著作权人的损失之间有明确的因果关系时，行为人才需要承担侵权赔偿责任。

（4）主观过错。主观过错是指在适用过错责任的场合（如抄袭的判定），行为人具有主观过错的则应承担相应责任，过错包括故意和过失。在不适用过错责任的场合、则不用考虑主观过错来判定侵权行为。

在遭遇著作权侵权行为后，著作权人可以通过仲裁与诉讼的方式来捍卫自身的权益，侵权将依法承担赔偿损失、赔礼道歉等民事责任甚至被追究刑事责任。

4.2.4.4 专利的概念

1. 专利的含义

专利权简称专利，是发明创造人或其权利受让人对特定的发明创造在一定期限内依法享有的独占实施权，是知识产权的一种。我国于 1984 年公布专利法，1985 年公布该法的实施细则，对有关事项做了具体规定。

专利申请分发明、实用新型和外观设计三种类型，针对产品、方法或者改进所提出的新的技术方案，可以申请发明专利；针对产品的形状、构造，或者其结合所提出的适用于实用的新的技术方案，可以申请实用新型专利；针对产品的形状图案，或者其结合以及色彩与形状、图案的结合所作出的富有美感并适用于工业应用的新设计，可以申请外观设计专利。

2. 专利的特点

专利属于知识产权的一部分，是一种无形的财产，具有与其他财产不同的特点。

（1）排他性。排他性即独占性，是指在一定时间（专利权有效期内）和区域（法律管辖区）内，任何单位和个人未经专利权人许可都不得实施其专利，即不得以生产经营为目的，制造、使用、许诺销售、销售、进口其专利产品，或者使用其专利方法以及制造、使用、许诺销售、销售、进口其专利产品，否则属于侵权行为。

（2）区域性。区域性是指专利权是一种有区域范围限制的权利，只在法律管辖区域内有效。除了在有些情况下，依据保护知识产权的国际公约，以及个别国家承认另一国批准的专利权有效以外，技术发明在哪个国家申请专利，就由哪个国家授予专利权，而且只在专利授予国的范围内有效，而对其他国家则不具有法律的约束力，其他国家不承担任何保护义务。但是，同一发明可以同时在两个或两个以上的国家申请专利，获得批准后，其发明便可以在所有申请国获得法律保护。

（3）时间性。时间性是指专利只有在法律规定的期限内才有效。专利权的有效保护期限结束以后，专利权人所享有的专利权便自动丧失，一般不能续展。发明便随着保护期限的结束，而成为社会公有的财富，其他人便可以自由地使用该发明的创造产品。专利受法律保护的期限的长短，由有关国家的专利法或有关国际公约规定。世界各国的专利法对专利的保护期限规定不一，《知识产权协定》第 33 条规定“专利保护的有效期限应不少于自提交申请之日起的第二十年年终”。

3. 专利申请的原则

（1）形式法定原则。申请专利的各种手续，都应当以书面形式或者国家知识产权局专利局规定的其他形式办理。以口头、电话、实物等非书面形式办理的各种手续，或者以电报、电传、传真、胶片等直接或间接产生印刷、打字或手写文件的通信手段办理的各种手续，均视为未提出不产生法律效力。

（2）单一性。单一性是指一件专利申请只能限于一项发明创造。但是，属于一个总的发明构思，两项以上的发明或者实用新型，可以作为一件申请提出；用于同一类别并且成套出售或者使用的产品的两项以上的外观设计，可以作为一件申请提出。

（3）先申请原则。两个人或者两个以上的申请人分别就同样的发明创造申请专利的，专利权授给最先申请的人。

4. 专利申请的审查流程

依据专利法，发明专利申请的审批程序包括受理、初审、公布、实审和授权 5 个阶段。使用新型或者外观设计专利申请在审批中不进行早期公布和实质审查，只有受理、初审和授权 3 个阶段。

（1）受理阶段。专利局收到专利申请后进行审查，如果符合受理条件，专利局将确定申请日，给予申请号，并且核实过文件清单后，发出受理通知书，通知申请人。申请文件未打字、印刷或字迹不清、有涂改的；或者附图及图片为用绘图工具和黑色墨水绘制、照片模糊不清有涂改的；或者申请文件不齐备；或者请求书中缺少申请人姓名或者名称及地址不详的；或专利申请类别不明确或无法确定的；以及外国单位和个人未经涉外专利代理机构直接寄来的专利申请不予受理。

（2）初审阶段。经受理后的专利申请按照规定缴纳申请费后自动进入初审阶段，初审前发明专利申请，首先要进行保密审查，需要保密的按保密程序处理。

在初审时要对申请是否存在明显缺陷进行审查，主要包括审查内容是否属于专利法中不授予专利权的范围，是否明显缺乏技术内容不能构成技术方案，是否缺乏单一性，申请文件是否齐备及格式是否符合要求。若是外国申请人还要进行资格审查及申请手续审查，不合格的，权利局将通知申请人在规定的期限内补正或陈述意见，逾期不答复的，申请将被视为撤回。经答复仍未消除缺陷的，予以驳回。发明专利申请初审合格的，将发给初审合格通知书。对实用新型和外观设计专利申请，除进行上述审查外，还要审查是否明显与已有专利相同，不是一个新的技术方案或者新的设计，经初审未发现驳回理由的，将直接进入授权程序。

（3）公布阶段。发明专利申请从发出初审合格通知书起进入公布阶段，如果申请人没有提出提前公开的请求，需要等到申请日期满 15 个月才能进入公开准备程序。如果申请人请求提前公开，则申请立即进入公开准备程序。经过格式复核、编辑校对、计算机处理、排版印刷，大约 3 个月后在专利公报上公布其说明书摘要并出版说明书单行本。申请公布以后，申请人就获得了临时保护的专利。

（4）实审阶段。发明专利申请公布以后，如果申请人已经提出实质审查请求并已生效的，申请人进入实审程序。如果发明专利申请自申请日起满 3 年还未提出实审请求，或者实审请求未生效的，该申请即被视为撤回。

在实审期间将对专利申请是否具有新颖性、创造性、实用性以及专利法规定的其他实质性条件进行全面审查。经审查认为，不符合授权条件的，或者存在各种缺陷的，将通知申请人在规定的时间内陈述意见或进行修改，逾期不答复的，申请被视为撤回，经多次答复申请人不符合要求的，予以驳回。实审周期较长，若从申请日期两年内尚未授权，从第三年应当每年缴纳申请维持费，逾期不缴的，申请将被视为撤回。

实质审查中未发现驳回理由的，将按规定进入授权程序。

（5）授权阶段。实用新型和外观设计专利申请经初步审查，以及发明专利申请经实质审查未发现驳回理由的，由审查员做出授权通知，申请进入授权登记准备，经对授权文本的法律效力和完整性进行复核，对申请专利的著录项目进行校对、修改后，专利局发出授权通知书和办理登记手续通知书。申请人接到通知书后，应当在两个月之内按照通知的要求办理登记手续并缴纳规定的费用。按期办理登记手续的，专利局将授予专利权，颁发专利证书，并在两个月后于专利公报上公告。未按管理规定办理登记手续的，视为放弃取得专利权的权利。

5. 不授予专利权的情形

根据我国专利法的规定以下几种情形不授予专利权。

（1）违反法律、社会公德或妨碍公共利益的发明创造。发明创造本身的目的与国家法律相违背的不能被授予专利权。例如，用于赌博的设备、机器或工具、吸毒的器具等不能被授予专利权。发明创造本身的目的并没有违反国家法律，但是由于被滥用而违反国家法律的除外。

（2）科学发现。科学发现是指对自然界中客观存在的现象、变化过程及其特性和规律的揭示，科学理论是对自然界认识的总结，是更为广义的发现，它们都属于人们认识的延伸。这些被认识的物质、现象、过程特性和规律不同于改造客观世界的技术方案，不是专利法以上的发明创造，因此不能被授予专利权。

（3）智力活动的规则和方法。智力活动是指人的思维运动，源于人的思维，经过推理、分析和判断产生出抽象的结果，或者必须经过人的思维运动作为媒介才能间接地作用于自然产生结果。它仅是指导人们对信息进行思维、识别、判断和记忆的规则和方法，由于其没有采用技术手段或者利用自然法则，也未解决技术问题和产生技术效果，因此不构成技术方案。例如，交通行车规则、各种语言的语法、速算法或口诀，心理测验方法，各种游戏和娱乐的规则和方法，乐谱，食谱，棋谱，计算机程序本身等。

（4）疾病的诊断和治疗方法。疾病的诊断和治疗方法是以有生命的人或者动物为直接实施对象，进行识别、确定或消除病因、病灶的过程。将疾病的诊断和治疗方法排除在专利保护范围之列，是出于人道主义的考虑和社会伦理的原因，医生在诊断和治疗过程中，应当有选择各种方法和条件的自由。另外，这类方法直接以有生命的人体或动物体为实施对象，理论上认为不属于产业，无法在产业上利用，不属于专利法意义上的发明创造。例如诊脉法、心理疗法、按摩、为预防疾病而实施的各种免疫方法、以治疗为目的的整容或减肥等，但是药品或医疗器械可以申请专利。

（5）动物和植物品种。对于动物和植物品种的生产方法，可以依照专利法规定授予专利权。

（6）用原子核变换方法获得的物质。

（7）对于平面印刷品的图案、色彩或者二者结合做出的主要起标识作用的设计。

4.2.5　技能训练

上网搜索申请软件著作权的步骤，用思维导图方式呈现出来。

项目5　创业前期准备与训练

知识目标

（1）掌握创业机会基本含义和捕捉方法。
（2）理解创业风险基本含义和规避方法。
（3）理解市场调查含义与步骤。

能力目标

（1）能够判断和捕捉创业机会，规避创业风险。
（2）能够开展市场调查，做出决策分析。

素质目标

（1）培养学生的团队合作精神、大局观和规划意识。
（2）培养学生踏实认真、逻辑清晰、态度严谨的职业精神。

思政目标

（1）培养学生的爱国精神、民族自信、家国情怀。
（2）培养学生克服困难、努力奋斗的精神。

思维导图

项目分析

创业是从创业机会的捕捉开始的，创业前就创业机会要开展市场调查，并充分了解该创业机会带来的风险。本项目从机会、风险和市场调查三个方面引出大学生在创业前期要解决的三个问题，为创业顺利进行打下扎实的基础。

5.1　创业机会认知

5.1.1　任务实施单

任务编号	5.1	任务名称	创业机会认知
任务简介	创业是从发现、把握、利用某些商业机会开始的，识别创业机会是创业成功最重要的第一步，抓住好的创业机会，创业就成功了一半。本任务学习创业机会的类别和来源，能把握大数据时代下创业机会，结合本专业特征，发现和评估创业机会		
任务目标	理解创业机会的分类、来源及创业机会的评估		
设备环境	计算机，Office 或 WPS 办公软件		
实施专业		实施班级	
实施地点		小组成员	
指导教师		联系方式	
任务难度	初级	实施日期	年　月　日
实施内容	结合大数据时代创业特征，选择与本专业相关的某一创业项目，阐明创业机会的来源，并进行评估		

5.1.2　任务评价单

<table>
<tr><td colspan="2">任务编号</td><td colspan="2">5.1</td><td>任务名称</td><td colspan="2">创业机会认知</td></tr>
<tr><td colspan="4">评价项目</td><td>自评/分</td><td>他评/分</td><td>综合/分</td></tr>
<tr><td rowspan="2">课堂表现</td><td colspan="3">学习态度（20 分）</td><td></td><td></td><td></td></tr>
<tr><td colspan="3">沟通合作（10 分）</td><td></td><td></td><td></td></tr>
<tr><td>任务完成</td><td colspan="3">选择与专业相关的项目，并对项目进行评估（70 分）</td><td></td><td></td><td></td></tr>
<tr><td colspan="2">学生签字</td><td></td><td>年　月　日</td><td>教师签字</td><td></td><td>年　月　日</td></tr>
<tr><td colspan="7">评价规准</td></tr>
<tr><td colspan="2">项目</td><td>A（≥90%）</td><td>B（80%～89%）</td><td>C（70%～79%）</td><td>D（60%～69%）</td><td>E（<60%）</td></tr>
<tr><td rowspan="2">课堂表现</td><td>学习态度</td><td>与老师辩论</td><td>向老师提出质疑</td><td>与老师互动交流</td><td>被动回答问题</td><td>沉默</td></tr>
<tr><td>沟通合作</td><td>主动承担任务且富有成效，主动发起讨论</td><td>主动承担任务，主动发起讨论</td><td>主动承担小组任务</td><td>能接受小组任务，配合他人</td><td>不能参与团队合作</td></tr>
<tr><td>任务完成</td><td>选择项目并评估</td><td>全面展示选择和评估项目的过程，文档良好</td><td>全面展示选择和评估项目的过程，文档较好</td><td>基本展示选择和评估项目的过程，文档较好</td><td>基本展示选择和评估项目的过程，文档一般</td><td>没能展示选择和评估项目的过程，文档较差</td></tr>
</table>

5.1.3 案例引导

【案例描述】“老干妈”的故事

陶华碧是一位地质队员的遗孀，她靠出售凉粉赚来的钱，供养三个儿女。但市场上出售凉粉的人越来越多，让这个生意越来越难做，生存压力迫使她第二次创业。这次创业是从辣椒酱开始的，她注意到很多人不是来买凉粉，而是来要辣椒酱的，因此她放弃了凉粉生意，转向做辣椒酱，不再做小摊贩，转型去经营一家生产辣椒酱的企业。她从自己原来的生意中注意到人们的行为，并从中获得灵感，然后行动，开创自己的事业。如果她一直做凉粉送辣椒酱，她只能借此生存，却绝不可能创办现在知名的全国企业。她是聪明的，因为她明白生产辣椒酱可以让自己进入第二产业，可以用工厂方式进行生产，并且产品可以卖到全国去。假若每十个人就有一个人购买她的辣椒酱，那么一年内辣椒酱的销量就可以达到 3 亿瓶，而每瓶辣椒酱有 0.5 元的赚头，总共就有 0.65 亿元利润！她得做多少凉粉才能达到这个盈利规模呢？

【案例感悟】

“只有愚者才等待机会，而智者则造就机会。”一位智者的这句话启发我们，创业机会需要自己去创造和发现。只要平时时刻注意周围的事情，观察生活中的点点滴滴，勇于开动大脑，找到灵感，就能寻找到机遇。然后再为此付出汗水，就一定能开启成功之门。

5.1.4 知识链接

创业机会认知

5.1.4.1 创业机会的含义与类型

随着经济和科学技术的快速发展，会给各行各业带来良机，人们通过这些变化，就会发现能够实现自己创业梦想的机会。

创业机会，也称商业机会或市场机会，是指有吸引力的、较为持久的和适时的一种商务活动的空间（机会窗口），并最终表现在能够为消费者或客户创造价值或增加价值的产品或服务之中。创业者据此可以为客户提供有价值的产品或服务，并同时使创业者自身获益。所谓机会窗口是指市场存在的发展空间有一定的时间长度，使得创业者能够在这一时间段内抓住机会，创立起自己的企业，并获得相应的盈利与投资回报。

创业机会从不同的角度有不同的分类方法，从创业机会的内容来看分为以下 3 种。

1. 技术机会

技术机会是指由于技术变化带来的创业机会，它主要来源于新的科技突破和社会的科技进步。技术上的任何变化或多种技术的组合都可能给创业者带来某种商业机会。技术机会主要表现为 3 种形式，即新技术替代旧技术、新技术创造新产品、新技术带来的新问题。

2. 市场机会

市场机会来源于营销环境的变化，表现为市场上尚未满足或尚未完全满足的需求。市场机会主要有 4 类：市场上出现了与经济发展阶段有关的新需求，就需要有企业去满足这些新的需求，同样是创业者可以利用的商业机会；市场供给缺陷产生新的商业机会；先进国家（或地区）产业转移带来的市场机会；中外差距中隐含的机会。

3. 政策机会

政策机会是指由于政府制定的法律、法规有所变动而带来的新的行业、新的市场而产生的新的创业机会；或是由于政府的国家发展计划重点的转移，原来没有受到重视的区域市场重新受到人们的重视，创业者也跟随政府开发这一没有开发的市场，从中获取新的创业机会。政策机会主要包括法律法规开禁带来的机会、因政府在地区政策上的差异而带来的机会和新政策的实施所带来的机会。

从创业机会出现的时机来看，创业机会又可以分为以下 3 种。

1. 显性机会

显性机会是指在目前的市场上存在着明显的没有被满足的现实需求，这往往是人所共知共识的机会。例如，随着我国老龄化程度的进一步加剧，老年人市场的需求将显著增加，这就是显性机会。

2. 隐性机会

现有的产品种类未能满足的或尚未被人们意识到的隐而未见的需求，称为隐性机会。隐性机会是通过识别征兆而来的，创业者要能在变化的因素中发现代表未来趋势的征兆，具有创新意识的创业者往往具有对未来趋势能准确把握的能力。例如，一次武汉举办足球比赛，一位卖雨伞的批发商早晨听天气预报说下午会有暴雨，于是，他准备了许多雨伞，中午就在球场附近搭台，果然，那天早上天气还很好，下午天色突变，许多球迷成了落汤鸡。因为这位批发商做了准备，他的雨伞就卖得特别好。

3. 突发机会

在现实生活中，有时会有一种突发的变化造成一种不平衡，由此而带来一个新的创业机会，称为突发机会，也称意外机会。它是指一种由外部的突发性变化而带来的机会，但这种机会往往也是转瞬即逝的。例如，我国在非典时期，一些中药材市场的销量呈现井喷式增长。

5.1.4.2 创业机会的来源

我国学者在学习和借鉴国外研究成果的基础上，总结了我国创业实践特点，认为当今创业机会来源主要有以下 7 个方面。

1. 顾客需求

创业的根本目的是满足顾客需求。例如，大学生难以处理不用的书籍，于是有了二手书市场；有一位大学生发现学生放假时有交通难问题，于是创办了一家客运公司，专做大学生的生意。这些都是从“负面”寻找机会的例子，寻找创业机会的重要途径是善于去发现和体会人们在需求方面的问题或生活中的难处。在顾客需求没有满足前就是问题，把“问题”解决了，就可转化为创业的机会。

2. 市场变化

在市场上，唯一不变的规律就是变化。创业的机会大都产生于不断变化的市场环境中，环境变化了，市场需求、市场结构必然发生变化。创业者就应当积极寻找这种变化，把它转化为商机。一位管理学大师将创业人定义为那些能够寻找变化并积极反应，把它当作机会并充分利用的人。例如，居民收入水平提高，私人轿车的拥有量将不断增加，这就会派生出汽车销售、修理、配件、清洁、装潢、二手车交易、陪驾等诸多创业机会。

3. 他人经验

从别人的成功经验中寻找创业灵感，往往能找到不一样的商机。虽说成功者的经验不能放之四海皆准，但一个人的成功必然是诸多因素集结而成的，借鉴其中的长处，必然比毫无头绪乱闯乱撞要可行得多。学习成功者的长处和优点，可使创业者的视野更加开阔，思路更为清晰明了。

4. 创造发明

知识经济的一个重要特征就是信息爆炸，技术不断更新换代，则可以通过“知本+资本”的方式发展成企业。知本指的是大学生创业者所具备的某一专业、技术特长或成功研制的一项新产品、新工艺，资本指的是投资者的风险投资。这种创业方式主要集中于电子信息、生物技术、高科技农业等技术含量高、知识密集型的行业。有个大学生回家乡创业养鱼，他发现养鱼一个重要的工作是喂食，人工喂食工作很辛苦，效果也不好，于是他利用自己所学的专业知识，发明了一款全自动喂食机，目前这款机器已实现产业化。

5. 细节

在被别人忽略的细节中，往往蕴含着创业机会，如果时刻留心就会比别人更成功。任何一项事物都不可能完美无缺，而任何一项新奇的事物都是一扇创业的大门，从不起眼的小事中发掘出重要的商机，则需要耐心、细心以及联想。例如，有个大学生发现每年大学开学，一年级的学生都要参加军训，军训结束后，大量的军训服都会被遗弃，于是，他成立了一家专门回收军训服的公司，通过低价买进军训服，然后卖给一些农民工、建筑工等，赚取差价，取得了不错的效益。

6. 市场竞争

通过市场调查，如果看出了同行业竞争对手的问题，并能弥补竞争对手的缺陷和不足，这就将成为你的创业机会。因此，平时做个有心人，多了解周围竞争对手的情况，分析出与你有相同服务的竞争对手的优点和缺点，好的要学习和再提高，不好的就要在自己的项目中弥补这些不足，同时看看自己能否做得更好，能否提供更优质的产品，能否提供更周全的服务，如果可以，你也许就找到了创业机会。

7. 新知识、新技术的产生

一些新知识和新技术的产生，也为创业者提供了创业的机会。例如现在的手机不仅能打电话，短信、彩铃、上网、照相等功能纷纷出现，这些功能的市场需求，就给提供这种技术的人提供了市场创业机会，于是就有了利用短信、彩铃、上网等功能来创业的人，有人把它称为“拇指经济”，这一切都来源于新知识和新技术的产生。例如，南京的几个大学生，在手机平台上开发出一款找厕所的软件，该软件实际上最核心的部分就是制作城市厕所地图，给一些外地人带来了便利。

5.1.4.3 大数据时代的创业机会

1. 大数据时代的创业特征

大数据时代，人们寻找创业机会，最重要的是数据的收集和分析，从数据中找到好点子。首先，大数据技术在萌芽阶段就是应用开源技术，这会给基础架构硬件、应用程序开发工具、应用服务等各个方面的相关领域带来更多的机会。其次，创业者不需要统计学家或者数据分析师也可以轻松获取数据，然后凭借分析和洞察力开发可行的产品。最后，将众多数据聚合，或者将公共数据和个人数据相结合，新数据组合能开辟出产品开发的新机遇。总之，开放数据和开源技术将使创业门槛降低，创业机会大大增加。

2. 大数据时代的创业方向

将大数据工具完整化和产品化是一个方向，大数据创业的 2B（企业与企业）方向，更多的是做工具和服务，如数据可视化、商务智能等。而在 2C（个人与个人）方向，大数据一个很大的作用就是为决策做依据。以前做决定是“拍脑袋”决定，现在是根据数据结果做决定。大数据在各个行业的垂直特色化应用会更有想象空间，金融、电信、健康、媒体广告、零售、交通、政府、智慧城市、房地产和家居家电等行业都会有很多应用机会，举例如下。

（1）金融。大数据公司专门聚焦于通过大数据进行客户信用评级，并为银行、保险公司或 P2P 平台服务；或者基于大数据挖掘帮助银行进行客户细分、精准营销服务。

（2）电信。这个方向已经有专门为电信企业提供客户生命周期管理解决方案、客户关系管理、精细化运营分析和营销的数据公司；或者基于大数据提供网络层的运维管理和网络优化服务的大数据公司。

（3）健康。未来两三年将会出现一批基于各种可穿戴设备形成的健康云数据，进行深度的数据分析和挖掘的企业，帮助人们进行健康预测和预警；未来还可以服务公共卫生部门，打通全国的患者电子病历数据库，快速检测传染病，进行全面的疫情监测，并通过集成疾病监测和响应程序，快速进行响应等。

（4）媒体广告。可以通过大数据实现更科学的媒介选择；或者基于大数据的精准广告投放系统、基于大数据的广告效果监测评估服务、基于大数据的网站分析优化服务以及基于大数据平台提供精准营销服务等。

（5）零售。大数据公司可以帮助零售企业进行店面选址服务；利用关联规则进行客户购物分析，从而给客户推荐相应的促销活动；基于天气的分析和预期来判断畅销产品以及相应的进货和运营策略，或者把天气数据加入物流预测模型，确保在天气模式没有改变之前，商品能够顺利运送到各商店。

（6）房地产。通过互联网平台的大数据进行购房潜在客户挖掘；或者通过互联网大数据进行潜在装修客户挖掘；通过大数据提供精准的社区 O2O 服务；商业地产通过大数据对商场消费人群进行分析，掌握顾客活动轨迹、消费习惯等，提供定制服务、精准营销服务。

虽然大数据得到了政府的大力支持，大数据相关的公司也如雨后春笋般冒出来，但数据行业是慢工出细活的行业，独立第三方数据公司的品牌影响力也需要较长时间的积累，因此不能跟着概念创业，必须从真实需求出发，从企业和用户对数据的需求出发做大数据产品，找准自己的定位是关键。

5.1.4.4 创业机会的评估

创业者对机会的评价很多来自直觉的初始判断，而这种直觉的判断，某种时候是简单有效的，但有些武断，不够科学。创业专家在实际进行创业机会评价时，通常会参考指标体系，筛选出符合国情环境、行业特征与评价者特质的指标体系，下面介绍两种创业机会评价指标。

1. 姜彦福的创业机会评价重要指标

表 5.1.1 列出的创业机会评价的 10 项重要指标是清华大学姜彦福教授的实证研究成果。

运用姜彦福的评价体系进行打分，可以判断创业机会是否具有科学性。

表 5.1.1 姜彦福的创业机会评价重要指标序列

指标类别	具体指标
管理团队	创业者团队是优秀管理者的组合
竞争优势	拥有优秀的员工和管理团队
行业与市场	顾客愿意接受该产品或服务
致命缺陷	不存在任何致命缺陷
个人标准	创业者在承担压力的状态下心态良好
收获条件	机会带来的附加价值具有较高的战略意义
管理团队	行业和技术经验达到了本行业内的最高水平
经济因素	能获得持久的税后利润，税后利润率要超过 10%
竞争优势	固定成本和可变成本低
个人标准	个人目标与创业活动相符合

2. 中创教育的大学生创业机会评价体系

中创教育通过大学生创业指导的实践研究，提出了一套简单易操作且效果比较好的评价体系，可作为咨询辅导的工具，见表 5.1.2。

表 5.1.2 中创教育的大学生创业机会评价体系

指标类别	具体指标
致命缺陷	不存在任何致命缺陷
行业与市场	（1）顾客可以接受产品或服务，愿意为此付费。 （2）市场容易识别，可以带来持续收入
管理团队	创业者团队是一个优秀管理者的结合
个人标准	个人目标与创业活动相符合
竞争优势	固定成本和可变成本低
战略性差异	在客户服务管理方面有先进的服务或运营理念
经济因素	（1）项目对资金的要求不是很大，能够获得融资。 （2）能获得持久的税后利润，税后利润率要超过 10%。 （3）有良好的现金流，能占到销售额的 20%甚至 30% 以上

创业者可以参考中创教育的创业机会评价体系，运用标准矩阵打分法，确认自己的创业项目优势，完善自己的创业规划。

5.1.4.5 大学生寻找创业机会的途径

当前，在国家大力鼓励大学生创业的大环境下，大学生寻找创业机会的途径很多，具体到大学生创业实践，其主要有以下途径。

1. 利用课堂学习好创业知识

许多高校开设了创业课程，大学生可以学习好相关知识，锻炼好自己的能力，为创业打下坚实基础。目前高校所开设的创业课程注重培训学生自我创业的意识和企业家精神，其教育内容涉及企业方方面面，如产品设计技术、质量管理、销售、资金筹措、人际关系、商业法规等。这些知识对大学生今后创业会产生巨大的影响，即使不创业，学习好这些知识也会在工作中受益无穷。

2. 充分利用好图书馆资源和网络媒介资源

大学图书馆是大学生获取知识的重要场所，为今后更好地创业，大学生可以多阅读一些人才类、经济类的杂志或报纸，例如《销售与市场》《商务周刊》《21 世纪经济报道》等，这些杂志中往往有一些对创业非常有价值的信息。网络上关于大学生创业的专题网站也有很多，如全国大学生创业网等，这些网站内容丰富，一般都含有创业政策、创业故事、创业新闻等板块，非常值得大学生创业者学习和参考。

3. 参加一些社团活动和社会实践活动

社团活动是大学生素质拓展与创业实践的最好途径，积极参加社团活动，可以培养自己的良好品格、锻炼自己与人交往的能力，同时也可以提升自己的组织协调能力，这也是大学生创业所必须具有的能力。大学生要高度重视社会实践工作，在社会实践中学习企业的生产运营、市场营销、人力资源管理等，将社会实践作为创业实践的前期尝试和探索。

4. 积极参加创业计划竞赛

现在许多高校都组织了创业计划大赛，这不仅激发了大学生们的创业意识，培养了他们的创新能力，还促进了一些创业构思的诞生。创业计划是大学生走进市场、开展创业活动的第一步，而且现在许多高水平的创业大赛受到了媒体和投资机构的高度关注，许多项目还获得了风险投资基金的资金支持。比较有影响力的“挑战杯”中国大学生创业竞赛、“互联网+”创新创业大赛，不仅参与的学校多，而且竞赛水平高，影响力广。

5. 亲朋好友、师长、同学介绍

大学生社会经历相对比较少，获取社会知识的一个重要来源就是身边的亲朋好友、师长和同学。这些人往往会站在你的角度去思考问题，为你着想。在创业初期，他们介绍的项目更容易获得他们自己的信任和支持，从而创业更容易走上正轨，获得成功。

6. 积极参加各种社交活动，与商界人士广泛交流

积极参加各种社交活动的人往往是善于交流的人，大学生在学校里就应该培养自己良好的交往能力，这是进入职场或进行创业所必需的。在现实生活中，有创业经验的人是很多的，他们也愿意将自己的创业经验与人分享，这时你要主动，就可能获得最直接的创业技巧和经验，这些知识往往是大学生在校园里收获不到的。甚至可以通过电子邮件等方式与自己所欣赏的商界人士进行交流，记住一定要谦逊，谦逊总容易得到对方的回应。

总之，创业机会广泛存在于大学生的学习和生活中，只要以积极的心态去思考、学习，克服自己畏惧的心理，总能找到有价值的信息和线索，从而为创业打下坚实的基础。

5.1.5 技能训练

捕捉我国人口老龄化背景下的创业机会。

我国老年人口数量多，人口老龄化速度快。截至 2021 年年底，全国 60 岁及以上老年人口达 2.67 亿，占总人口的 18.9%；65 岁及以上老年人口达 2 亿及以上，占总人口的 14.2%。据测算，预计“十四五”时期，60 岁及以上老年人口总量将突破 3 亿，占比将超过 20%，

进入中度老龄化阶段。2035 年左右，60 岁及以上老年人口将突破 4 亿，在总人口中的占比将超过 30%，进入重度老龄化阶段。

针对我国人口老龄化现象，分析老年医疗、保健护理、老年教育、老年文化、老年卫生、老年体育、老年用品生产经销、社区养老等老龄产业所出现的创业机会。

读书笔记

5.2 创业风险认知及规避

5.2.1 任务实施单

任务编号	5.2	任务名称	创业风险认知及规避
任务简介	创业有风险，决策须谨慎。如何才能尽量规避与防范可能出现的创业风险，使创业尽快掘得第一桶金，是每一个创业者都十分关注的问题。本任务学习大学生创业者如何分析创业过程中可能会遇到的那些风险，这些风险一旦出现应该如何应对和化解		
任务目标	理解创业风险的来源及规避方法		
设备环境	计算机，Office 或 WPS 办公软件		
实施专业		实施班级	
实施地点		小组成员	
指导教师		联系方式	
任务难度	初级	实施日期	年 月 日
实施内容	结合大数据时代创业特征，选择与本专业相关的某一创业项目，阐明创业风险和规避方法		

5.2.2 任务评价单

任务编号	5.2	任务名称	创业风险认知及规避		
评价项目			自评/分	他评/分	综合/分
课堂表现	学习态度（20 分）				
	沟通合作（10 分）				
任务完成	阐明与专业相关的项目风险和规避方法（70 分）				
学生签字		年 月 日	教师签字		年 月 日

评价规准

项目		A（≥90%）	B（80%～89%）	C（70%～79%）	D（60%～69%）	E（<60%）
课堂表现	学习态度	与老师辩论	向老师提出质疑	与老师互动交流	被动回答问题	沉默
	沟通合作	主动承担任务且富有成效，主动发起讨论	主动承担任务，主动发起讨论	主动承担小组任务	能接受小组任务，配合他人	不能参与团队合作
任务完成	阐明项目风险和规避方法	全面展示项目风险和规避方法，文档良好	全面展示项目风险和规避方法，文档较好	基本展示项目风险和规避方法，文档较好	基本展示项目风险和规避方法，文档一般	没能展示项目风险和规避方法，文档较差

5.2.3 案例引导

【案例描述】

许小姐一门心思想做老板。她经过 7 年的努力工作和省吃俭用积蓄了一笔资金，其中 10 万元用于注册资金，5 万元用于流动资金。她认为，个人创业必须有丰富的工作经验，在过去的工作中，她总是分内分外的事全都抢着干，从不计报酬，尤其是经营方面的事，更是竖着耳朵听，目的就是多学点本事，为自己开公司做准备。另外，她认为个人创业必须有一个好的项目，于是选择了一个当时的朝阳项目——房地产租赁咨询。

在办齐所有手续后，她勤勤恳恳努力工作，但怎么也没想到，最初的 3 个月几乎没有生意，直到第 6 个月才稍有收入，可生意很不稳定，半年来，赔了 3 万元。她开始动摇了，觉得自己是在靠天吃饭、靠运气吃饭。她认为做生意不应该是赌博，肯定是哪儿弄错了，不想再这样干下去了，认为不能等到这 15 万元都赔光的时候才行动，于是在第 7 个月关掉了公司。

【案例感悟】

导致许小姐失败的原因很复杂，但其中一条重要原因就在于没有一个完整的创业计划。小企业抗风险能力很低，不考虑成熟，一厢情愿，自然危机重重。要想创业成功，还要学会怎样避免“打水漂”，即规避创业风险。

5.2.4 知识链接

创业风险认知

创业有风险，决策须谨慎。创业是一个充满激情与喜悦的过程，也是一个充满风险、艰辛与坎坷的过程。如何才能尽量规避与防范可能出现的创业风险，使创业过程能够顺利一些，尽快掘得第一桶金，是每一个创业者都十分关注的问题。因此，大学生创业者要认真分析自己在创业过程中可能会遇到的那些风险，这些风险中哪些是可以控制的，哪些是不可控制的，哪些是需要极力避免的，哪些是致命的或不可管理的，一旦这些风险出现应该如何应对和化解。特别需要注意的是，一定要明白最大的风险是什么，最大的损失可能有多少，自己是否有能力承担并渡过难关。在分析可能出现的创业风险的同时，做到未雨绸缪，保障企业的正常运营。

5.2.4.1 风险与创业风险的含义

风险是与不确定性紧密联系在一起的。对于风险的理解，一般有两个角度：一个角度强调结果的不确定性，另一个角度则强调损失的可能性。前者属于广义上的风险，说明未来利润的多寡的不确定性，可能是获利、损失或者无损失也无获利；后者属于狭义上的风险，只能表现为损失，没有获利的可能性。无论如何定义“风险”这个词，其基本的核心含义都是：未来结果的不确定性或损失。如果采取适当的措施或者是智慧的认知、理性的判断，继而采取及时而有效的防范措施，那么不确定性也可能会带来机会。

创业风险是指企业在创业的过程中存在的各种风险。由于创业环境的不确定性，创业机会与创业企业的复杂性，创业者、创业团队与创业投资者的能力和实力的有限性而导致的创业活动结果的不确定性，就是创业风险。

5.2.4.2 创业风险的来源

1. 心理素质不够强大带来的风险

创业不是一个一蹴而就的过程，它需要一步步地规划、实践、调整、论证，在这些过程中风险与机遇并存，要有良好的心理素质应对这一切。创业者应该有饱满的热情，不要带有负面的情绪。作为创业者，每天以饱满的热情进行工作，不仅可以使自己内心强大，也可以激励员工为实现创业目标共同努力。同时要客观地评估风险和压力，切不可盲目乐观或妄自菲薄。别人说你的菜做得好或是电脑玩得好，不等于你就可以开办餐馆或电脑维修工作室。此外，创业者不能轻言放弃。创业的道路上肯定会有各种坎坷和不顺利，或是创业团队合作问题，或是资金链断裂的问题等，出现这些问题，肯定会令人不愉快。但也要有信心，大量的创业事例说明了办法总比困难多，在创业路上，谁能够坚持更久一点，谁就有可能成为最后的赢家。

2. 创业项目选择带来的风险

创业项目选择对创业能否取得成功至关重要，许多大学生创业者在创业项目选择上缺乏思考，项目选择过于草率，结果在创业的过程中发现现实与预想的有很大差距，导致创业最终失败。因此，大学生创业者在项目选择上要特别慎重，一定要做好前期的市场调查，特别是做好顾客群体的调查，并且多听取他人的建议。一般来说，大学生创业者资金实力较弱，人脉资源也比较匮乏，在选择项目时不要贪大求全。在创业实践中，创业者往往会发现钱花得非常快，在选择项目时，尽可能选择自己熟悉的领域进行创业，或者是低成本创业。记住，当前许多大企业家也是从低成本创业起步的。

3. 缺乏创业技能带来的风险

掌握良好的创业技能不仅可以帮助创业者管理好企业，还可以建设一支高效的创业团队，为企业发展带来源源不断的动力。在现实中，因为学生接触社会非常有限，大学生创业者的创业技能普遍不高，因此作为大学生创业者，需要不断提高创业技能，特别是要掌握管理技能。为提高创业技能，第一，大学生应去企业打工或实习，积累相关的管理和营销经验；第二，应积极参加各种创业培训，积累创业知识，接受专业创业指导，提高创业成功率；第三，应加强自身学习，加强创业实践，利用好图书馆和各种资源，不断提高自己的创业能力。

4. 人力资源管理带来的风险

企业最大的资产是人，人才是第一生产力。在企业经营过程中关键岗位长期空缺或由不能胜任的人担任都会存在管理风险，所以高素质的管理层通常是投资者考虑的最重要的因素，防止专业人才及业务骨干流失应当是创业者时刻注意的问题。创业初期各个成员雄心勃勃，在经营管理中一旦出现较大困难，很容易出现分歧；企业运行良好时，可能会在利益分配方面因为初期约定不明确给企业带来灾难；高层管理人员的流失，也会给企业带来致命的危险；技术骨干的流动，可能会使整个企业的技术开发受阻，造成巨大的经济损失。在那些依靠某种技术或专利创业的企业中，拥有或掌握这一关键技术的业务骨干的流失是创业失败的最主要风险源。还有一种存在的风险是，因为创业者未建立良好的吸引人才及用人的机制或不能使人才发挥最大的能量而导致人才流失。

5. 市场营销管理带来的风险

一个好的创业项目，必须有好的市场前景。没有市场需求，创业不可能取得成功。只要是创业，多多少少会遇到市场营销管理所带来的风险，例如顾客偏好的改变、顾客收入的下降、政策法规的变动等。中国有句古话："防患于未然。"为降低市场风险，在创业初期，一个创业者就应该做好充分的市场调查，多问自己几个为什么：我们的顾客在哪里？顾客买我们产品的理由是什么？顾客可以接受的价格是多少？我们的成本是多少？谁是我们的竞争对手？我们的优势在哪里？这个市场有多大的发展空间？在实践中，太多的创业者总是疏于市场调查，对市场估计过于乐观，对自己过于乐观，同时又缺乏对竞争者的了解，导致创业中途而废。

6. 市场竞争带来的风险

如果创业者选择的行业是一个竞争非常激烈的领域，那么在创业初期就可能受到同行的强烈排挤。一些行业内的大企业为了把同行的小企业吞并或者挤垮，常常会采用低价销售手段。对于大企业来说，由于规模效应或者实力雄厚，降价并不会在短时间内对它造成致命的伤害，而对于初生企业来说，低价可能意味着彻底的覆灭。因此，考虑好同行的残酷竞争是创业企业生存的必要准备。

7. 资金短缺带来的风险

在现实生活中，有好的项目但缺乏流动资金的现象是比较多的，资金风险在创业初期往往显得格外明显。是否有足够的资金创办企业是创业者遇到的第一个问题。企业创办起来后，就必须考虑建立健全财务管理制度，不断拓宽融资渠道，确保有足够的资金支持企业的日常运作。

许多创业者在没有意识到缺乏流动资金的风险时就贸然创业，创业时立足于做大做全，花钱没有节制，更容易造成资金匮乏，没有流动资金，导致企业的运营十分困难。所以，在创业之初就应该充分重视企业的现金流问题，降低财务风险。现实生活中，其实有很多花小钱赚大钱的创业故事，值得学习和借鉴。

8. 政策调整带来的风险

政策风险是指国家和地区有关政策调整、行业整治等因素而导致创业者蒙受损失的可能性。在市场经济的条件下，由于受到价值规律和竞争机制影响，各个企业争夺市场资源都希望获得更大的市场自由，因而可能会触及国家的有关政策，而政策又对企业有相当强的约束力。一旦国家的政策发生调整，而企业的运行状况与国家政策法规不相容时，就会出现反向政策的突变性风险，从而影响企业的生存和运营。这就需要创业者时时刻刻关注国家及地区的政策走向，做政策允许的事情，紧抓政策方向才有利于开展创业活动。

5.2.4.3 创业风险的有效规避

在现实生活中，可以采取以下几个措施对创业风险进行有效规避。

（1）谨慎选择项目，避免盲目。一般来说，大学生创业者既要客观地分析自身的创业条件，更要冷静地分析创业环境。俗话说："隔行如隔山。"大学生在选择创业项目的时候，要尽量选择与自己的专业、经验、兴趣、特长相符合的创业项目。兴趣是最好的老师，只要对某项事情感兴趣一般都容易做到事半功倍，创业项目一定要选择自己感兴趣或者热爱的行业，这样才能够在创业之路上坚持下去。因此，在选择过程中切忌盲目跟风，还要切记一点，做熟不做生，一定要选择自己最熟悉、最擅长、最有经验、资源最丰富的行业来做。

（2）虚心听取别人的意见，扩大自己的人际交往圈。俗话说："人多好办事。"在这样一个非常重视人际关系的时代，多认识几个人、多交几个朋友，能够极大地方便我们进行创业。在创业过程中，可以通过和一些初创企业家交流，来交换意见，避免走弯路；可以了解前辈创业者的经验，作为参考；也可以与顾客进行交流，通过与他们交流找到自身的不足之处，有利于以更好的产品和服务满足消费者。

（3）不打无准备之战。“谋定而后动，知止而有得。”在创业之前，要认真思考以下几个问题：你选择的这个行业目前的市场状况以及未来的发展潜力你都了解吗？要想达到成功必须具备哪些条件，你准备得怎么样了？你的产品的核心优势是什么？你的产品出来后，怎么去操作你的市场？预亏期你准备多长时间？只有认真思考这几个问题，才能做到心中有数。创业是一项庞大的工程，涉及融资、选项、选址、营销等诸多方面，因此在创业前进行细致准备必不可少。例如，参加一些相关的创业培训，增强这方面的基础知识；根据自己的实际情况选择合适的创业项目，并试着写一份出色的创业计划书，包括市场机会评估、盈利模式分析、开业危机应对等，并摸清市场情况，知己知彼，打有准备之战。

（4）做好创业计划书。对初涉创业的创业者来说，创业计划书的作用尤为重要。一个酝酿中的项目往往很模糊，通过制订创业计划书把正反理由都写下来，然后再逐条推敲，创业者这样就能对这一项目有更清晰的认识。在创业实践中，创业计划书可以作为创业的行动纲领。同时，在现实生活中，做好创业计划书也是吸引外来投资的一个很关键的环节。

（5）做好资金筹措和财务管理。再好的创业项目也必须有资金支持，创业者一方面要努力筹集资金，另一方面也要合理利用好资金，做好资金预算。一定要有计划，没有计划就会发现该办正事的时候钱没有了，原来钱都花到无关紧要的地方去了。创业初期，资金一般不会太多，好钢一定要花在刀刃上，同时加强财务制度建设和管理，实施稳健的财务政策，切不可好高骛远。

（6）尽快确定企业的核心竞争力。企业生产的产品常常面临着激烈的市场竞争，这种竞争不仅有现有企业之间的竞争，同时还有潜在进入者的威胁。企业可能由于生产成本高、缺乏强大的销售系统、新产品用户的转换成本过高而常常处于不利地位，严重的还可能危及企业的生存。只有下力气寻找产业或行业的市场缝隙，挖掘渠道资源，打造强有力的核心产品和服务，才能规避风险。

（7）培养团队协作精神，建立良好的创业团队。创业团队是创业过程中最主要的人才资本，一般情况下，创业团队的力量越大，创业所产生的风险就越小。良好的团队协作精神，可以更好地营造企业员工内部的归属感，有助于员工个人能力的提高，因为员工个人可以从团队其他人的身上获得很好的经验，使自己的个人价值在合作中得到最大限度的发挥，对别人亦然。因此，做到知人善任并建立一套有效的激励政策，是创业准备初期应该着重考虑的问题。拥有一个优秀的团队，在后期的创业之路上会免去很多风险。

（8）注重实践，提高创业实战能力。经验不足，缺乏从职业角度整合资源、实施管理的能力，将大大影响大学生创业的成功率。要成功创业，最好先经历实践，利用业余时间创立一些投资少、见效快、风险小的实体，培养自立自强的创业能力和适应社会的能力，通过实践增加创业体验，熟悉社会环境，学会社会交往。同时，对创业决策要科学，要深思熟虑，该想到的困难要想到，做到心中有数，回避准备不足，以克服决策的随意性。

当然，即使做了万分的准备，作为创业者，把风险降为零的概率基本上也是不现实的。因此，创业的大学生要保持积极的心态，结合大学生既有的特长优势，多学习，多汲取优秀经验，也要学会理性面对这些风险，做好事前预防，把可能发生的情况尽量想周全，慎重筹划，创业就一定会取得比较好的实际效果。

5.2.5 技能训练

针对我国人口老龄化背景下的老年医疗、保健护理、老年教育、老年文化、老年卫生、老年体育、老年用品生产经销、社区养老等老龄产业所出现的创业机会，分析其创业风险，每个创业机会分析出 3 条以上的风险。

读书笔记

5.3　市场分析调查

5.3.1　任务实施单

任务编号	5.3	任务名称	市场分析调查
任务简介	年轻的创业者常常凭着一个“创意无限”的点子和满腔的热情就开始了创业，直到碰了钉子后，才发现市场对产品根本不感冒，这充分说明了先期市场调查的重要性。本任务引导大学生理解市场调查含义、内容、方法和步骤，要求结合本专业的技术和产品，做一实例验证		
任务目标	1．理解市场调查的含义、内容、方法和步骤。 2．实例验证市场调查的方法和步骤		
设备环境	计算机，Office 或 WPS 办公软件		
实施专业		实施班级	
实施地点		小组成员	
指导教师		联系方式	
任务难度	初级	实施日期	年　月　日
实施内容	1．结合本专业某一产品，从市场环境、市场需求、竞争对手、销售调查、产品调查等角度设计一调查问卷。 2．根据调查问卷做一次完整的市场调查，得出对该产品的调查结论		

5.3.2　任务评价单

任务编号		5.3		任务名称	市场分析调查	
评价项目				自评/分	他评/分	综合/分
课堂表现	学习态度（20 分）					
	沟通合作（10 分）					
任务完成	设计调查问卷（30 分）					
	完整的市场调查（40 分）					
学生签字		年　月　日	教师签字		年　月　日	
评价规准						
项目		A（≥90%）	B（80%～89%）	C（70%～79%）	D（60%～69%）	E（<60%）
课堂表现	学习态度	与老师辩论	向老师提出质疑	与老师互动交流	被动回答问题	沉默
	沟通合作	主动承担任务且富有成效，主动发起讨论	主动承担任务，主动发起讨论	主动承担小组任务	能接受小组任务，配合他人	不能参与团队合作

续表

评价规准						
项目		A（≥90%）	B（80%～89%）	C（70%～79%）	D（60%～69%）	E（<60%）
任务完成	设计调查问卷	独立并主导团队完成调查问卷设计	主动参与调查问卷设计，贡献作用较大	主动参与调查问卷设计，有贡献作用	能参与调查问卷设计	不参与调查问卷设计
	完整的市场调查	带领团队进行市场调查，分析调查结果	主动参与市场调查，贡献作用较大	主动参与市场调查，有贡献作用	能参与调查问卷设计	不参与市场调查

5.3.3 案例引导

【案例描述】

如何把自己的冰箱品牌改造成面向年轻人的潮流品牌？

在国家推行家电下乡补助政策时，A公司专门推出了一款面向乡镇市场的子品牌冰箱，因价格便宜、经久实用，很适合农村市场。但现在政策补助没有了，继续低价销售肯定赔钱。价格上调，价格优势就没有了，销量堪忧，所以只能转型。

把抽象问题转化为具体问题，将“如何把自己的冰箱品牌改造成年轻人的潮流品牌？”分解成三个问题：年轻人的生活形态和审美标准是什么？年轻人认为的好冰箱是什么样子？年轻人认为的潮流品牌具备什么特点？这三个问题的答案就是这次调研的目标。

通过定性的深度访谈和座谈会等市场调研，获取消费者一手信息：一线城市年轻人的住房面积小，厨房大多是开放式的，冰箱是否能融入客厅很关键；智能家居的普及，年轻人习惯用手机控制家电设备，因此产品方向为一款功能极简的冰箱，智能部分交给手机就好了。

【案例感悟】

市场调查，有利于为企业的决策和调整策略提供客观依据；有利于企业发现机会、开拓新市场；有利于准确的市场定位，更好地满足顾客的需要，增强竞争力；有利于企业建立和完善市场营销信息系统，提高企业的经营。

5.3.4 知识链接

市场分析调查

5.3.4.1 市场调查的含义与内容

1. 市场调查的含义

某著名天使投资人投资了 80 多家创业公司。经常被人问到“哪些错误会导致创业失败”，他开出了一张“创业失败的 18 个错误原因”的不完全清单，其中“理解你的用户”是他给创业者的最大忠告。凭借可靠的市场调查，可以准确地理解产品使用用户，找到企业产品的定位以及营销活动的开展方式，甚至可以做出企业开办与否的重要决策。

什么是市场调查？市场调查就是指运用科学的方法，有目的地、系统地搜集、记录、整理有关市场营销信息和资料，分析市场情况，了解市场的现状及其发展趋势，为市场预测和营销决策提供客观的、正确的资料。

2. 市场调查的内容

市场是一个复杂的综合体，和行业分析一样，市场调查的内容也很多，而相对于行业调查来说，市场调查更加具体、更落在实处。如何了解市场调查的内容，确定从哪方面入手调查市场，是市场调查的第一步。市场调查的主要内容见表 5.3.1。

表 5.3.1　市场调查的主要内容

市场调查的内容	含义
市场环境调查	政治法律环境、经济环境、企业社会文化环境、企业自然地理环境、企业竞争环境等方面的调查
市场需求调查	社会购买力调查、市场商品需求机构调查、消费人口结构调查、消费者购买动机调查、消费者购买行为调查等
竞争对手调查	竞争对手的数量和经营实力、竞争对手的市场占有率、竞争对手的竞争策略与手段、竞争对手的产品、竞争对手的技术发展等
销售调查	主要指销售渠道的调查
产品调查	产品创业调查、产品概念测试、产品包装、产品品牌、产品服务、产品市场占有率、产品价格等

这些调查对于创立企业来说都是很重要的，其中有些尤其重要，比如需求调查中重点是社会购买力调查，将直接决定企业开办与否；而消费者购买行为的调查将决定企业的营销方式和手法等。

5.3.4.2　市场调查的方法和步骤

北华饮业曾在 1999 年做了一个有关茶饮料的双盲实验，测试结果表明消费者对“冰茶”持否定态度，冰茶新品因此在研发中就夭折了。但在 2000 年和 2001 年，以旭日升为代表的冰茶在中国全面旺销，北华饮业就这样与一个明星产品擦肩而过。为什么会这样呢？北华饮业当时的调研总监回忆道：“我们举行口味测试的时候是在冬天，被访问者从寒冷的室外来到现场，没等暖和就进入测试，寒冷的状态、匆忙的进程都影响了访问者对味觉的反应。测试者对口感温和浓烈的口味表现出了更多的认同，而对清凉淡爽的冰茶则表示排斥。测试状态与实际消费状态的偏差让结果走向了反面。”

这个例子说明了市场调查方法的重要性。市场调查的全部过程都需要周密论证，并严格遵照调查步骤来执行，这样才能最大限度地减小调查误差。

市场调查可以分为预调查阶段、正式调查的实施与调查结果处理阶段三个阶段，具体步骤如图 5.3.1 所示。

1. 预调查阶段工作

“凡事预则立，不预则废。”要进行成功的调查，预调查阶段的准备是必不可少的。预调查阶段的主要工作是确定市场调查的目标，需要提出问题和做初步的市场调查。

提出问题是市场调查的第一步，也可能是最难的一步。市场调查的问题不是创业者对于市场的疑问，而是建立在对所要创业行业有深入了解后，结合个人与他人的经验与知识，符合自身能力特点的，具有建设性、可行性与可操作性的市场调查问题。换句话说，该问题可以看作市场调查的目的，能得到具体答案并且该答案对创业者有指导意义。

问题在提出之后，需要进行相应的初步调查，比如一些探索性的调查，并结合初步调查结果，通过反复提问与问题修改后，最终确定市场调查目标。

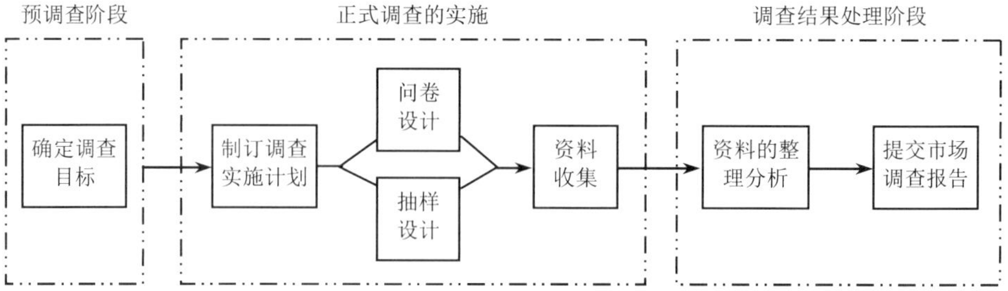

图 5.3.1 市场调查步骤图

2. 正式调查的实施

市场调查的实施阶段是市场调查的核心，这一阶段的主要任务是收集市场调研所需的资料，步骤是：制订调查实施计划、准备调查材料并进行抽样设计（问卷设计、抽样设计）、资料收集。

在确定市场调查的目标后，需要制订调查实施计划以保证调查的顺利进行，计划中应包含调查实施的方法、实施地点、人员分工、资金与时间安排等信息，调查实施计划越详尽，实施就会越顺利。

根据选择的调查方法，准备相应的调查材料与抽样设计，包含以下两部分的工作。

（1）制作或准备调查工具。例如问卷法需要编写或持有相应的问卷，访谈法需要制定访谈提纲，实验法需要联系实验场地与相关工具的准备。

（2）抽样设计。抽样就是将所考察对象的某一数值指标的全体构成的集合看作总体，构成总体的每一个元素作为个体，从总体中抽取一部分的个体所组成的集合叫作样本，样本中的个体数目叫作样本数量。创业者在进行市场调查时，一般都是采用前面所说的非全面调查，这就要求受调查的个体能够最大限度地代表自己想调查的那类消费者的总体。抽样方法有概率抽样与非概率抽样两种，创业者可以根据市场调查目的进行选择。

资料收集过程是实施阶段最后一个步骤，也是整个调查的执行步骤。实施人员在其中除了按照实施计划执行以外，应当尽量避免来自环境与实施人员个人的因素干扰。

3. 调查结果处理阶段工作

结果处理阶段的工作主要包含两方面：一是调查资料的整理分析，二是提交调查报告并对调查结果进行跟踪。调查资料的整理分析在很大程度上决定了市场调查的质量与可提供给创业者的指导信息，在分析过程中应当尽量遵守针对性原则、完整性原则、客观性原则与动态性原则。

5.3.5 技能训练

设计调查问卷很重要，调查的手段很重要，推导出调查结果更重要。以如何提高上课效果为题，设计一个调查问卷（8 个问题以上）进行现场调研（采用你认为最快捷的方式），并分析出结果。

项目6　创业团队组建

知识目标

（1）理解创业团队的含义、主要团队成员的作用。

（2）掌握创业团队组建的基本原则、初创企业基本架构组成。

（3）理解团队管理的意义和股权设计内涵。

能力目标

（1）能够组建创业团队，建立初创企业基本架构。

（2）能够管理好团队，做好股权设计。

素质目标

（1）培养学生的团队合作精神、大局观和规划意识。

（2）培养学生踏实认真、逻辑清晰、态度严谨的职业精神。

思政目标

（1）培养学生的爱国精神、民族自信和家国情怀。

（2）培养学生克服困难、努力奋斗的精神。

思维导图

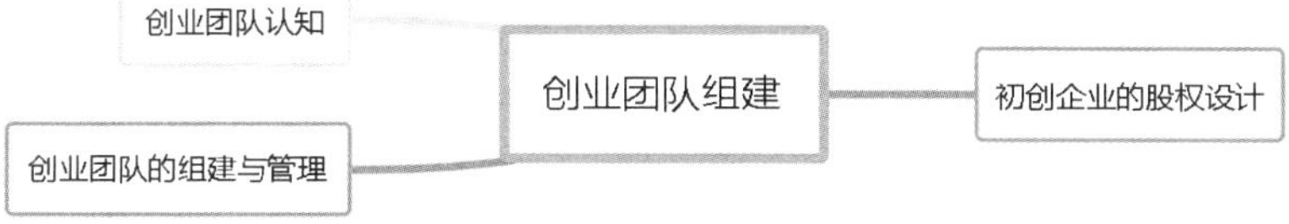

项目分析

创业所面临的环境复杂多变，只有寻找优秀的创业伙伴，组建一流的创业团队才能应对错综复杂的形势，还要有与发展相匹配的企业架构和管理方法，并随着企业的壮大，做好创业团队的股权设计也是创业企业必须完成的过程。

6.1 创业团队认知

6.1.1 任务实施单

任务编号	6.1	任务名称	创业团队认知
任务简介	曾有人做过一个市场调查，创业能否取得成功，创业团队的重要性是第一位的。没有一个好的创业团队，整个创业就没有一个好的基础，注定会失败。本任务引导学生认知创业团队的含义和各成员的作用		
任务目标	1. 理解创业团队的含义。 2. 能结合本专业创业，了解如何选择创业领军人物和合伙人		
设备环境	计算机，Office 或 WPS 办公软件		
实施专业		实施班级	
实施地点		小组成员	
指导教师		联系方式	
任务难度	初级	实施日期	年 月 日
实施内容	要求以 PPT 文档方式完成下面两个任务。 1. 以唐僧师徒团队为例剖析创业团队的含义。 2. 结合本专业，畅想如何选择创业领军人物和合伙人		

6.1.2 任务评价单

任务编号		6.1		任务名称		创业团队认知	
评价项目					自评/分	他评/分	综合/分
课堂表现	学习态度（20 分）						
	沟通合作（10 分）						
任务完成	以唐僧师徒团队为例剖析创业团队的含义（30 分）						
	结合专业，畅想如何选择创业领军人物和合伙人（40 分）						
学生签字		年 月 日		教师签字		年 月 日	
评价规准							
项目		A（≥90%）	B（80%～89%）	C（70%～79%）	D（60%～69%）	E（<60%）	
课堂表现	学习态度	与老师辩论	向老师提出质疑	与老师互动交流	被动回答问题	沉默	
	沟通合作	主动承担任务且富有成效，主动发起讨论	主动承担任务，主动发起讨论	主动承担小组任务	能接受小组任务，配合他人	不能参与团队合作	

续表

评价规准						
项目		A（≥90%）	B（80%～89%）	C（70%～79%）	D（60%～69%）	E（<60%）
任务完成	结合唐僧团队剖析创业团队的含义	全面展示创业团队的含义，文档良好	全面展示创业团队的含义，文档较好	基本展示创业团队的含义，文档较好	基本展示创业团队的含义，文档一般	没能展示创业团队的含义，文档较差
	以专业案例展示如何选择创业领军人物和合伙人	全面展示选择创业领军人物和合伙人的理由，文档良好	全面展示选择创业领军人物和合伙人的理由，文档较好	基本展示选择创业领军人物和合伙人的理由，文档较好	基本展示选择创业领军人物和合伙人的理由，文档一般	没能展示选择创业领军人物和合伙人的理由，文档较差

6.1.3 案例引导

【案例描述】唐僧师徒团队

《西游记》里的唐僧师徒四人（唐僧、孙悟空、猪八戒和沙僧）一起去西天取经，他们性格迥异，各有优缺点，但共同的理想将他们联系在一起，一路虽多有冲突、险象环生，但终能同心协力、各显神通，历经千山万水，不惜跋山涉水，终于完成取经大任，并获得个人事业的成功，修成正果。

师徒四人的技能相互补充，相得益彰，这是团队成功的关键。

唐僧是“完美型”的人，崇尚美德，喜欢探索人的心灵世界，追求至善至美的艺术品位，严肃认真、注重细节、执着追求真理，一直遵循着“既然值得去做，就应该做到最好”的信念；孙悟空是“力量型”的人，永远充满着活力，勇于超越自己，崇尚行动，无坚不摧，在意工作的结果，对过程和人的情感漠不关心，有时也会显得霸道和冷酷无情；猪八戒是“活泼型”的人，崇尚乐趣，情感外露，热情奔放，对生活充满热爱，与他在一起永远也不会无趣，但有时会好逸恶劳，缺乏责任心；沙僧是“和平型”的人，崇尚低调，情绪过于内敛，喜欢随波逐流，习惯既定的游戏规则，听天由命，但有时会没有主见，缺乏对生活的热情，比较马虎和懒惰。这四人各有各的性格特点，而我们也应该感叹为什么四个人不同的性格特点，可以组成一个团队，能够成功地取到经？每个团队成员都会有个性，这是无法也无须改变的，而团队管理的艺术就在于如何发掘成员的优缺点，根据其个性和特长合理安排工作岗位，使其达到互补的效果。

一个坚强的团队，应有德者、能者、智者、劳者四种人，德者领导团队，能者攻克难关，智者出谋划策，劳者执行有力。唐僧是一个目标坚定、品德高尚的人，孙悟空有个性、有想法、执行力很强，猪八戒有乐观主义精神、能屈能伸、能说会道、尊敬唐僧，沙僧任劳任怨、忠心耿耿。总的来说，唐僧师徒团队各个成员能够优势互补、目标一致，每个人都能发挥自己的效用，所以形成了一个越来越坚强的团队。

【小组讨论】

（1）剖析唐僧师徒四人的性格特点，试解读个人性格与团队建设之间的关系。

（2）分析一个优秀创业团队的构成要素，以及如何让一个团队变得具有战斗力和合作力。

（3）一个创业团队应如何充分发挥团队力量？谈谈你的观点。

创业团队认知

6.1.4 知识链接

6.1.4.1 创业团队的定义

不同的学者从不同的角度界定了团队的定义。一种认为团队是由一群相互认同并致力于达成共同目标的人所组成的，这一群人相处愉快并乐于在一起工作，共同为达成高品质的结果而努力。在这个定义中强调了三个重点：共同目标、工作相处愉快和高品质的结果。另一种认为一个团队是由少数具有“技能互补”的人所组成的，他们认同于一个共同目标和一个能使他们彼此担负责任的程序。创业团队可以定义为是由一群具有技能互补、责任共担的创业者组成的，他们是为了实现共同的创业目标，共同为达成高品质的结果而努力的共同体。

从另外一个角度说，狭义的创业团队是指为了一个共同目的享受创业权益、承担创业风险的一群创建新企业的人，广义的创业团队则不仅包括狭义的创业团队，还包括与创业过程密切相关的各种利益相关者，如风险投资基金、核心员工、董事会、出资人、专家顾问团等。

6.1.4.2 创业团队的组成要素

创业团队一般具备五个重要的团队组成要素，称为5P。

1. 目标（Purpose）

创业团队应该有一个既定的共同目标，为团队成员导航，知道要向何处去，没有目标这个团队就没有存在的价值。目标在创业企业的管理中以创业企业的远景、战略的形式体现。

2. 人（People）

目标是通过人员来实现的，所以人员的选择是创业团队中非常重要的一部分。在一个团队中可能需要有人出主意，有人定计划，有人实施，有人协调不同的人一起去工作，还有人去监督创业团队工作的进展，评价创业团队最终的贡献，不同的人通过分工来共同完成创业团队的目标。在人员选择方面要考虑人员的能力如何，技能是否互补，人员的经验如何。

3. 定位（Place）

定位包含两层意思：①创业团队的定位，即创业团队在企业中处于什么位置，由谁选择和决定团队的成员，创业团队最终应对谁负责，创业团队采取什么方式激励下属；②个体（创业者）的定位，即作为成员在创业团队中扮演什么角色，是制订计划还是具体实施或评估，是大家共同出资委派某个人参与管理，还是大家共同出资共同参与管理，或是共同出资聘请第三方（职业经理人）管理。这体现在创业实体的组织形式上，是合伙企业或是公司制企业。

4. 权限（Power）

创业团队当中领导人的权力大小与其团队的发展阶段和创业实体所在行业相关。一般来说，创业团队越成熟，领导者所拥有的权力相应越小，在创业团队发展的初期阶段领导权相对比较集中。

5. 计划（Plan）

计划有两层含义：①目标最终的实现，需要一系列具体的行动方案，可以把计划理解为达到目标的具体工作程序；②按计划进行可以保证创业团队的工作进度，只有在计划的操作下创业团队才会一步一步地接近目标，从而最终实现目标。

6.1.4.3　创业团队必备的组成成员

一个强大的创业团队必备核心领军人物和核心成员。

1. 核心领军人物

联想创始人柳传志曾经说过："领军人物好比是阿拉伯数字中的 1，有了这个 1，带上一个 0，它就是 10，两个 0 就是 100，三个 0 是 1000。"一个卓越的领导者是团队走向卓越的基础。如果把一个团队比作一个生命体，那么，卓越的领导者就是这个生命体的大脑，不仅是决策，更重要的是协调各个组织相互配合地完成任务。因此，一个团队是否拥有一个卓越的领导者对这个团队的意义是非常重大的，如何选择出一个团队领导也就变得尤为重要了。

一般而言，创业领军人物必须具备的基本能力包括学习能力、决策能力、沟通能力、抗压能力、资源整合能力、执行能力、用人能力等。这些能力对整个团队的发展和建设都非常关键，也是非常重要的。除此之外，创业领军人物还应具备以下六个特质。

（1）有敏锐的市场分析能力和决断能力，办事不拖沓。

（2）有积极向上的心态，有较大的理想和抱负，并有较强的实践动手能力。

（3）具有坚韧性，耐烦、执着、不轻言放弃，同时遇事不急不躁，在关键时候能够起到稳定军心的作用。

（4）通晓人情，能认真倾听各种不同的声音，善于团结，能激励部属，知人用人。

（5）乐于学习，并乐于将所学的知识运用于创业实践。

（6）敢于积极行动并承担责任。

古人云："士为知己者死。"许多工作者都很乐意工作在优秀的领导人身边，同样伟大的领导也能够让人才紧密围绕在自己周围，他们明白只有人才才能吸引更多人才。作为创业团队的领军人物，其对团队的深远影响还会延伸到整个企业文化的建立，在创业实践中，一个创业型企业的企业文化往往就是创业者自身的一种经营理念、一种价值观，他们的言行举止也影响着员工对企业的基本判断，也直接和间接影响着员工具体的行为和举止。

2. 共识基础上的三五个核心成员

"一个好汉三个帮"，一个人的能力毕竟是有限的，靠自己做不了的创业项目，肯定只能找合作伙伴了。"选择了正确的团队，就是完成了 80%的工作。"这是很多风投专家投资企业时的经验之谈。

选择合伙人的标准"人品第一，价值观第二，工作态度第三，能力第四"，这四个条件缺一不可。在实践中，可以通过一个人的兴趣爱好、过去的经历、朋友圈等了解他的品格，从他的消费习惯看他对金钱的态度，从他的个人文化修养看他有没有独立做事情的决心。

合作伙伴之间最重要的是相互信任，相互尊敬。在没有看好合伙人之前，最好不要轻易合伙。初期的创业伙伴最好在熟人圈子里寻找。很多人选择创业伙伴通常会在配偶、亲戚、同学、同事、同行等里面寻找，实践证明，熟人圈子里的人心比较齐，遇到困难的时候往往能够同舟共济，即使出现争议，也能顾全大局，妥善解决。在创业实践中，合伙人最好能够在同一单位共事过一年以上的时间。首先，因为人的工作面和生活面所表现出来的行为是完全不同的，有些人可以当很好的朋友，但不可以做很好的合作伙伴；其次，以上四个择人标准需要时间的考验，只有共事过才能看出来是否合适。

在选择合伙人时，也要注意团队的互补性。创业团队中宽泛的知识、技术和经验有利于新企业，如果一个团队成员所缺少的东西可以由另一个或者更多其他成员提供，那么整体的确大于各部分之和。不要屈从于只和那些背景、教育、经历状况与自己相似的人一起工作的诱惑，这样虽然在许多方面显得容易和令人愉悦，但它不能提供新企业所需的丰富的人力资源储备。强调互补性在一定程度上可能是更好的策略，因为它可以提供给新企业一种强有力的和多样化的人力资源基础。

还有一点也很重要，是每一个创业者不想去多想但又很现实的问题，那就是合作伙伴的退出机制。在创业初期，就必须思考如何避免出现这些问题，以及如何处理合作伙伴的退出问题。

几乎所有成功的创业团队都有三五个核心成员作为支撑，一旦有条件成为领军人物并组建一支团队，首要任务就是“搭班子”，投入一切能投入的精力去网罗核心人才。这些人才不仅要互补，更要在意愿上达成充分共识。一般至少由市场总监、技术总监及创业发起人构成铁三角，如果时机等不了，而眼前的团队还凑合，可以边运营边寻找。

6.1.5 技能训练

从当代成功创业者（如任正非、董明珠、雷军等）中，选择出你心目中的核心领军人物，列出他（她）的特质，并说明对你有何启发。

读书笔记

6.2　创业团队的组建与管理

6.2.1　任务实施单

<table>
<tr><td>任务编号</td><td>6.2</td><td>任务名称</td><td>创业团队的组建与管理</td></tr>
<tr><td>任务简介</td><td colspan="3">曾有人做过一个市场调查，创业能否取得成功，创业团队的重要性是第一位的。本任务引导学生认知团队组成原则、处事方法和初创企业的基本架构，并在实战中加以运用</td></tr>
<tr><td>任务目标</td><td colspan="3">1．理解团队组成原则、处事方法和初创企业的基本架构。
2．能结合本专业特点，组建出创业的架构并管理</td></tr>
<tr><td>设备环境</td><td colspan="3">计算机，Office 或 WPS 办公软件</td></tr>
<tr><td>实施专业</td><td></td><td>实施班级</td><td></td></tr>
<tr><td>实施地点</td><td></td><td>小组成员</td><td></td></tr>
<tr><td>指导教师</td><td></td><td>联系方式</td><td></td></tr>
<tr><td>任务难度</td><td>初级</td><td>实施日期</td><td>年　月　日</td></tr>
<tr><td>实施内容</td><td colspan="3">要求以 PPT 文档方式完成下面两个任务。
1．用一个社会案例分析创业团队组成原则及沟通方法。
2．结合本专业特点，用一个案例组建与本专业相关的企业架构并管理</td></tr>
</table>

6.2.2　任务评价单

<table>
<tr><td colspan="2">任务编号</td><td>6.2</td><td colspan="2">任务名称</td><td colspan="2">创业团队的组建与管理</td></tr>
<tr><td colspan="4">评价项目</td><td>自评/分</td><td>他评/分</td><td>综合/分</td></tr>
<tr><td rowspan="2">课堂表现</td><td colspan="3">学习态度（20 分）</td><td></td><td></td><td></td></tr>
<tr><td colspan="3">沟通合作（10 分）</td><td></td><td></td><td></td></tr>
<tr><td rowspan="2">任务完成</td><td colspan="3">用社会案例分析创业团队组成原则和沟通方法（30 分）</td><td></td><td></td><td></td></tr>
<tr><td colspan="3">用专业案例组建企业架构和管理（40 分）</td><td></td><td></td><td></td></tr>
<tr><td>学生签字</td><td></td><td>年　月　日</td><td>教师签字</td><td></td><td colspan="2">年　月　日</td></tr>
<tr><td colspan="7">评价规准</td></tr>
<tr><td colspan="2">项目</td><td>A（≥90%）</td><td>B（80%～89%）</td><td>C（70%～79%）</td><td>D（60%～69%）</td><td>E（<60%）</td></tr>
<tr><td rowspan="2">课堂表现</td><td>学习态度</td><td>与老师辩论</td><td>向老师提出质疑</td><td>与老师互动交流</td><td>被动回答问题</td><td>沉默</td></tr>
<tr><td>沟通合作</td><td>主动承担任务且富有成效，主动发起讨论</td><td>主动承担任务，主动发起讨论</td><td>主动承担小组任务</td><td>能接受小组任务，配合他人</td><td>不能参与团队合作</td></tr>
</table>

续表

评价规准						
项目		A（≥90%）	B（80%～89%）	C（70%～79%）	D（60%～69%）	E（<60%）
任务完成	用社会案例分析创业团队组成原则和沟通方法	全面展示创业团队组成原则和沟通方法，文档良好	全面展示创业团队组成原则和沟通方法，文档较好	基本展示创业团队组成原则和沟通方法，文档较好	基本展示创业团队组成原则和沟通方法，文档一般	没能展示创业团队组成原则和沟通方法，文档较差
	用专业案例组建创业企业架构和管理	全面展示组建创业企业的架构和管理，文档良好	全面展示组建创业企业的架构和管理，文档较好	基本展示组建创业企业的架构和管理，文档较好	基本展示组建创业企业的架构和管理，文档一般	没能展示组建创业企业的架构和管理，文档较差

6.2.3 案例引导

【案例描述】

某创业初期采取直线制的组织形式的公司组织结构图如图 6.2.1 所示。

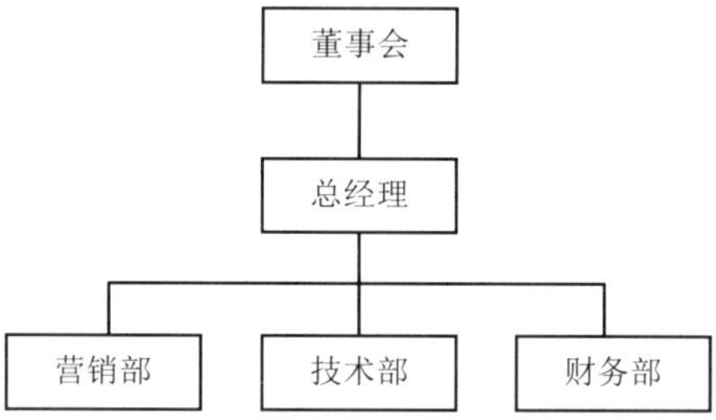

图 6.2.1 某公司的组织结构图

公司各岗位或部门的主要职责如下。

（1）董事会：由公司的股东代表组成，属于决策层，负责制定公司的总体发展战略，决定总经理的人选。

（2）总经理：负责公司各方面的经营管理，对董事会负责，决定副总经理和部门经理的人选，制定和监督企业发展战略的实施。

（3）营销部：负责公司总体的营销活动，决定公司的营销策略和措施，并对营销工作进行评估和监控，包括市场分析、广告、公共关系、销售、客户服务等。

（4）技术部：负责产品的研发工作，拓展产品线的广度和深度。处理与产品有关的技术问题，并负责知识产权的具体管理。

（5）财务部：负责资金的筹集、使用和分配，例如财务计划和分析、投资决策、资本结构的确定，股利分配等；负责日常会计工作与税收管理。

【小组讨论】

适当的公司组织结构可以使公司的各项业务活动更顺利地进行，可以减少矛盾与摩擦，也能提高公司的效率。

（1）在初期公司的业务量不大，人员也不多的前提下，其组织结构是否合理？对公司的业务量、利润率、核心业务、公司规模（人数）等因素进行分析后，给出各部门层级横向管理范围的建议。

（2）随着公司的发展，业务量逐步增大，人员也逐步增加，针对应如何优化组织结构，提出改进方案，并阐明优化改进的理由。

6.2.4　知识链接

创业团队的组建与管理

6.2.4.1　组建创业团队

大学生在创业初期往往会遇到各种问题，屡屡受挫、举步维艰。更有甚者，创业团队中的成员因种种原因纷纷辞职，退出团队，导致公司受到严重打击。在创业初期组建创业团队需要注意以下几个方面。

1. 制定好公司发展的目标

创业团队要制定一个发展目标。根据公司的现状进行细化分解，让每个团队成员都明白自己公司的发展方向，明确目标统一思路、兄弟齐心其利断金，即便在日后公司运营出现问题，团队成员也能够齐心协力去解决问题。

2. 团队分工要明确

创业初期往往因为资金和人手不够，导致每个团队成员的工作量多而杂，效率很低。所以准确的自身角色定位，是团队建设的重要砝码。事实上，一个企业、一个部门想要共同创造出优良绩效，首先要明确工作的流程和基本的工具，对每个个体做出一个准确的定位。而最终导致绩效不佳的原因在很大程度上是由于成员对自身在组织中的定位缺乏认识，以至于定位不准、不足、不对，最终没能发挥应有的作用，没能尽到应尽的职责，反而起到了不够积极的效果。因此，现实工作中的角色定位，一定要让团队成员更为清醒地认识自己，这样不仅有利于发展、培养、锻炼自己的所长，更能充分提高团队的综合实力。

3. 制定好公司的管理制度

任何公司一开始创业不可能有完善的制度，也做不到这一点，但不能没有管理战略框架。创业公司第一阶段都是全力以赴做业绩，使公司生存下来，等公司到了一定规模后开始抓管理，但有的转型成功，有的转型失败。纵观下来，转型成功的企业都是开始虽然没有完善、详细的制度，但其制定了管理战略框架；转型失败的企业，虽然也制定了制度，但肯定没有制定管理战略框架，结果不是分家就是制度派与自由派天天内部斗争。所以创业团队在公司成立初期就要制定一个合理的公司管理制度，让公司朝着良性方向发展。

4. 建立好良好的沟通机制

创业过程中充满了不尽的、不确定性的挑战与艰险，为了创业成功，创业团队需要将成员的力量协同最大化，所谓集思广益、群策群力，心往一处想，劲往一处使。这就需要创业团队成员主动地去参与到大大小小的事务中。建立一个良好的机制，能够遇到问题和矛盾后马上提出来大家商量解决，不让小小问题越积越大，最终闹到不可调和的地步。

5. 制定合理的利益分配制度

创业伊始，每个人都豪情万丈、意气风发，当取得一定的成绩，若坐享其成，得其所得，分了蛋糕好享受，却未曾想蛋糕是否够大，还有没有更多的蛋糕，那么蛋糕分完了，团队也就该散了，创业的梦做到此便已结束。未雨绸缪，为了避免后期团队成员在利益分配上产生争执，在创业初期就制定一个合理的利益分配制度是非常有必要的。

总之，创业路上苦乐相伴，最需要的是信念、耐心和恒心。

6.2.4.2 新创企业组织设计的框架

企业组织结构是否合理，对于企业的发展与生存起着至关重要的作用。对于各层管理人员来说，一个结构设计良好的公司，能保持较高的效率，并且能充分显示其才能。而一个结构紊乱、职责不明的公司，由于职责不清，管理人员无所适从，对公司产生失望乃至不满情绪，最终使公司效率低下，人员纷纷离开。

1. 企业组织结构不同的发展状态

对于大多数刚刚创立的企业，由于其规模较小且资产配置较单一，管理一般呈现随意性。因为在公司创业初期，企业还没有必要在管理上花费太多的成本，他们应该把更多的精力主要集中在财务管理、生产管理、营销管理方面。在财务上重点为融资业务资金；在生产上主要是生产设备、生产工艺的调试、生产过程的控制、各种标准的制定；在营销上主要是如何进行市场定位，做好市场开发。对于处在这一生命进程阶段的企业，由于各种生产要素及契约关系简单，高度集权、粗放型的管理制度是比较有效的。

刚刚进入成长期的企业通常都已建立大部分的规章制度，但是缺乏系统性、科学性。工作职责和程序类制度比较缺乏，规章制度中的大部分为纪律性要求，员工对制度执行的自觉性不足。这个阶段的企业人才流动率很大，优秀人才更不愿长期服务。员工工作效率较低，客户满意度不高，企业总体竞争力较弱。处在成长期的企业，财务管理、生产管理和营销管理仍然是企业管理的重点，但是与创业初期相比又各有侧重，比如，财务管理上除了融资成本管理的重要性渐渐凸显，生产管理上主要是生产的规范化、批量化、规模化，而营销管理上则更多地关注品牌和开拓新市场的问题。

当企业进入成熟期时，企业资产达到一定规模后保持相对稳定，各种无形资产在资产配置中占有相当的份额，其数值也趋于稳定，资产结构趋于科学合理。经过初生期、成长期的发展历程，企业也积累了比较丰富的管理经验，并且独特的企业文化这时也初露端倪。但同时，成熟期的企业往往表现出组织机构臃肿、组织结构庞大复杂等特点，这时的企业管理往往集中在营销方面，其内容重点主要是保证比较稳定的市场份额。

衰退期的到来使企业感到了未来发展的危机，企业在经营战略、市场营销、生产运作、财务成本、人力资源等方面都可能出现了问题，使得企业在管理的各方面开始进行全面的重新审视。

在企业的不同发展阶段，应适时地对公司组织结构作出调整和优化，使组织结构适用企业的发展，保证企业在激烈的市场竞争中立于不败之地。

2. 初创企业的组织结构

新创企业刚创立时，往往成员不是很多，也难以提供丰厚的报酬来招聘到非常优秀的人才，组织结构设置应以市场导向为准则进行设计，确保组织能够高效面对激烈的市场竞争环境。新创小型企业的组织结构一般可直接按职能式组织结构设置，也就是把企业的人员按照工作职责分成若干部门，并为每个部门设立一个领导职务，然后明确各部门之间的关系，有些临时性的工作可以委派相关人员负责，给予一定的报酬。这种组织结构使企业内部从上到下实行垂直领导，下属部门只接受一个上级的领导，部门领导对所属部门的一切问题负责，如图 6.2.2 所示。

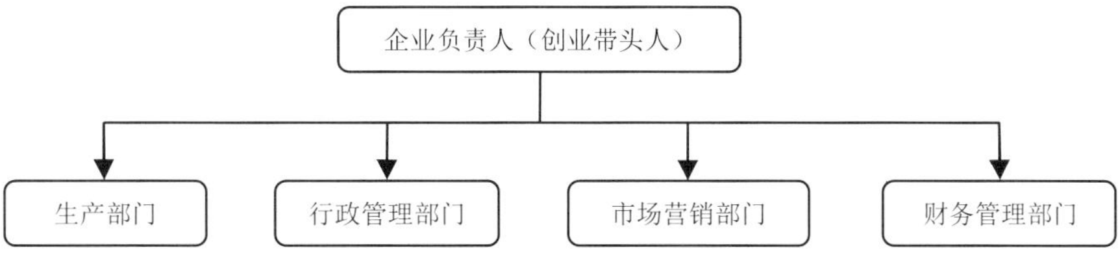

图 6.2.2　新创企业的组织设计框架

创业初期的企业管理常常是处于同一个层次的，即总经理与各部门之间没有沟通障碍，在经理与员工之间不设置组织结构的障碍，创业者或经理不仅面对部门负责人，而且和部门负责人一起面对企业的全体员工及其岗位。创业者或核心管理者常常既是管理者又是技术或市场等部门负责人。曾有很多创业初期的公司，总经理、财务经理、市场部经理等都是创业者一身兼，这样有利于创业者了解员工的真实想法，也有利于决策者深入了解市场，快速做出企业决策。创业者在创业初期，由于要考虑人力成本，常常是一人身兼多职；但有些职位是不能兼顾的，比如说，出纳与采购或销售人员不能由一个人担任，出纳与会计不能由一个人担任，出纳与仓管不能由一个人担任。在创业实践中，因为财务制度不健全，导致企业蒙受损失的案例是比较多的。伴随着企业的成长，组织结构本身病症的显露，如决策迟缓、指挥不灵、信息不畅、机构臃肿、管理跨度过大、推卸责任增多、人事纠纷增加等，这就需要在认真研究市场变化对企业人力资源的要求的基础上，对企业的组织机构进行适当调整。

6.2.4.3　创业团队沟通原则

每一位管理者，都是从管理菜鸟起步的，管理的每一项经验，都来自痛苦的经历。有管理就必须有沟通，创业团队工作沟通应遵循以下七个原则。

1. 沟通的唯一原则——工作目标

《卓有成效的管理者》一书指出，工作沟通的根本就是目标沟通。一个公司一定存在不同利益的人，不同知识结构的人，不同方法的人，不同性格的人，不同喜好的人，甚至个人关系相互独立的人。然而正是要让这样一个群体，去协同完成一项工作。因此，所谓目标沟通就是要让大家对工作的结果达成一致，对共同的利益达成一致，至于各个分立的小团队，方法并不是最关键的东西。

2. 沟通的三种方式——用态度沟通、用方法沟通、用工具沟通

沟通有一个前提就是双方互相认可，离开这种双方互相认可的态度，所有沟通都是无济于事的，因此态度是沟通的前提。

所有沟通凭借的是语言，但是沟通的根本，需要传递一种休验，而体验是语言难以表达的，因此在沟通中就需要一定的方法。这种方法就是我们常讲的，设身处地换位思考，用对方可以理解的场景，去传递信息，如打比方、讲故事等。

在管理沟通中的第三个方式也就是管理中非常重要的东西——沟通工具。为什么一个管理良好的公司，会有各式各样的表单，为什么管理良好的公司会采用 ERP 系统，那么这些表单流程，就是所说的管理工具，这些工具将沟通行为具体化、规范化，最终达到管理沟通的结果。

3. 上下级沟通原则——最小化可执行

上级对下级传递命令是需要技巧的，向下传递指令有两个前提：一是下发指令者对于工作任务的分解能力，二是传递命令者对于被命令者能力与背景的具体了解。下发指令的技巧只有一个就是“最小化可执行”，其意思就是“你的下属究竟有什么样的能力，能做什么样的工作”。要确保下发命令的每一条细节都是下属力所能及的。当发现下属在所发布的命令中，有部分细节无法完成，就必须学会将这个环节进行细节分解，一直分解到他力所能及为止。当下属能力提升时，布置任务就不必再分解到如此细节。

用网站运营管理来描述：当新招聘一名编辑，他上岗的第一天，将教会他如何发布一条资讯，必须细化到资讯的题目是什么、图片应该如何处理、标点符号的规范是什么。当这位编辑工作一到两年以后，他的能力已经足以策划一些专业内容，这个时候只需要告诉他最近工作的目标是什么就可以了。

4. 会议沟通的核心原则——一切围绕中心展开

会议就是用来协调工作、解决问题的，如果会议只是把已经写在纸上的工作汇报再念一遍，则失去会议的真正作用。例如，在互联网网站领域，销售工作会议就是要切实解决客户服务的问题，编辑工作会议就是要解决如何做内容的问题，离开了这些会议的应有目标，会议将成为浪费团队时间的巨大黑洞。

因此学会开会，就是首先要问自己“我要通过会议解决什么问题？达到什么结果？”问自己如何通过会议解决团队的协调问题，解决团队的摩擦问题，解决团队的利益分配问题，最终将团队的目标统一，细节到位，责任到人。

5. 不同岗位间的沟通原则——找准接口

在互联网公司中经常会看到这样的沟通方式：一位程序员会问提出需求的产品经理，我的数据库将采用 A 方案或者 B 方案，你认为应该应如何选择？还会看到一位销售员见到客户时，反复强调他手上拥有一个什么样的产品，循循善诱地向客户倾注这些新的知识、新的理念。

处理这些问题其实并不困难，只要学会换位思考用对方能听得懂的语言去描述，用对方所关心的利益去诱导，对方很容易理解我们所表达的意思。例如，前面列举的例子中，产品经理只要告诉程序员，需要的技术结果和技术指标是什么即可。另一个例子中，销售员只要告诉客户，为他提供的产品能给他带来什么好处就可以了。

6. 部门间的沟通原则——均衡利益

人存在的地方就有摩擦，不同的团队拥有自己不同的团队利益。遗憾的是，在我们身处一个环境时，经常会为了自己的利益去忽略配合部门的感受。一般而言，高层管理者更容易深受其害，当一个部门很激烈地抨击另一个部门的行为，并进行私下投诉的时候，他一旦立即冲动地采取措施，就将会毁灭这两个部门之间的关系。

因此，部门之间的沟通，仍然是目标沟通，沟通的方式，就是为了达到这个目标大家的付出与收益是什么？说白了就是利益的均衡！正确的做法就是当面说、开会说，不要背后说。高管的方式应当是对于冲突保持沉默，在公开的情况下，对双方进行裁决。

7. 合伙人间的沟通原则——相互理解、相互约束、相互帮助

合伙人会不会对你充满热情的一项提议不闻不问，或者保持沉默？这种隔阂来自知识层面、体验层面、责任层面还是分工层面？可是，一旦当你的合伙人拥有类似的知识背景，

在每一项决策面前都高度保持一致时，你必须承担公司的另一个风险，也就是有发动机无刹车，在这种情况下公司会非常危险。另一种情况更令合伙人痛苦，就是明明看着合伙人往火坑里跳，却无能为力。

因此，合伙人必须性格互补、知识互补、能力互补，同时合伙人必须学会相互对对方的工作予以关注与体验，当你不具备对对方工作的体验时，就无法理解对方提议的重要性。

6.2.5　技能训练

假设你是某一创业团队的成员，当某一新产品问世需要全面沟通时，你将采用什么方式进行？用思维导图的方式呈现。

读书笔记

6.3 初创企业的股权设计

6.3.1 任务实施单

任务编号	6.3	任务名称	初创企业的股权设计
任务简介	股权的分配是创业者必须认真思考的问题，股权不仅仅是利益的象征，也是责任的象征。本任务主要引导在创立企业时做出合情合理的分配，了解股权在不同轮次融资时的稀释，以及如何计算股权的变更。创业者应深入理解企业发展与融资、股权稀释的关系，并适当了解投资人的需求，以期助力初创企业的发展		
任务目标	1. 理解股权设计的重要性。 2. 能结合本专业组建虚拟创业团队，设计公司的股权		
设备环境	计算机，Office 或 WPS 办公软件		
实施专业		实施班级	
实施地点		小组成员	
指导教师		联系方式	
任务难度	初级	实施日期	年 月 日
实施内容	要求以 PPT 文档方式完成下面两个任务。 1. 用腾讯公司案例分析股权设计的重要性。 2. 结合本专业，组建虚拟创业团队，设计你公司的股权		

6.3.2 任务评价单

任务编号	6.3		任务名称	初创企业的股权设计		
评价项目				自评/分	他评/分	综合/分
课堂表现	学习态度（20 分）					
	沟通合作（10 分）					
任务完成	用腾讯公司案例分析股权设计的重要性（30 分）					
	结合本专业组建虚拟创业团队，设计股权（40 分）					
学生签字		年 月 日	教师签字		年 月 日	
评价规准						
项目		A（≥90%）	B（80%～89%）	C（70%～79%）	D（60%～69%）	E（<60%）
课堂表现	学习态度	与老师辩论	向老师提出质疑	与老师互动交流	被动回答问题	沉默
	沟通合作	主动承担任务且富有成效，主动发起讨论	主动承担任务，主动发起讨论	主动承担小组任务	能接受小组任务，配合他人	不能参与团队合作

续表

评价规准						
项目		A（≥90%）	B（80%～89%）	C（70%～79%）	D（60%～69%）	E（<60%）
任务完成	用腾讯公司案例分析股权设计的重要性	全面分析股权设计的重要性，文档良好	全面分析股权设计的重要性，文档较好	基本分析股权设计的重要性，文档较好	基本分析股权设计的重要性，文档一般	没能分析股权设计的重要性，文档较差
	结合本专业，组建虚拟创业团队，设计股权	全面展示设计股权，文档良好	全面展示设计股权，文档较好	基本展示设计股权，文档较好	基本展示设计股权，文档一般	没能展示设计股权，文档较差

6.3.3 案例引导

【案例描述】腾讯五虎将：难得的黄金创业团队

腾讯的马化腾创业五兄弟，堪称难得。马化腾与他的同学张志东合资注册了深圳腾讯计算机系统有限公司，之后又吸纳了曾李青、许晨晔、陈一丹三位股东。

为避免彼此争夺权力，马化腾在创立腾讯之初就和四个伙伴约定清楚：各展所长、各管一摊。马化腾是 CEO（首席执行官），张志东是 CTO（首席技术官），曾李青是 COO（首席运营官），许晨晔是 CIO（首席信息官），陈一丹是 CAO（首席行政官）。

之所以将创业五兄弟称为“难得”，是因为直到 2005 年的时候，这五人的创始团队还基本是保持这样的合作阵形，不离不弃。直到腾讯做到如今的帝国局面，其中四个还在公司一线。

都说一山不容二虎，尤其是在企业迅速壮大的过程中，要保持创始人团队的稳定合作尤其不容易。在这背后，工程师出身的马化腾从一开始对于合作框架的理性设计功不可没。从股份构成上来看，五个人一共凑了 50 万元，其中马化腾出了 23.75 万元，占了 47.5%的股份；张志东出了 10 万元，占 20%的股份；曾李青出了 6.25 万元，占 12.5%的股份；其余两人各出 5 万元，各占 10%的股份。

虽然主要资金都由马化腾所出，他却自愿把所占的股份降到一半以下。“要他们的总和比我多一点点，不要形成一种垄断、独裁的局面。”而同时，自己又一定要出主要的资金，占大股。“如果没有一个主心骨，股份大家平分，到时候也肯定会出问题，同样完蛋。”

后来，马化腾在接受多家媒体的联合采访时承认，他最初考虑过和张志东、曾李青三个人均分股份的方法，但最后还是采取了五人创业团队，根据分工占据不同的股份结构的策略。即便是后来有人想加钱、占更大的股份，马化腾也说不行，因为在马化腾看来，未来的潜力要和应有的股份匹配，不匹配就要出问题。如果拿大股的不干事，干事的股份又少，矛盾就会发生。

【小组讨论】

（1）分析腾讯创业团队中的股权设计的特点。

（2）你认为腾讯创业团队最成功之处是什么。

（3）腾讯创业团队的创业经历给了我们哪些启发。

6.3.4 知识链接

初创企业的股权设计

6.3.4.1 股权含义

股权，即股东对所投资的股份公司所享有的权益。一般而言，公司是合资而成的经济组织，不论是自然人还是法人都可以成为股东。在股权主体问题上，有两点需要注意：一是公司不能成为自己的股东；二是股权的主体可以不止一个，即当同一股份或出资为两个或两个以上的股东共同拥有时，就形成了股权的共有。股权到底包括哪些内容呢？

（1）投资受益权。投资受益权是股东按照出资或所持股份向公司要求分配盈余的权利，这是股东的基本权利。

（2）表决权。表决权是股东按照其持股比例对公司的重大事项行使决策权，是由股东会对公司的重大问题做出决定。

（3）选举管理权。股份有限公司中，股东不参加公司的管理，公司的管理是由股东会选举的董事会实施。

（4）建议与质询权。股东有权对公司的经营提出建议或者质询。

（5）知情权。股东有权查阅财务会计报告、公司章程和股东大会会议记录。无论何种形式公司均有义务提供。

（6）股权或出资的转让。股东原则上具有转让出资的权利，对于不同形式的公司的出资或股份的转让有不同的法定条件。

（7）剩余资产分配权。股东对公司清算时的剩余资产有分配的权利。

（8）优先认股权。对转让出资的优先购买权和发行新股的优先认购权。

（9）诉权。诉权是指股东的权利受到损害时，有权向法院提起诉讼，以保障其股权。

6.3.4.2 股权的分配

股权的分配是创业团队的核心议题。创业团队的股权架构应该如何设计呢？这个问题包含什么人可以参与股权分配、股权如何切割、股权分配需要考虑的因素、合伙人股权的成熟机制及合伙人特殊原因退出机制安排等几个方面。

1. 什么人不适合参与股权分配？

只有合伙人才能参与股权分配，下面的几类人并不适合参与股权分配。

（1）非资金投入的兼职者。创业是长期的事业，需要全身心投入，非资金投入的兼职者是不适合当合伙人并分配股权的。

（2）存在不确定性的资源提供者。部分项目启动需要资源。如果是存在不确定性的资源提供者，不宜作为合伙人。对于这部分资源，在初期可以以顾问形式取得。

（3）专家顾问。部分创业项目需要特定专业的顾问，但有些顾问会提出不收顾问费而换股权，这会导致一个并不参与经营决策的人占有股权，股权未发挥其作用。

（4）早期员工。早期的股权非常珍贵，不能轻易送出，且员工并不一定认同初创公司的股权，起不到激励作用，如果用股权抵工资，只会起到反效果。

（5）不认同发展理念的人。创业过程中，因为各种原因，中途退出的案例很多。股权给一个不靠谱的合作者，其退出时带来的损害是巨大的。

2. 股权分配的原则与依据

（1）出资比例。如果所有合伙人都同意按比例出资，各方资源优势基本相当的，可以直接按出资比例分配。

（2）CEO 应取得相对多的股权。因为 CEO 是合伙事业的灵魂，CEO 取得相对多数的股权有利于创业项目的决策和执行。

（3）综合评估每个合伙人的优势。如客户资源相对技术重要，则提供者应占有相对多的股权，反之亦然。

（4）科学评估每位合伙人在初创过程中各个阶段的作用。每个合伙人的作用不一样，股权安排应充分考虑这一点。

（5）必须要有明显的股权梯次，绝对不能是均等的比例。如三个合伙人，可以按 5:3:2 的比例分配。

6.3.4.3　融资对股权的稀释

股权稀释是指当企业在追加投资时，前期投资者的股票所包含的资产值被稀释了，即股权稀释。简单来说，就是因为有新的投资者进入，资金池更大，而前期投资者的股权就相对减少了。

初创企业的融资与发展可以分为几个阶段：最开始是创业者自行投入，随后是天使轮投资，经过基本验证，具有可行性了之后是 A 轮；发展一段时间了，觉得势头不错，开始 B 轮；继续发展下去，看到上市希望，开始 C 轮融资；时机成熟可以上市，进入 IPO 上市阶段，投资人套现离场。

在下面这个案例中，从设立股权池开始，公司总股份会从李同学和张同学手中每次分出去 20%，而李张两位同学保持起始阶段的股权比例（3:2）。在实际融资过程中，创业公司跟风投机构在一定程度上处在不平等的地位，因此风投所占股份很可能会超过 20%，如果这样经过多轮融资，创始人的股份甚至会被稀释到 10%以下，见表 6.3.1。

表 6.3.1　融资对股权稀释表

股权所有者	公司初创期	天使投资人要求设立股权池	天使轮	A 轮	B 轮	C 轮	IPO
李同学	60.0%	48.0%	38.4%	30.7%	23.0%	18.4%	14.7%
张同学	40.0%	32.0%	25.6%	20.5%	15.4%	12.3%	9.8%
股权池		20.0%	16.0%	12.8%	9.6%	7.7%	6.1%

续表

股权所有者	公司初创期	天使投资人要求设立股权池	天使轮	A 轮	B 轮	C 轮	IPO
天使投资人			20%	16.0%	12.0%	9.6%	7.7%
A 轮投资人				20.0%	20.0%	16.0%	12.8%
B 轮投资人					20.0%	16.0%	12.8%
C 轮投资人						20.0%	16.0%
IPO							20.0%
合计：	100%	100%	100%	100%	100%	100%	100%

6.3.5 技能训练

在本项目案例中，若有李、张、王三位同学，若初始股权为 5:3:2，从设立股权池开始，公司总股份会从他们手中每次分出去 10%，三位同学保持股权比例不变，经过三轮融资后，他们的股份各是多少？

项目7　商业模式认知与训练

知识目标

（1）掌握商业模式概念、设计方法及常见的商业模式等。
（2）掌握互联商业模式的特点和运作方式。
（3）理解利润的含义及基本计算方法，掌握损益表编制。

能力目标

（1）能够使用商业画布设计商业模式，运用互联商业模式进行创新创业。
（2）能够计算利润、编制损益表。

素质目标

（1）培养学生的团队合作精神、大局观、规划意识。
（2）培养学生踏实认真、逻辑清晰、态度严谨的职业精神。

思政目标

（1）培养学生的爱国精神、民族自信、家国情怀。
（2）了解国家的法律法规，培养学生遵守国家法律的意识。

思维导图

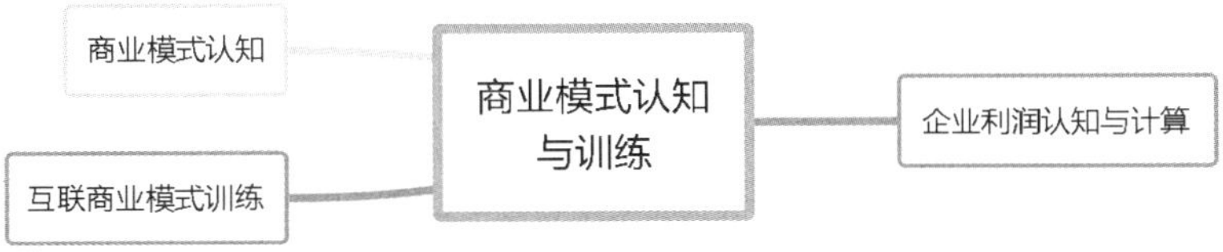

项目分析

商业模式是决定企业成功最重要的因素之一，有了一个好的商业模式就成功了一半。互联商业模式是当代大学生顺应时代发展必须要掌握的商业模式。提升企业效益就应该掌握损益表的组成及计算。本项目引导大学生学会设计商业模式、运用互联商业模式和计算损益表，保障初创企业的基本运行及长久发展。

7.1　商业模式认知

7.1.1　任务实施单

任务编号	7.1	任务名称	商业模式认知
任务简介	好的商业模式是企业成功的保障，未来企业的竞争将是商业模式的竞争。本任务引导大学生认知商业模式基本概念、商业画布的设计及常见的适用于互联网的商业模式，最终能结合本专业案例，设计出合适的商业模式		
任务目标	1．理解商业模式的概念、商业画布的设计过程及常见的商业模式。 2．能运用商业画布设计或借用常见的商业模式解决实际问题		
设备环境	计算机，Office 或 WPS 办公软件		
实施专业		实施班级	
实施地点		小组成员	
指导教师		联系方式	
任务难度	初级	实施日期	年　月　日
实施内容	要求以 PPT 文档方式完成下面两个任务。 1．用 1～2 个社会案例说明商业模式的重要性、种类及组成内容。 2．结合本专业，用 1～2 个案例阐明使用商业画布设计的商业模式		

7.1.2　任务评价单

任务编号		7.1	任务名称	商业模式认知		
评价项目				自评/分	他评/分	综合/分
课堂表现	学习态度（20 分）					
	沟通合作（10 分）					
任务完成	用社会案例说明商业模式的重要性、种类及组成内容（30 分）					
	用专业案例说明使用商业画布设计模式的过程（40 分）					
学生签字		年　月　日	教师签字		年　月　日	
评价规准						
项目		A（≥90%）	B（80%～89%）	C（70%～79%）	D（60%～69%）	E（<60%）
课堂表现	学习态度	与老师辩论	向老师提出质疑	与老师互动交流	被动回答问题	沉默
	沟通合作	主动承担任务且富有成效，主动发起讨论	主动承担任务，主动发起讨论	主动承担小组任务	能接受小组任务，配合他人	不能参与团队合作

续表

评价规准						
项目		A（≥90%）	B（80%～89%）	C（70%～79%）	D（60%～69%）	E（<60%）
任务完成	用社会案例说明商业模式的 PPT 文档制作	案例全面展示商业模式内容，文档良好	案例全面展示商业模式内容，文档较好	案例基本展示商业模式内容，文档较好	案例基本展示商业模式内容，文档一般	没能展示商业模式内容，文档较差
	用专业案例阐明用商业画布设计模式的过程	案例全面阐明用商业画布设计模式的过程，文档良好	案例全面阐明用商业画布设计模式的过程，文档较好	案例基本阐明用商业画布设计模式的过程，文档较好	案例基本阐明用商业画布设计模式的过程，文档一般	没能展示商业模式的设计，文档较差

7.1.3　案例引导

【案例描述】

携程旅行网是一家在线旅行服务公司，其总部设在上海。携程成功整合了高科技产业与传统旅游行业，为 5000 余万注册会员提供包括酒店预订、机票预订、度假预订、特惠商户及旅游资讯等在内的全方位旅行服务，被誉为互联网和传统旅游无缝结合的典范。

互联网人士说，携程并不是一家纯粹的互联网公司；而旅游业人士则说，携程并不是一家真正的旅游公司。携程成立之初正处于我国旅游业发展的起步阶段，市场的集中度不高，边际资源丰富，缺的就是将市场和资源整合在一起的理念和行动。携程创始人看准时机，并通过网络与传统资源相结合的方式，将现有资源进行整合，随即推出了网上酒店预订业务。携程选择了当时国内酒店预订规模最大的公司合作，规模效应很快开始显现，营业额直线上升。随着酒店预订业务的成功推出，携程又开始向行业的另一端——机票预订业务进军。由于携程拥有庞大、先进的呼叫中心和巨大的消费者群体，因此许多酒店、航空公司愿意将一部分市场外包给携程进行代理。

作为一个独特的资源整合者，携程的主营业务是“酒店+机票”预订，因此，其主要供应商是各大酒店和航空公司。而网站并不是客房和机票的提供者，它只是将相关信息汇总并传递给需要这些信息的消费者。整个交易过程中携程只是充当一个中间者的角色，把供应商和消费者连接起来。

【案例感悟】

从携程的发展可以看出其成功的关键在于与众不同的商业模式。首先，酒店预订服务是携程在旅游服务行业一个很好的切入点。其次，携程通过资金和网络资源的优势，整合了旅游服务业人员和上下游关系等边际资源，逐步奠定了其在酒店预订和机票预订行业的地位。最后，携程在精细化的管理后台的支持下，进一步发挥了互联网资源与传统资源结合的优势。

那么，携程的商业模式可以复制吗？成功的商业模式具有哪些特征？如何设计符合企业发展的商业模式画布？

7.1.4 知识链接

商业模式认知

商业模式这个概念第一次出现在 20 世纪 50 年代，直到 20 世纪 90 年代才开始被广泛使用和传播，但是现在这一概念已经成为创业者和风险投资者必须提及的一个名词。

7.1.4.1 商业模式的概念

1. 商业模式的含义

商业模式是指企业根据自己的战略资源，结合市场状况与合作伙伴的利益要求而设计的一种商业运行方式。它是一个能把企业运行的内外各要素整合起来，形成一个完整的、高效的、具有独特核心竞争力的运行系统，通过最优实现形式满足客户要求、实现客户的价值，同时使系统达到持续盈利目标的整体解决方案。

商业模式是一个非常宽泛的概念，通常所说的商业模式包括运行模式、盈利模式、B2B 模式、B2C 模式、广告收益模式等。它经历了从浅显易懂的盈利类，到设计企业体系的运营类，再到最后的以价值为核心的价值类；关注的问题也从最早的财务问题、运营问题，到价值类、营销类问题，从企业内部导向的定义到企业内外导向相结合的定义。

商机虽然是创业活动的核心和起源，但创业者要把握创业机会，必须要将其加以丰富化和逻辑化，使之成为切实可行的商业模式。创业者必须要通过商业模式的设计，来实现对创业目标商业化过程中的“有关创业项目如何为客户提供价值，如何运作及如何盈利”等关键问题做出切实的回答。一个可行的、有投资价值的商业模式是创业者需要在创业计划书中强调的首要内容之一。事实上如果没有商业模式，创业只是一个梦想。

2. 商业模式的构成

商业模式是由不同要素组成的，不同的学者对于商业模式的构成要素有着不同的看法，其研究的深度、广度和详细程度也存在着许多差异分歧，故目前学术领域对商业模式的关键构成要素依然无法形成一致的意见，目前较为认同的主要观点有以下几种。

（1）四要素论。该观点认为，商业模式构成要素包含四个方面的主要内容：客户价值主张、收入模式、关键资源及关键流程。客户价值主张是指某种为客户创造价值的方法，这也是企业实现利润的直接方式。这一整套活动都是在企业能够盈利的基础上进行的，也就是在这一系列的活动中形成了企业自身的收入模式。关键资源是企业在创造价值流程中的基础，关键流程则贯穿于企业利用这些关键资源的过程，这两个方面相配合旨在为客户提供价值即满足客户价值主张。

（2）五要素论。我国学者栗学思归纳和总结了企业商业模式设计的五个要素：价值需求、价值载体、价值传递、价值创造及战略控制活动的价值保护。价值需求是指企业的客户群；价值载体是指企业可以获取利润的、目标客户购买的产品或服务；价值传递是企业把产品和服务传递给目标客户的分销和传播活动；价值创造是指企业生产、供应满足目标客户需要的产品或服务的一系列业务活动及其成本结构；价值保护是指企业为防止竞争者掠夺本企业的目标客户而采取的防范措施。企业商业模式都是以其中一两个要素为核心的各要素不同形式的组合。

（3）六要素论。我国学者魏讳、朱武祥将商业模式中存在的体系划分成业务系统、定位、核心资源能力、收入模式、企业价值及现金流结构六大方面内容。其中，业务系统强调整个交易结构的构型、角色和关系；定位强调满足利益相关者需求的方式；核心资源能力强调支撑交易结构的重要资源和能力；收入模式强调与交易方的收支来源及收支方式；企业价值是商业模式构建和创新的目标与最终实现的结果；现金流结构强调在时间序列上现金流的比例关系。

（4）九要素论。奥斯特瓦德（Osterwalder）认为价值主张、价值结构、核心能力、目标顾客、分销渠道、伙伴网络、成本结构、收入模式与顾客关系是商业模式的九大构成要素。目前，九要素构成观点常常被用作商业模式构建的依据。

为便于理解，在此采用商业模式应由运营模式、业务模式和盈利模式三大内容构成的说法。

（1）运营模式是指企业整合其内部和外部可获得的资源，以达到经营高效、成本节约、风险控制的手段和方式。运营模式是与产品生产和服务创造密切相关的各项管理工作的总称。创业项目的运行模式设计中，应对企业如何实现对生产和提供公司主要的产品和服务的经营过程进行计划、组织、实施和控制实现做出解释。

（2）业务模式是指企业创造客户价值和满足客户需求的手段和方式，业务模式主要是回答新创企业为客户提供什么样的价值和利益，包括品牌和产品。

（3）盈利模式是指企业获得利润的手段和方式。简而言之，盈利就是企业通过什么途径或方式来赚钱，如饮料公司通过卖饮料来赚钱；快递公司通过收发快递来赚钱；网络公司通过点击率来赚钱等。

3. 商业模式的逻辑

从商业模式构成要素各个观点来看，提及最多的是价值主张、盈利模式、价值传递和价值获取，由此构成商业模式的核心。商业模式的这一逻辑性主要表现为层次递进的四个方面，即价值发现、价值创造、价值传递和价值获取。

（1）价值发现，又称价值模式，是指企业深入洞察顾客价值，从而构建出既充分反映顾客需求、收入和成本变化以及竞争者的反应，又充分反映顾客价值主张的隐含假设。洞察价值由洞察需求、细分市场、顾客价值主张等部分组成。首先企业需要通过洞察来了解消费者的最根本性需求，及其竞争对手是否有能力满足这些需求，并在组织结构、技术等方面提高满足顾客需求的可能性；其次是通过洞察需求找到自己有意满足或者能够满足的具体细分市场；最后通过发掘细分市场中消费者的兴奋点，来确定自己的服务或者产品能够为顾客提供什么样的价值。

（2）价值创造，也称运营模式，是指企业为了实现顾客价值主张而设计并实施的一系列活动，包括价值网设计、价值网定位和价值创造。企业首先通过设计价值网结构，明确价值网都包括哪些行动主体，厘清不同行动主体在价值生成、分配、转移等方面的结构和关系；其次明确企业自身在该价值网中的位置；最后构建能够创造价值的运营系统，确定进行价值创造的关键运营活动。

（3）价值传递，也称营销模式，是指企业采用何种方式来向顾客传递价值，包括渠道和品牌等。

（4）价值获取，也称盈利模式，是指企业如何将自身所提供的服务及产品变现，来支付必要的业务成本，并最终获得利润，这表示盈利模式是商业模式的重要组成部分。

7.1.4.2 设计商业模式

商业模式的设计主要是基于九要素理论采用商业画布方式进行，总体上是围绕对“提供什么样的产品或服务”“为谁提供产品或服务项目”“如何获得利益”“如何提供产品或服务”以及“提供这些产品或服务要付出的成本是多少”五大问题进行逐一回答来实现，如图7.1.1所示。

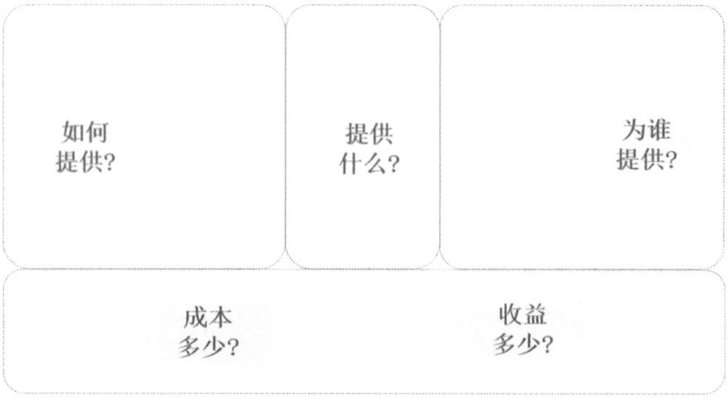

图 7.1.1 设计商业模式

1. 决定“提供什么”

设计商业模式的第一步是思考本项目能向消费者提供的价值。创业者应根据自身的技术、资源情况，在商业模式设计之初即明确自己可提供的产品或服务。在设计准备提供的产品或服务时，最关键要考虑三个因素。

（1）创业项目的产品或服务满足了顾客哪些方面的需要。

（2）产品或服务本身为客户创造了怎样的价值。

（3）顾客为什么愿意认可该价值而付费。

2. 设计“为谁提供”

根据可提供给消费者的价值，创业者应从整体市场中细分出愿意接纳本产品或服务提供价值的消费者，并详细设计如何顺利使他们意识到本项目可为他们带来的价值，如图 7.1.2 所示。这一步需要一次完成客户细分、分销销售设计和客户关系管理三项内容的设计。

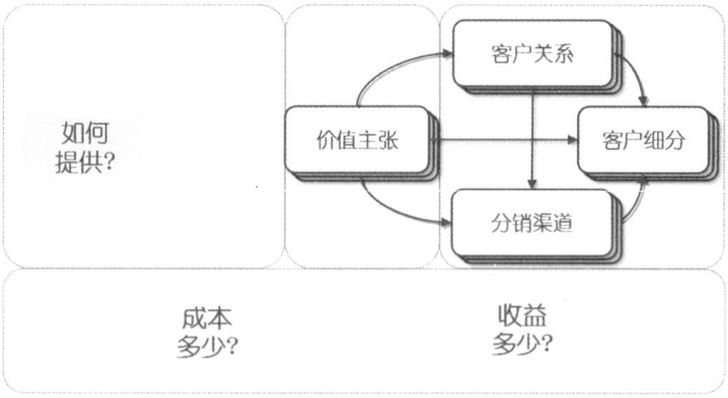

图 7.1.2 设计“为谁提供”

（1）客户细分。创业者要在消费者分类的基础上选定本创业项目瞄准的目标消费群体，进一步分析这些消费群体的共性，确定他们共同的价值主张，从而使公司能够针对这些共性创造价值。总之，定位最重要的目的就是找到细分市场，再为这个市场提供满足顾客需要的、有价值的、独有的产品或服务，让顾客愿意为此付费。

（2）分销渠道设计。根据顾客特性和产品特性，创业者要设计出如何将创业项目产品或服务送达到消费者的途径。这一步的设计应阐述创业项目如何制定详细的市场和分销策略，以开拓市场。

（3）客户关系。创业者应明确本创业项目如何主动与客户目标建立起某种联系。这种联系可能是单纯的交易关系，也可能是通信联系，也可能是为客户提供一种特殊的接触机会，还可能是为双方利益而形成的某种买卖合同或联盟关系。良好的客户关系具有多样性、差异性、持续性、竞争性、双赢性的特征，它不仅可以为交易提供方便，节约交易成本，也可为企业深入理解客户的需求和交流双方信息提供机会。

3. 解答“如何获得效益”

基于之前对分销渠道的分析，设计公司创造各种收入流获得回报的途径，如图 7.1.3 所示。此外，创业者在此还应综合客户细分市场容量大小，消费者接受本项目价值主张所需的时间长短、消费者可能的接纳度及分销渠道销售效率的情况，预测本项目在未来一段时间内的收益情况。

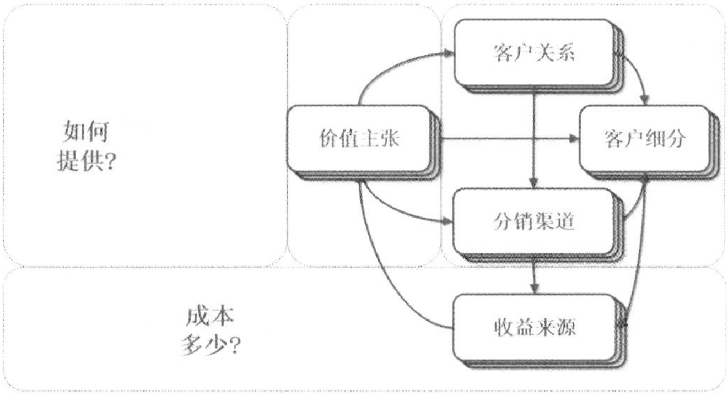

图 7.1.3　解答“如何获得效益”

4. 设计“如何提供产品或服务”

主要解决如何有效地向目标客户提供产品或服务，如图 7.1.4 所示。这一步需要依次完成关键资源、关键活动和伙伴网络三项内容的设计。

（1）关键资源。分析实施项目所需的关键资源，如人力资源、材料资源、销售队伍等。这些关键资源付出的代价在整个项目运行费用中所占的比例应不小于 80%。

（2）关键活动。分析实施项目需要开展的活动。

（3）伙伴网络。分析项目同其他公司之间为有效地提供价值并实现其商业化而形成的合作关系网络。创业者在设计商业模式时要考虑清楚自己的供应商、分销商、制造商等合作伙伴选择的标准，以及是否能建立稳定的合作关系。

5. 设计“成本多少”

图 7.1.5 所示为开展创业活动所需的关键资源、开展的活动和维护伙伴网络关系的供销关系，三者共同构成了项目的主要成本。在前述内容分析的基础上，创业者应计算出这

三大内容所需付出的各项费用（如人力、原料、土地、机器设备、信息、通信等）及各项所占的比例。

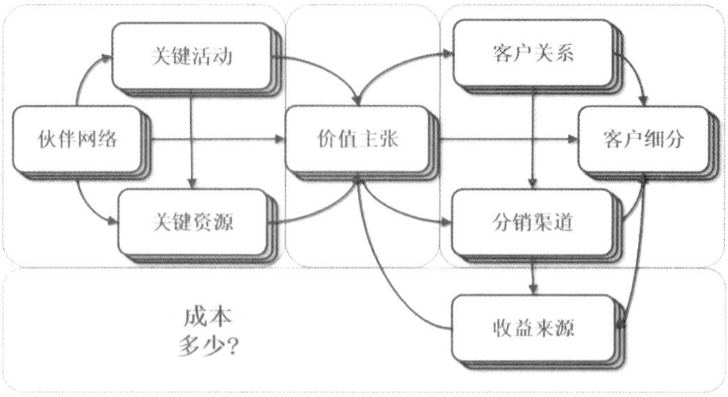

图 7.1.4　设计“如何提供产品或服务”

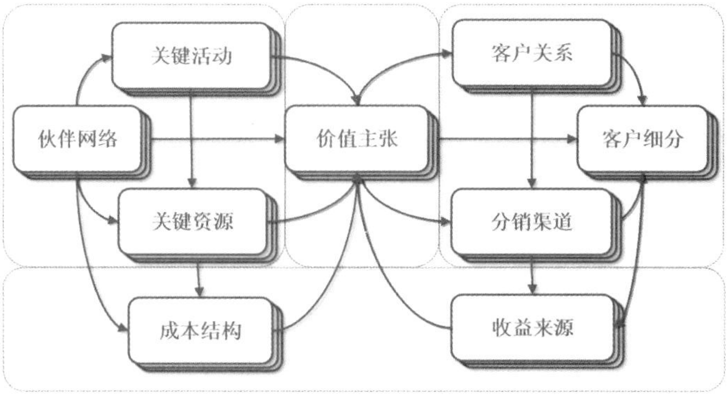

图 7.1.5　设计“成本多少”

例：某大学生掌上超市项目的商业模式设计。

某创业团队要创建一家经营大学生所需产品的移动电子商务公司。项目以移动设备为载体，以集中化的人群为目标市场，利用移动互联网，构建和运营掌上超市。通过对在校大学生主要购买需求的调查，创业团队确定箱包配饰、小家电、文具用品、文化书籍、培训等十类商品为企业经营的主要产品。经销的产品选择从网上进行采购，尽量减少中间环节，价格力争做到低于线下实体超市，并与线上同类企业对比有竞争力。掌上超市的商业模式设计如图 7.1.6 所示。

7.1.4.3　甄选商业模式

商业模式作为企业的立命之本，在项目启动之前，创业者就要仔细研究、精心设计，并随着市场环境的变化而不断调整。一个好的商业模式能够事半功倍地帮助企业取得快速成长。总体上，甄选商业模式需要考虑五方面内容，即定位要准、市场要大、扩展要快、壁垒要高、风险要低。

1. 定位准确

找准定位是创业成功的开始。市场定位的关键是细分市场，并寻找到能够利用自身优势来满足该细分市场所需要的产品或服务。创业者进入市场定位就是要寻找到一个差异化的市场。为这个市场提供独有的优势的产品。将目标客户群变得越窄，才能锁得越牢。在进行目标定位时，要考虑到五个方面的基本问题。

（1）是否进行了差异化的市场分析。

（2）市场定位是否为目标市场和客户创造了价值。

（3）是否确定了独特的市场定位。

（4）和竞争对手的产品是否有明显差异。

（5）是否设计出了客户所需要的产品和服务。

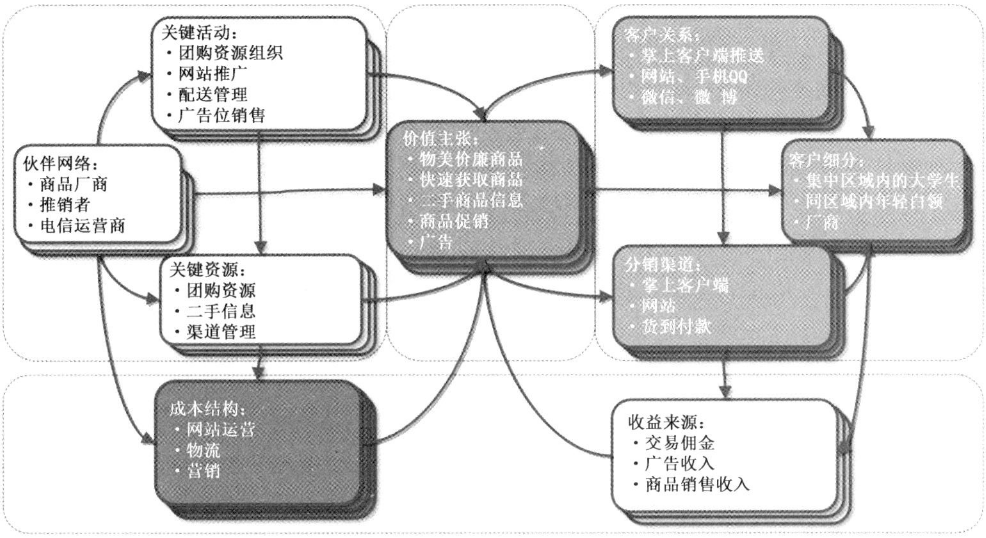

图 7.1.6　掌上超市的商业模式设计

总之，定位最重要的目标就是找到细分市场，为这个市场提供满足客户需要的、有价值的、独有的产品，让客户愿意并为此付费。

2. 市场规模大

不是随意找一个细分市场就算一个优秀的市场定位，关键在于要寻找一个快速的、大规模的、持续增长的市场，这是确定是否为优秀市场定位的一个关键标准。在判断市场规模时，创业者必须考虑四个基本问题。

（1）目标市场规模是否过大。

（2）是否满足客户目标重要的基本需求。

（3）是否能保证高速增长。

（4）如何保证持续性增长。

确保所瞄准的市场目标市场是一个拥有高成长预期的大规模市场，而且更重要的是，公司要考虑清楚是否能够确保市场在未来持续高速增长。

3. 收入扩展快

收入能否快速扩展是衡量商业模式能否迅速做大规模最关键的因素。任何一个公司的收入规模根本上取决于客户数量及平均客户贡献额两个因素，因此，想要快速增长，就要设计能快速增加付费客户数量的各种策略，或提高平均客户贡献度。创业者在设计收入扩展策略时，最需要考虑的有三个问题。

（1）有什么获得新客户的办法及其难度程度如何。

（2）定价策略是否有利于快速扩展客户和利润最大化。

（3）客户是否持续消费。

商业模式从本质上讲就是如何从客户身上挣钱。如果想挣钱最快，要么客户的扩展速度最快，要么客户平均贡献额最高，两者兼备当然最佳，但从商业实践的角度看，真正起到关键作用的，实际上是客户数量的扩展速度，因为如果不可大规模复制，那么，即使从单一客户获得再高的利润收入也是枉然。

4. 相对的壁垒

好的商业模式一定要和自身的优势紧密结合。最好有自己独有的优势，这就等于构筑了最好的竞争壁垒。关于进入壁垒，创业者要考虑五个方面的问题。

（1）进入该行业本身是否有壁垒？如法律、技术、专利和垄断资源等，不能有太高的进入壁垒，否则执行起来就有很大的困难。

（2）是否存在产业链的制约因素？如何解决？

（3）如何利用自身优势来构筑竞争壁垒？

（4）如何建立产业竞合关系？

（5）如何构筑价值链？

总之，自己进入时壁垒要低，进入后要能够建立起高的壁垒，让竞争者难以进入，这是考虑壁垒因素的重点所在。很多企业之所以发展到一定阶段就出现问题，就是没有考虑后进者的壁垒，很容易被人赶超。

5. 风险可控

商业模式的最后一个评价环节，就是要综合评估可能面临的各种风险。与创业机会如影随形的必然是各种风险，几乎所有重大的商业成功都是冒着很多不确定的高风险取得的。评估风险的目的并不是规避所有风险，而是要识别出所有可能的风险，制定出相应的应对策略，使得风险都能够可控和被管理，以便更好地利用风险、规划风险和管理风险，创造商业奇迹。在评估风险时，要考虑五个方面的内容。

（1）政策及法律风险。

（2）行业监管风险。

（3）行业竞争风险。

（4）潜在的替代品威胁。

（5）有已经存在价值的龙头。

一个好的商业模式需要同时满足以上五大条件。一个优秀的商业模式需要在实践中不断尝试不断修正，甚至不断地试错才能变得日益完美。需要警惕的是，没有任何一个商业模式能永远保持成为好的商业模式，一个当前已经释放完美成熟的商业模式，会随着竞争环境和竞争态势发生变化而显得不再适应，因此需要不断地进行重新设计和再调整。

7.1.5 技能训练

制作商业模式画布。小组讨论选择一家企业，通过各种渠道了解其商业模式后，为其制作商业模式画布，分析其商业模式成功（或失败）的原因，各小组完成后对画布进行统一展示。要求不能有空白格子，格子里可填入多个元素，用箭头表示各元素间关系。

7.2 互联商业模式训练

7.2.1 任务实施单

任务编号	7.2	任务名称	互联商业模式训练
任务简介	互联网时代催生了互联商业模式，围绕互联网，以流量、社区、免费、爆品、线上线下等为特征的商业模式层出不穷。本任务引导学生认知互联商业模式特征，并加以实际训练		
任务目标	1．理解互联商业模式的种类及其特征。 2．能利用互联商业模式解决实际问题		
设备环境	计算机，Office 或 WPS 办公软件		
实施专业		实施班级	
实施地点		小组成员	
指导教师		联系方式	
任务难度	初级	实施日期	年　月　日
实施内容	要求以 PPT 文档方式完成下面两个任务。 1．用社会案例说明互联商业模式种类及特征。 2．结合本专业特点，用“爆品”思维阐明如何使用互联商业模式解决问题		

7.2.2 任务评价单

任务编号		7.2	任务名称	互联商业模式训练		
评价项目				自评/分	他评/分	综合/分
课堂表现	学习态度（20 分）					
	沟通合作（10 分）					
任务完成	用社会案例说明互联商业模式的种类及特征（30 分）					
	用专业案例阐明以“爆品”思维模式解决问题（40 分）					
学生签字		年　月　日	教师签字		年　月　日	
评价规准						

项目		A（≥90%）	B（80%～89%）	C（70%～79%）	D（60%～69%）	E（<60%）
课堂表现	学习态度	与老师辩论	向老师提出质疑	与老师互动交流	被动回答问题	沉默
	沟通合作	主动承担任务且富有成效，主动发起讨论	主动承担任务，主动发起讨论	主动承担小组任务	能接受小组任务，配合他人	不能参与团队合作

续表

评价规准						
项目		A（≥90%）	B（80%～89%）	C（70%～79%）	D（60%～69%）	E（<60%）
任务完成	用社会案例说明互联商业模式的种类及特征	案例全面展示互联商业模式内容，文档良好	案例全面展示互联商业模式内容，文档较好	案例基本展示互联商业模式内容，文档较好	案例基本展示互联商业模式内容，文档一般	没能展示商业互联模式内容，文档较差
	用专业案例阐明以“爆品”思维模式解决问题	全面阐明以“爆品”思维模式解决问题，文档良好	案例全面阐明以“爆品”思维模式解决问题，文档较好	案例基本阐明以“爆品”思维模式解决问题，文档较好	案例基本阐明以“爆品”思维模式解决问题，文档一般	没能展示以“爆品”思维模式解决问题，文档较差

7.2.3 案例引导

【案例描述】互联时代的“爆品”与“圈粉”

在山寨机横行的智能机时代，小米异军突起，放弃了赚差价的传统思维，用综合利润不超过5%的极高性价比的手机打爆市场，一下子聚集了大量的“米粉”，然后每年不断地迭代他们的“爆品”，赚足了用户的口碑。直到今天，小米的线下体验店里摆满了精美的智能家居产品，将产品链延伸到家用电器的方方面面。最重要的是用户都非常买账，对小米的品牌忠诚度非常高，这就成就了小米今天的成功。

那“爆品”怎么做呢？就是把最好的产品拿出来，用最低的价格进行销售，同时实现在线化。现在很多做得比较好的公司，其实他们用的都是互联盈利思维，如小米、360、瑞幸咖啡和微信，都是先用产品圈人。小米用高性价比的手机圈了2.8亿的“米粉”，现在达到了600亿美元的市值。瑞幸咖啡用接近成本价的咖啡，还有线上补贴来圈人，最终也把流量做起来了，仅仅用了18个月的时间就成为了纳斯达克的上市公司，市值超过30亿美元。

【案例感悟】

互联“爆品”一定是直戳用户痛点的，爆品既带来了流量，也带来了利润。做爆品就是专注精力做好产品，做引爆客户口碑的产品，让客户满意后成为转介绍的客户，这就是流量的最佳获得方式。

7.2.4 知识链接

互联商业模式训练

7.2.4.1 五种常见的电子商务模式

电子商务模式是指企业运用互联网开展经营取得营业收入的基本方式，也就是指在网络环境中基于一定技术基础的商务运作方式和盈利模式。目前，常见的电子商务模式主要有B2B、B2C、C2B、C2C、O2O。

（1）B2B（Business to Business），是指商家与商家建立的商业关系。

（2）B2C（Business to Consumer），就是常见的供应商直接把商品卖给用户，即“商对客”模式，也就是通常说的商业零售，直接面向消费者销售产品和服务。

（3）C2B（Customer to Business），比较本土的说法是要约，由客户发布自己要些什么东西，要求的价格是什么，然后由商家来决定是否接受客户的要约。

（4）C2C（Customer to Consumer），是客户自己把东西放到网上去卖，是个人与个人之间的电子商务。

（5）O2O（Online to Offline），又称离线商务模式，是指线上营销线上购买，带动线下经营和线下消费。

7.2.4.2　“互联网+”时代的六大商业模式

百度 CEO 李彦宏在 2014 年百度联盟峰会上表示，传统 PC 互联网商业模式在移动互联网时代面临挑战，用户数量决定一切，不重视对移动互联网商业模式的探索，就像开着豪车酒驾，很刺激但也很危险。因此，在移动互联网时代要尽早考虑商业模式。

1. 工具+社群+商业模式

如今互联网正在催熟新的商业模式，即“工具+社群+电商/微商”的混合模式。比如微信最开始就是一个社交工具，先是通过各种工具属性、社交属性、价值内容的核心功能过滤到海量的目标用户，加入了朋友圈点赞与评论等社区功能，继而添加了微信支付、精选商品、电影票、手机话费充值等商业功能。

为什么会出现这种情况？简单来说，工具如同一道锐利的刀锋，它能够满足用户的痛点需求，用来做流量的入口，但它无法有效沉淀粉丝用户。社群是关系属性，用来沉淀流量。商业是交易属性，用来变现流量价值。三者看上去是三张皮，但内在融合的逻辑是一体化的。

2. 长尾型商业模式

这个概念描述了媒体行业从面向大量用户销售少数拳头产品，到销售庞大数量的利基产品的转变，虽然每种利基产品相对而言只产生小额销售量，但利基产品销售总额可以与传统面向大量用户销售少数拳头产品的销售模式媲美。通过 C2B 实现大规模个性化定制，核心是“多款少量”。所以长尾模式需要低库存成本和强大的平台，并使得利基产品对于兴趣买家来说容易获得。

3. 跨界商业模式

众所周知，小米做了手机、电视、农业，还要做汽车、智能家居。互联网为什么能够如此迅速颠覆传统行业呢？互联网颠覆实质上就是利用高效率来整合低效率，对传统产业核心要素进行再分配，也是生产关系的重构，并以此来提升整体系统效率。互联网企业通过减少中间环节，减少产品从生产到进入用户手中所需要经历的环节来提高效率、降低成本。因此，对于互联网企业来说，只要抓住传统行业价值链条当中的低效或高利润环节，利用互联网工具和互联网思维，重新构建商业价值链就有机会获得成功。

4. 免费商业模式

小米科技董事长雷军曾说：“互联网行业从来不打价格战，它们一上来就免费。传统企业向互联网转型，必须深刻理解这个‘免费’背后的商业逻辑的精髓到底是什么。”很多互联网企业都是以免费且好的产品吸引到很多的用户，然后通过新的产品或服务给不同的用户，在此基础上再构建商业模式，如 360 安全卫士、QQ 用户等。互联网颠覆传统企业的常用打法就是在传统企业用来赚钱的领域免费，从而彻底把传统企业的客户群带走，继而转化成流量，然后再利用延伸价值链或增值服务来实现盈利。

5. O2O 商业模式

O2O 狭义来理解就是线上交易、线下体验消费的商务模式，主要包括两种场景：一是线上到线下，用户在线上购买或预订服务，再到线下商户实地享受服务，目前这种类型比较多；二是线下到线上，用户通过线下实体店体验并选好商品，然后通过线上下单来购买商品。广义的 O2O 就是将互联网思维与传统产业相融合，突破线上和线下的界限，实现线上线下、虚实之间的深度融合，其模式的核心是基于平等、开放、互动、迭代、共享等互联网思维，利用高效率、低成本的互联网信息技术，改造传统产业链中的低效率环节。

O2O 的核心价值是充分利用线上与线下渠道各自的优势，让顾客实现全渠道购物。线上的价值就是方便、随时随地，并且品类丰富，不受时间、空间和货架的限制。线下的价值在于商品看得见摸得着，且即时可得，把两个渠道的价值和优势无缝对接起来，让顾客觉得每个渠道都有价值。

6. 平台商业模式

互联网的世界是无边界的，市场是全国乃至全球。平台型商业模式的核心是打造足够大的平台，产品更为多元化和多样化，更加重视用户体验和产品的闭环设计。

利用互联网平台，企业可以放大，原因有：第一，这个平台是开放的，可以整合全球的各种资源；第二，这个平台可以让所有的用户参与进来，实现企业和用户之间的零距离。在互联网时代，用户的需求变化越来越快，越来越难以捉摸，单靠企业自身所拥有的资源、人才和能力很难快速满足用户的个性化需求，这就要求打开企业的边界，建立一个更大的商业生态网络来满足用户的个性化需求。通过平台以最快的速度汇聚资源，满足用户多元化的个性化需求。所以平台模式的精髓，在于打造一个多方共赢互利的生态圈。

7.2.4.3 11 种免费商业模式

在竞争中诞生了一种全新的营销模式——免费模式。免费模式会让行业之间的界限变得更加模糊，尤其是边缘行业之间。随着时间的推移，它会彻底颠覆对原有行业的认知。有人说它是一个天使，也有人说它是一个魔鬼，但不论如何，它已悄然而至，而要做的就是快速适应它的变革。

免费模式的核心是“设计企业隐性的利润空间”，即延长企业的利润链条，通过设计免费的项目，最大限度地吸引客户，而后在下一个阶段实现企业的盈利。免费模式根据性质与行业的不同，可以分为以下 11 种模式。

1. 体验型模式

体验型模式是通过客户先进行体验，获得客户的信任后，再进行成交的方式。这种模式具体可以分为两种：一种是企业设计可以用于体验的产品，客户可以免费体验该产品，感觉良好后再进行消费；另一种是与时间挂钩的免费体验，就是客户在规定的时间内，可以免费体验该产品，而后进行付费长期的使用。

2. 第三方付费模式

我们需要客户，而有一些企业更需要我们的客户，从而我们转化成了一个资源对接的平台。简单来说，消费我们产品的客户将会获得免费，而向我们付费的是想拥有我们客户的第三方，如报纸、电视、广播、杂志等。消费者是免费获得的，而付费方是第三方的企业。

3. 产品型模式

通过某一产品的免费来吸引客户，而后进行其他产品的再消费的方式。产品型模式是一种产品之间的交叉型补贴，即某一个产品对于客户是免费的，而该产品的费用由其他的产品进行了补贴，产品型模式分为三种。

（1）诱饵产品的设计：设计一款免费的产品，目的是培养大量的潜在目标客户。

（2）赠品的设计：将一款产品变成另一款产品的免费赠品，或者将同行业或边缘行业的主流产品变成我方的免费赠品。

（3）产品分级的设计：客户可以免费得到普通版的产品，高级版本或个性化的产品客户需要付费。

4. 客户型模式

企业找到一部分特定的客户进行免费，对另一部分客户进行更高的收费，实现客户与客户之间的交叉性补贴。这种模式设计的关键核心在于找到特定的客户群，如女士免费男士收费、小孩免费大人收费、过生日者免费朋友收费、老人免费家属收费等。

5. 时间型模式

时间型模式是指在某一个规定的时间内对消费者进行免费。可以是一个月中的某一天，或一周中的某一天，或一天中的某一个时间段。如电影院，上午看电影的人群非常少，那么可以在上午对客户进行免费，从而吸引大量的客户在上午进入电影院，而电影结束时往往是中午，客户会进行餐饮等其他消费。

这种模式将具体的时间固定下来，让客户形成时间上的条件反射。该模式不但对客户的忠诚度、宣传上有极大的作用，还会消费其他的产品，可以进行产品之间的交叉补贴。

6. 功能型模式

功能型免费模式是指将其他产品的功能在自己的产品上进行体现，让客户免费使用。例如，手机免费了相机、U 盘等功能。

7. 空间型模式

空间型模式是指该产品或服务对于客户来说是收费的，但是指定的空间或地点客户可以享受到免费的待遇。

8. 跨行业型模式

将其他行业的产品纳入自己的产品体系，纳入的产品是免费，但要付费自己的产品。这种模式将使得行业之间的界限越发模糊，将一个行业的部分或全部并入另一个行业。

9. 耗材型模式

一些产品需要大量的相关耗材，从而对该产品免费，而耗材收费。消费型模式是指客户将免费获得自己的产品，但是由该产品引发的产品（耗材）客户需要付费。

10. 增值型模式

为了提高客户的黏性与重复性消费，对客户进行免费的增值型服务。例如，服装可以做到免费烫洗；化妆品商可以做到免费的美容培训；咖啡厅可以做到免费的英语培训等。

11. 利润型模式

利润型模式是指客户免费获得的产品，但要参与产品所产生利润收益的分配。例如，医院可以免费获得一些医疗器械，而器械提供者要参与该产品的利润分成。

7.2.4.4 互联“爆品”思维

一位专家认为，在互联网环境中，“爆品”是企业转型的第一法则。也就是说要能集中注意力，不惜代价地打造一款爆品，那么这个企业就满血活了。以下列举几个传统企业成功转型的案例，只要有“爆品”，企业就有无限的光明。

（1）洗衣连锁店“爆品”转型经典：5 年市值 100 亿元，而前面 20 年只干了 30 家店！

洗衣连锁店属于“重资产”，需要投入设备、门店、房租、水电、人工等成本费用，这种企业用传统的方式很难迅速做大。北京的荣昌洗衣创始人张荣耀在开始创业的时候，20 年的时间，只开了 30 家门店，但是后来他用 5 年的时间做出了“e 袋洗”，公司市值很快就达到上百亿元。

其实张荣耀在企业转型的时候，就想用互联网的思维来做互联式的企业。他从百度挖了陆文勇，陆文勇操盘“e 袋洗”：第一，拿出最好的产品，就是洗衣服务；第二，卖最低的价格 99 元一袋。以前的洗衣服是按件算，加急还要付加急费，但是现在只需 48 小时，并且上门取送，非常方便。尤其符合现在的“懒人经济”，关键是不按件收费而是按袋收费，并且在互联网上下单，既实惠又方便。

这个就是将产品卖最低的价格，再将产品服务实现在线化。精选出来一个产品，把用户体量扩大。荣昌洗衣就在全国吸引了一千多万个用户，企业的市值自然而然就暴涨起来。因为它连接的是一千多万个家庭，一个家庭除了洗衣服，肯定还要洗窗帘、洗鞋子，以及奢侈品的维护，甚至未来在这个平台上还会衍生出来很多的家庭服务。因此这家公司现在的日单量可以做到线下 2000 家门店的日单量的总和。

所以反问一下自己有“爆品”吗？如果没有，那就意味着没有用户，没有用户就没有社群，没有社群就没有后端的裂变和商业模式！

（2）家装行业“爆品”转型经典：从 1 年两单，变成 1 月 1000 单。

互联网里面做家装的“爱空间”，逻辑也很简单，就是做“爆品”。爱空间的陈炜当年在博洛尼装饰材料公司任职，后来他选择了自主创业，用互联网来做家装，在京东和淘宝上卖 899 元/平方米，从毛坯到精装全部采用一线主材，60 天交工。但是第一年只做了两个订单，直到后来遇到“贵人”雷军。

雷军当时就说了一句话：“要把自己逼疯，才能把对手逼死。”

雷军告诉他：第一，899 元/平方米，价格太高，要往下降，于是毛利从 25%～35%降到了 10%；第二，60 天交工太慢了，要缩到最短时间，最后决定 20 天交工。

它的广告语一出来就“炸”遍了市场：“699 元/平方米，20 天交工，一线主材从毛坯到精装，工期超一天赔 10000 元！”

从一年只接了两个订单，后来做到一个月接了 1000 个订单，这样做下去，生意规模怎么可能做不大呢？当然它现在可能涨到了 899 元/平方米，但那都是后话，关键是要思考起始的流量要怎么做起来。

（3）汽车行业“爆品”转型经典：一根针戳破天，打爆一款服务，变成行业独角兽。

汽修行业的竞争处于白热化阶段，虽然汽车后端市场很大，但是因为流量小，生意并不好做，而这家企业就做出了一款“爆品”。它发现汽车最多的事故不是大事故而是小事故，小事故里面最多的又是“剐蹭”。而“剐蹭”如果送到 4S 店，第一，取送不便；第二，修车时间很长，动辄 3～7 天；第三，价格昂贵，基本在 800～2000 元。

这家企业就抓住了这个痛点，就做出了名为“次晨达”的“爆品”。“剐蹭”最重要的是快速维修，否则客户在维修期间就无车可用。4S 店要三五天才能修好，而“次晨达”就是夜里修车、次晨到达。比如车发生了剐蹭，只需要打个电话，工作人员就会在适当的时间把车开走。当天夜里，工作人员就开始修车，到了第二天早上，按照约定的时间把车送到指定位置。整个过程只需支付 499 元，如果需要工作人员上门取送，再加 59 元的“司机费”就可以了。仅仅依靠 499 元的“爆品”，在网上搞一次活动就可以做到 13 万元的业绩。

最后联想给这家公司进行了 A 轮融资，这家公司的估值很快达到了 10 多亿元，这就是“爆品”给他带来的革命，而后端的维修、美容包装、保险等各种产品链，就可以进行裂变，然后赚无限的钱。

通过洗涤行业、家装行业、汽修行业这三个案例可以看出：所有的传统行业，其实都可以通过“爆品”来逃离困局，从而改变企业命运。

7.2.5　技能训练

小组讨论，哪些产品是通过爆品思维获得成功的（列举三个以上的例子）？分析它们的模式特点，试设计出爆品思维的营销方案。

读书笔记

7.3 企业利润认知与计算

7.3.1 任务实施单

任务编号	7.3	任务名称	企业利润认知与计算
任务简介	企业经营的核心首先是生存、发展，最终要实现盈利，利润是衡量一个企业是否优秀的标准。本任务引导学生理解利润的组成，通过损益表的制作，掌握利润的计算方法		
任务目标	1. 理解利润、损益表的基本概念。 2. 能计算企业的利润		
设备环境	计算机，Office 或 WPS 办公软件		
实施专业		实施班级	
实施地点		小组成员	
指导教师		联系方式	
任务难度	初级	实施日期	年 月 日
实施内容	以案例引导为题，计算企业利润		

7.3.2 任务评价单

任务编号		7.3		任务名称		企业利润认知与计算	
评价项目					自评/分	他评/分	综合/分
课堂表现	学习态度（20 分）						
	沟通合作（10 分）						
任务完成	计算企业利润（70 分）						
学生签字			年 月 日	教师签字			年 月 日
评价规准							
项目		A（≥90%）	B（80%～89%）	C（70%～79%）	D（60%～69%）	E（<60%）	
课堂表现	学习态度	与老师辩论	向老师提出质疑	与老师互动交流	被动回答问题	沉默	
	沟通合作	主动承担任务且富有成效，主动发起讨论	主动承担任务，主动发起讨论	主动承担小组任务	能接受小组任务，配合他人	不能参与团队合作	
任务完成	计算企业利润	能独立并帮助他人完成利润计算	能独立完成利润计算	能基本完成利润计算	在他人帮助下能完成利润计算	不能完成利润计算	

7.3.3　案例引导

【案例描述】预测悠闲居有限责任公司利润测算。

2017 年悠闲居有限责任公司利润预测表见表 7.3.1，分别计算营业利润、利润总额、净利润，并将计算结果填入表 7.3.1 中。

表 7.3.1　2017 年悠闲居有限责任公司利润预测表

项目	金额/元
一、营业收入	5 131 680
减：营业成本	1 352 000
税金及附加	157 550
销售费用	200 000
管理费用	1 058 400
二、营业利润	
三、利润总额	
减：所得税费用	590 933
四、净利润	

【案例感悟】

利润永远是商业活动的目标，损益表反映企业生产经营活动的成果，即净利润的实现情况，创业者要看懂损益表，才能对企业的经营管理情况有一个比较清醒的认识。

7.3.4　知识链接

企业利润认知与计算

7.3.4.1　利润的含义及基本计算方法

从狭义的角度来讲，利润指收入与费用的差额以及其他直接计入损益的利得损失。从广义的角度来讲，利润就是收入与费用的差额。利润按其形成过程，分为税前利润和税后利润：税前利润也称利润总额，税前利润减去所得税费用，即为税后利润，也称净利润。

利润可以分为营业利润、利润总额、净利润三个指标，它们的计算公式分别如下。

营业利润=营业收入−营业成本−税金及附加−销售费用−管理费用−财务费用
　　　　−资产减值损失+公允价值变动收益（−公允价值变动损失）
　　　　+投资收益（−投资损失）

利润总额=营业利润+营业外收入−营业外支出

净利润=利润总额−所得税费用

应交所得税=应纳税所得额×税率−减免税额−抵免税额

应纳税所得额=收入总额−不征税收入−免税收入−各项扣除−允许弥补的以前年度亏损

对各个计算公式中计算项的说明如下。

1. 营业收入

营业收入是指企业经营业务所确认的收入总额，包括主营业务收入和其他业务收入。

2. 营业成本

营业成本是指企业经营业务所发生的实际成本总额，包括主营业务成本和其他业务成本。

3. 税金及附加

税金及附加是指由于销售应纳消费税的商品应缴纳的消费税或提供劳务应纳的营业税以及按一定比例计算应缴的城市维护建设税、教育费附加和资源税等。

4. 销售费用

销售费用是指企业在销售产品和提供劳务等日常经营过程中发生的各项费用以及专设销售机构的各项经费，包括运输费、装卸费、包装费、保险费、广告费、展览费、租赁费，以及为销售本公司商品而专设销售机构的职工工资、福利费等。

5. 管理费用

管理费用是指企业行政管理部门为管理和自制生产经营活动而发生的各种费用，包括企业在筹建期间内发生的开办费、董事会和行政管理部门在企业的经营管理中发生的或者应由企业统一负担的公司经费、工会经费、董事会费、聘请中介机构费等。

6. 财务费用

财务费用是指企业为筹集生产经营所需资金等而发生的费用，包括企业生产经营期间发生的利息支出、汇兑净损失、金融机构手续费，以及筹资发生的其他财务费用如债券印刷费、国外借款担保费等。

7. 资产减值损失

资产减值损失是指企业计提各项资产减值准备所形成的损失。

8. 公允价值变动收益（或损失）

公允价值变动收益（或损失）是指企业交易性金融资产等公允价值变动形成的应计入当期损益的利得或损失。

9. 投资收益（或损失）

投资收益（或损失）是指企业以各种方式对外投资所取得的收益（或发生的损失）。

10. 营业外收入

营业外收入是指创业项目发生的与日常活动无直接关系的各项收入，主要包括非流动资产处置利得、非货币性资产交换利得、债务重组利得、政府补助、盘盈利得、捐赠利得等。

11. 营业外支出

营业外支出是指创业项目发生的与日常活动无直接关系的各项支出，主要包括非流动资产处置损失、非货币性资产交换损失、债务重组损失、公益性捐赠支出、盘亏损失等。

营业外收入和营业外支出应当分别核算。在具体核算时，不得以营业外支出直接冲减营业外收入，也不得以营业外收入冲减营业外支出。

7.3.4.2 损益表

1. 损益表的含义

损益表也称利润表，是反映企业在一定期间的经营成果的财务报表，其依据是“利润=收入−费用”这一恒等式。损益表主要包括主营业务收入、主营业务成本、主营业务支出、税金及附加、营业费用（经营费用）、管理费用、财务费用、其他业务收入、其他业务支出、投资收益、营业外支出、营业外收入等，损益表是企业会计中的主要报表。

2. 损益表的作用

（1）它把一定时期的营业收入与同一会计期间的相关的费用相配比，计算出企业在该期间内的税后净利润。通过损益表可以考核企业利润计划的完成情况，分析企业的利润增减变化的原因，预测企业利润的发展趋势。

（2）结合资产负债表，企业在生产、经营、投资、筹资等各项活动中的管理效率和效益都可以从利润数额的增减变化中综合表现出来，据此可以分析企业资产的营运状况，为投资者及企业管理者等提供信息。

（3）损益表还是考核管理者管理绩效的依据，也是企业进行利润分配的依据，以利于企业扩大经营规模，增大后期盈利的能力。

（4）损益表可用来分析企业的盈利水平，评估企业的获利能力，并预测企业未来的现金流量。

3. 损益表的内容、构成及编制

表 7.3.2 给出了××公司××年 12 月的账户发生额。

表 7.3.2　××年 12 月账户发生额

编制单位：××公司　　单位：元

账户名称	发生额	账户名称	发生额
主营业务收入	2 000 000	税金及附加	80 000
其他业务收入	500 000	销售费用	90 000
投资收益	50 000	管理费用	110 000
营业外收入	40 000	财务费用	120 000
公允价值变动收益	10 000	资产减值损失	20 000
主营业务成本	1 200 000	营业外支出	50 000
其他业务成本	400 000	所得税费用	150 000

（1）一张完整的损益表在形式上分为表首和表体两部分内容。表首部分主要反映报表名称、报表编制单位名称、报表编制日期和货币计量单位四个要素；表体部分列出损益表的具体项目，即收入、费用和利润。

（2）损益表是按照企业利润的构成内容，分层次、分步骤地逐步计算编制而成的报表。它是根据经营活动与非经营活动对企业利润的贡献情况排列编制，通常分为以下几个步骤。

1）计算营业利润。即以营业收入为基础，减去营业成本、税金及附加、销售费用、管理费用、财务费用、资产减值损失，加上公允价值变动收益和投资收益，计算出利润总额，以反映企业营业利润的形成情况。

2）计算利润总额，即以营业利润为基础，加上营业外收入，减去营业外支出，计算利润总额，以反映出企业利润总额的形成情况。

3）以利润总额为基础，减去所得税，计算得出净利润，以反映出企业生产活动的最终财务成果的形成情况。

据此，可以根据表 7.3.2 进行如下分析。

（1）“营业收入”项目，应根据“主营业务收入”和“其他业务收入”账户的发生额之和填列，应为 2 000 000+500 000=2 500 000 元。

（2）“营业成本”项目，应根据“主营业务成本”和“其他业务成本”账户的发生额之和填列，应为 1 200 000+400 000=1600 000 元。

（3）根据上述资料，可以编制损益表（表 7.3.3）。

表 7.3.3　损益表

编制单位：××公司　　××年 12 月　　单位：元

项目	本期金额	上期金额
一、营业收入	2 500 000	
减：营业成本	1 600 000	
税金及附加	80 000	
销售费用	90 000	
管理费用	110 000	
财务费用	120 000	
资产减值损失	20 000	
加：公允价值变动收益（损失以“–”填列）	10 000	
投资收益（损失以“–”填列）	50 000	
其中：对联营企业和合营企业的投资收益		
二、营业利润（亏损以“–”填列）	540 000	
加：营业外收入	40 000	
减：营业外开支	50 000	
其中：非流动资产处置损失		
三、利润总额（亏损以“–”填列）	530 000	
减：所得税费用	150 000	
四、净利润（亏损以“–”填列）	380 000	

7.3.5 技能训练

测算项目的盈亏临界点。

某创业者准备生产一种产品，根据当时的市场情况，生产一件该产品需要耗费直接材料 50 元，工人工资 30 元，低值易耗品等变动制作费用为 15 元，生产车间固定制造费用为 200 000 元/月，销售费用中销售人员按销售件数的提成等变动销售费用为 5 元/件，固定销售费用为 150 000 元/月，管理费用中全部为固定费用为 50 000 元/月。按照当时的市场价格，每件产品销售价格为 150 元，每月的正常产销量为 10 000 件。

（1）该产品每月的销售收入为多少？

（2）生产该产品的变动成本和固定成本各为多少？

（3）该产品的利润为多少？

（4）测算项目的盈亏临界点，并根据该项目盈亏临界点对该产品的产销提出合理建议。

项目8　创业资源认知与获取

知识目标

（1）掌握创业资源含义、种类。

（2）了解创业资源的获取方式、方法。

能力目标

（1）能列出自己创业所需的资源。

（2）能找到合适的创业资源，整合创业资源。

素质目标

（1）培养学生的创新精神、大局观、规划意识。

（2）培养学生踏实认真、逻辑清晰、态度严谨的职业精神。

思政目标

（1）培养学生的爱国精神、民族自信、家国情怀。

（2）培养学生克服困难、努力奋斗的精神。

思维导图

项目分析

创业资源是指新创企业在创造价值的过程中需要的特定的资产，它是新创企业创立和运营的必要条件。创业者获取创业资源的最终目的是组织这些资源并实现创业机会、提高创业绩效和获得创业的成功。无论是要素资源还是环境资源，无论它们是否直接参与企业的生产，它们的存在都会对创业绩效产生积极的影响。

8.1 创业资源认知

8.1.1 任务实施单

任务编号	8.1	任务名称	创业资源认知
任务简介	创业需要各类资源的支持，如人才、资金、管理等，这些资源对于创业活动的顺利开展至关重要，可以说缺一不可。创业资源对于创业者的重要性就如阳光对于植物一样。本任务充分了解创业资源及其重要性，为后面的资源获取知识的学习打下一个良好的基础		
任务目标	1. 掌握创业资源的含义、种类。 2. 了解创业资源的作用		
设备环境	计算机，Office 或 WPS 办公软件		
实施专业		实施班级	
实施地点		小组成员	
指导教师		联系方式	
任务难度	初级	实施日期	年 月 日
实施内容	结合本专业特点，分析本专业创业需要哪些资源，哪些是特殊资源，有什么作用。以 PPT 文档方式完成任务		

8.1.2 任务评价单

任务编号		8.1	任务名称		创业资源认知	
评价项目				自评/分	他评/分	综合/分
课堂表现	学习态度（20 分）					
	沟通合作（10 分）					
任务完成	用专业案例分析创业资源及其重要性（70 分）					
学生签字		年 月 日	教师签字		年 月 日	
评价规准						
项目		A（≥90%）	B（80%～89%）	C（70%～79%）	D（60%～69%）	E（<60%）
课堂表现	学习态度	与老师辩论	向老师提出质疑	与老师互动交流	被动回答问题	沉默
	沟通合作	主动承担任务且富有成效，主动发起讨论	主动承担任务，主动发起讨论	主动承担小组任务	能接受小组任务，配合他人	不能参与团队合作
任务完成	用专业案例分析创业资源及其重要性	全面展示创业资源及其重要性，文档良好	全面展示创业资源及其重要性，文档较好	基本展示创业资源及其重要性，文档较好	基本展示创业资源的分类，文档一般	没能展示创业资源及其重要性，文档较差

8.1.3 案例引导

【案例描述】

蒙牛集团的创立者牛根生当年创业时，也跟很多人一样，缺一少十，可是蒙牛却跑出了火箭一般的速度：他整合工厂，整合政府农村扶贫工程，整合农村信用社资金。没运输车就整合个体户投资买车；没宿舍就整合政府出地、银行出钱、员工分期贷款。这样，农民用信用社贷款买牛，蒙牛用品牌担保农民生产出的牛奶包销，蒙牛一分钱没花，整个北方地区 300 万农民都在为蒙牛养牛。

从蒙牛的案例中可以看出：任何企业家都不可能拥有世界上所有的资源，每个人手中可支配的资源总是有限的。想要实现自己的发展目标，就必须利用自己手中可占用和支配的资源与他人交换自己所需要的资源，同时让对方也能得到他想要的资源。这就是资源整合的一个重要法则，也是作者想要传达给我们的整合思维模式。

【小组讨论】

能不能把可以利用的资源整合过来为己所用，关键在于有没有整合的思维。那么大学生拥有什么资源？如何在创业中利用好这些资源？

8.1.4 知识链接

创业资源认知

8.1.4.1 什么是创业资源

资源作为创业活动顺利开展的关键因素之一，学者们从不同的角度如经济学、管理学、组织战略等角度对其概念进行了界定，目前还没达成共识。但对创业者而言，只要对其项目的发展有所帮助的要素，都是创业资源。广义上讲，创业资源是指新创企业在创造价值的过程中需要的特定的资产，包括有形与无形的资产，它是新创企业创立和运营的必要条件，主要表现形式为创业人才、创业资本、创业技术和创业管理等。

创业资源有很多种分类方法，通常来说，创业资源可以分为人才资源、技术资源、物质资源、资金资源、管理资源和社会资源六大类别。

1. 人才资源

在企业运营的各个环节，如销售、生产、财务等，都需要高素质人才作为支撑，他们是企业的中坚力量。想要在激烈的竞争中获胜，就必须仰仗人才的力量。

2. 技术资源

技术资源是具有商业价值的科技成果、生产工艺等。很多初创企业正是凭借良好的技术基础而发展壮大的。技术对企业的可持续发展同样起着不可替代的作用。

3. 物质资源

物质资源是指企业的有形资产，如厂房、软硬件设备、原材料等，一般情况下，物质资源可以通过购买获得。

4. 资金资源

资金资源是指企业运营所需要的资金支持。开发产品、营销推广、维持企业正常运营都需要资金的支持，募集启动资金对创业者来说责无旁贷。

5. 管理资源

管理资源是指企业的各种运行机制以及管理者的管理经验和能力等。好的管理资源能使企业维持良好的运营状态，并更好地调度和使用其他资源。

6. 社会资源

社会资源即社会资本，是指企业所拥有的各类社会关系，包括创业者和创业团队成员的社会关系。社会资源通常对于获取资金和开拓市场有很大助益。

8.1.4.2 创业资源的作用

对于创业者而言，获取创业资源的最终目的是组织这些资源，利用好创业机会，获得创业的成功。无论是哪种资源，无论它们是否直接参与和影响企业的运营，它们的存在都会对创业的过程产生积极的影响。创业资源对于创业的影响是巨大的，不管是人才、资金、技术，还是管理和社会资源，都能给创业带来很大的推动作用。

1. 人才

人才是企业的基石，也是企业发展最重要的保证。没有优秀人才的加盟，初创企业将很难度过创业初期的艰难。

2. 资金

资金是一个企业的“血液”。没有启动资金，企业无法创立。企业运营时没有资金的支持，企业也将难以为继。

3. 管理

科学的管理方法是创业者和团队成员必备的技能。好的管理者能带领企业闯过艰难险阻，保持强大的战斗力。

4. 市场

没有市场，企业将无法生存。初创企业的市场资源多来自人脉关系或是自身的开拓。

5. 技术

技术是企业的宝贵资源，也是企业开拓市场的保证。对于初创公司而言，技术也可能是获取投资的重要依据。

8.1.5 技能训练

假如要在学校和在居民小区各开设一书吧，它们需要的资源是一样的吗？分别列出各自需要的资源，进行对比。

读书笔记

8.2 创业资源的获取

8.2.1 任务实施单

任务编号	8.2	**任务名称**	创业资源的获取
任务简介	对大学生创业者而言，不仅要学会从通常的渠道获取资源(如通过风投获取资金资源)，也要根据自身实际和特点去获取资源（如自筹资金或通过国家政策及学校支持获得部分资金）。本任务引导学生学会通过不同的渠道进行资源的获取		
任务目标	1．掌握创业资源的获取方法。 2．了解创业融资特点、渠道及相关融资机构		
设备环境	计算机，Office 或 WPS 办公软件		
实施专业		**实施班级**	
实施地点		**小组成员**	
指导教师		**联系方式**	
任务难度	初级	**实施日期**	年 月 日
实施内容	结合本专业创业特殊性，分析有哪些创业资源获取方法，若需融资，该怎样操作。以 PPT 文档方式完成任务		

8.2.2 任务评价单

任务编号	8.2	**任务名称**	创业资源的获取		
评价项目			**自评/分**	**他评/分**	**综合/分**
课堂表现	学习态度（20 分）				
	沟通合作（10 分）				
任务完成	用专业案例分析创业资源获取途径及融资途径（70 分）				
学生签字		年 月 日	**教师签字**		年 月 日

评价规准

项目		A（≥90%）	B（80%～89%）	C（70%～79%）	D（60%～69%）	E（<60%）
课堂表现	**学习态度**	与老师辩论	向老师提出质疑	与老师互动交流	被动回答问题	沉默
	沟通合作	主动承担任务且富有成效，主动发起讨论	主动承担任务，主动发起讨论	主动承担小组任务	能接受小组任务，配合他人	不能参与团队合作
任务完成	**用专业案例分析创业资源获取途径及融资途径**	全面展示创业资源获取途径及融资途径，文档良好	全面展示创业资源获取途径及融资途径，文档较好	基本展示创业资源获取途径及融资途径，文档较好	基本展示创业资源获取途径及融资途径，文档一般	没能展示创业资源获取途径及融资途径，文档较差

8.2.3 案例引导

【案例描述】

20 级网络技术专业的巫同学在校期间与同学创办了瓜皮传媒有限公司，公司的创始团队是一群因热爱摄影而相识的小伙伴。他们在初期共投入 10 万元用于设备与运营，在这个阶段拍摄了一些高质量的作品发布在媒体上，其中有一篇作品在 B 站有百万播放量，他们接到了来自 B 站的拍摄业务。这一连锁反应使创始团队获得了很大的正反馈，在发展过程中认识了一位投资人，拿到了 50 万元的初创投资。这个阶段团队开始进行系统化的技能学习，建立公司架构，同时认识了一些行业内成熟的公司，向他们请教，并寻求业务层面的合作。公司也完成了初步的体制化建设与责任划分，建立了以制片部、运营部、商务部、财务部为核心的公司架构。现在瓜皮的大部分业务都是通过私域与客带客的形式获取的。目前为止瓜皮已经累计服务了上百位客户，包括亚马逊跨界电商、国内电商、线下实体店用户、自有品牌与工厂等，下一个阶段将开发自有项目与独立 IP，进一步尝试电商方向的业务。

巫同学说："这一路走来，给我们留下最深印象的，是与投资人第一次见面的那个晚上，他在和我们接触之后，聊到他看到我们就像看到了他自己曾经的样子，他也希望自己能够帮助像我们一样的年轻人去做成一些事情。我们倍受触动，也让我们定下一个目标。希望将来的自己也能成为这样的角色，把这份力量传递下去，这将是我们不变的初心。"

【案例感悟】

在创业过程中所需要的创业资源在每个阶段都不一样，要与时俱进，谋划公司发展战略，做好创业资源的储备。

8.2.4 知识链接

创业资源的获取

8.2.4.1 创业资源的一般获取途径

对于大学生而言，创业所需要的资源很多。但资源的多少并不是创业成败决定性因素，获取资源的能力才是对大学生创业的考验。初看上去大学生创业几乎是"一穷二白"，什么资源都没有。但实际情况并非完全如此。在校期间就是锻炼自己拓展资源能力的最佳时期。比如，刚入学时的学生几乎没有任何社会资源和经历，但在暑期打工和企业实习的过程中可以获得收获；技术也是一样，可以通过校内外的学习获得；而管理经验则可以通过社团或者学生组织的管理来体悟，了解一些初步的管理方法和其效果等。如果立下了创业的决心，就必须时刻关注创业的资源，并积极锻炼自己获取资源的能力。

创业资源的获取对于大学生创业而言至关重要。相对于已经步入社会的创业者来说，大学生创业者在经验、技术、资金等方面存在一定的劣势，大学生获取资源关键是要积极拓展社会关系，并充分利用一些有利的条件（如国家政策支持）。

1. 人才资源的获取

大学生创业者获取人才资源的渠道一般是通过同学及亲友，而这并不足以让大学生获得优秀的人才。大学生应该积极参与各类创业沙龙和其他一些社会活动，依照人才遴选的标准（注重性格与才能的互补等）进行审慎观察和选择。

2. 技术资源的获取

技术资源相对而言是大学生创业者更容易获得的资源。学校中有很多有技术专长的人，也有足够的学习和成长空间。我们要好好利用这一时期，学习好、掌握好优异的技能，或是寻找有一技之长的合作伙伴。

3. 物质资源的获取

物质资源大部分都可以通过资金来解决，我们同样也可以利用一些自身的条件获取。比如有条件的同学可以将公司注册和办公地点放在家中，或者利用学校和政府的支持，在孵化基地或是创客中心争取到场地和其他物质资源。

4. 资金资源的获取

大学生创业者通常都是通过自己或亲友筹集资金，或是利用国家和学校的扶持得到优惠贷款或直接资金支持。参加创业大赛是一个不错的办法，奖金可以为企业带来一定的资金，通过展示也能获得风投的关注。直接寻求风投支持难度较大，但一些条件不错的项目可以考虑这个办法。

5. 管理资源的获取

管理资源是大学生创业者面临的大难题。因为大学生创业者通常专注于专业学习，对企业管理的相关知识和实际运用不够熟悉，另外社会经验不足也直接导致了管理经验和能力的欠缺。这要求我们积极在社会上磨炼自己，从企业实习或打工等渠道学习和了解管理制度和技巧。

6. 社会资源的获取

大学生的社会关系一般较为单一，这对于社会资源的获取是相当不利的。我们应当充分利用互联网，认识志同道合的“同道中人”，尤其是资源提供者、投资人以及具有丰富经验的先行者，他们对于创业事业的倾力开展有巨大的推动作用。

8.2.4.2 创业融资

创业融资是指创业者为了生存和发展的需要，筹集资本和运用资本的活动，包括新创企业从创意种子期到创业生产期发生的一系列融资行为。企业初创期由于缺乏盈余能力而需要不断地投入资金以维持其正常的运转。当企业步入正常发展轨道，为在竞争中立足，又会面临扩大规模、上效益、创新等任务，此时的融资又会被提上议事日程。因此，企业从最初建立到发展、壮大整个过程中都要经历融资、投资、再融资的循环过程，创业融资伴随新创企业发展的整个过程。

创业融资渠道即创业者筹集创业资金的途径，尽管可供使用的外部经济资源很多，但由于每次融资行为都有其自身的特征，而且创业融资渠道也存在各自的限制条件，这些都将决定企业在创业融资过程中能够或应该采取什么样的融资渠道。

1. 私人资本融资

（1）个人积蓄也称自我融资，这是企业创建初期的一个重要的资金来源。研究者发现，70%的创业者依靠自己的资金为新企业提供融资。即使是具有高成长潜力的企业，在很大程度上都依赖创业者的存款提供最初的资金。例如，蒙牛的创业资金就是几个创始人卖掉股票凑的。

（2）向亲朋好友筹措资金。对于创业者来说，亲朋好友是他们选择的第二个融资渠道，也是常见的启动资金源。当陷于资金困境时，人们首先想到的同时也是最先能向自己伸出援助之手的，是亲戚和朋友。国际金融公司对北京、成都、顺德、温州四个地区的私营企业做过调查，结果显示：我国的私营中小企业在初始创业阶段几乎完全依靠自筹金，90%以上的初始资金都由主要的业主、创业团队成员及家庭提供，银行和其他金融机构贷款所占的比重很小。

创业者和亲戚朋友之间的融资弊端也是显而易见的，即容易出现纠纷。如往往存在手续不完善的情况，较少有物质抵押而且信誉难保。对此，聪明的创业者在利用这种途径融资时一定会认真考虑一系列潜在问题，达成书面协议，将所有的融资细节如金额、偿还方式、利率、还款日期、抵押品以及万一企业破产后的偿还方等注明。同时，要向亲戚朋友明确传递公司的目标，确保他们明白自己的资金将用于公司的日常经营。而且，要经常与亲戚朋友交换对潜在问题的看法，尽早消除彼此之间的顾虑，有助于减少以后产生的问题。总之，向亲戚朋友借钱时，一定要进行周全考虑，小心谨慎，因为亲戚朋友是无可替代的。

（3）天使投资是个人或非正式机构出资协助原创项目或小型初创企业对其进行一次性前期投资的一种投资形式。被投资的原创项目或小型初创企业一般拥有某种专门技术或独特概念，这是其受天使投资青睐的前提。

2. 机构资本融资

（1）风险投资。风险投资是典型的股权融资形式，与其他股权融资方式不同，风险投资更看重企业未来的发展，因而对投资项目的考察是所有投资方式中最为客观和严格的。对中小企业而言，风险投资为企业长远发展提供了市场化的资金支持，降低了创业者所承担的风险程度。要获得风险投资的支持，创业者需要直接向风险投资机构申请或通过从事此类业务的中介机构来获取，同时，创业项目应当有好的盈利预期和市场前景、准备充分的商业计划书、优秀的创业团队。

一般而言，无论选择天使投资还是风险投资的融资方式，比较恰当的股权结构是由创业者和他的团队拥有相对多数的股权比例，然后才由天使投资人与风险投资人拥有次多的股权比例，最后剩余的少部分再邀请策略性企业投资人参与认股。这样的股权结构最有利于创业者与创业精神的发挥，尤其能使创业投入与创业利益最紧密地结合。

（2）银行贷款。银行贷款也是中小企业最普遍尝试的融资途径，但其成功率非常低，因为中小企业经营状况的高风险性与行业的审慎原则显著冲突，银行在贷款过程中过于注重抵押物，因此中小企业从金融机构贷款数量受到很大限制。所以对于新创业企业而言，可以选择由政府担保的“小额贷”，但当企业发展到一定阶段，具有一定的信誉、资产或其他担保时，银行贷款也成为创业资金的主要来源之一。

（3）信用担保体系融资。从 20 世纪 20 年代起，许多国家为了支持本国中小企业的发展，先后成立了为中小企业提供融资担保的信用机构。我国从 1993 年开始设立专业性担保公司，担保公司由此作为一个独立行业出现。信用担保是指由专门的信用担保机构为中小企业向银行提供贷款保证服务，接受担保服务的中小企业向信用担保机构缴付一定担保费用的担保方式。信用担保是一种信誉证明和资产责任保证结合在一起的中介服务活动。它介于商业银行和企业之间，担保人对商业银行做出承诺，为企业提供担保，从而提高企业的资信等级。信用担保机构的建立对缓解我国中小企业融资难问题起到了积极的作用。

3. 政府创业扶持基金融资

近年来，国家大力倡导创新创业，各级政府出台了一系列相应的创业扶持政策，特别是针对大学生创业的扶持政策，如大学生创业税费减免、创业担保贷款和贴息、创业补贴等。各省、自治区、直辖市均有专门成立的大学生创业扶持基金，以及大学生创业大赛项目平台，除了提供奖金、大学生创业服务外，还为大学生提供创业信息、就业创业培训等。企业的注册、财务、税务、管理、运营等问题，均可以从中得到不同程度的解决。

4. 互联网平台融资

（1）互联网金融。利用互联网金融筹资方便快捷，资金几分钟就能到达账户。支付宝、微信和 P2P 借贷是目前互联网金融平台上比较火爆的借贷方式，但在 2013 年大量 P2P 公司跑路倒闭，对创业者而言，这些风险也需要考虑。

（2）众筹是指用“团购+预购”的形式，向网友募集项目资金的模式。众筹利用互联网传播的特性，让个人可以向公众展示他们的创意，争取大家的关注和支持，进而获得资金援助。

8.2.4.3 国内知名风投机构

在我国近十多年的创业大潮中，有很多风投机构积极投身其中，以其精准的眼光和雄厚的实力为广大创业者提供了腾飞的翅膀。

1. DCM

DCM（Delta Capital Markets Ltd）即戴盛资本，是一家专注早期投资的美国风险投资公司，也是全球顶级风投机构。它帮助了许多企业家们创建了众多世界级的高科技公司。国内投资项目有 58 同城、前程无忧、当当网等。

2. 中国 IDG 资本

IDG（IDG Capital Partners）资本于 1993 年开始在中国进行风险投资，是最早进入中国的国际投资机构之一。截至 2013 年，IDG 资本已在中国扶植了 300 余家中小型高新企业，其中超过 70 家企业在中国及海外市场上市或实现并购。

3. 北极光创投

北极光风险投资（NLVC）是一家中国概念的风险投资公司，专注于早期和成长期技术驱动型的商业机会。北极光先后在高科技、新媒体、通信、清洁技术、消费及健康医疗等领域投资近百家公司。

4. 红杉资本中国基金

红杉资本于 1972 年在美国硅谷成立，作为第一家机构投资人投资了苹果、谷歌、思科、雅虎、甲骨文等众多领导潮流的创新型公司。红杉中国的投资组合包括新浪网、阿里巴巴集团、京东商城、唯品会、豆瓣网、诺亚财富、高德软件、乐蜂网、奇虎 360 等。

5. 经纬中国

经纬中国正式成立于 2008 年，关注的投资领域主要包括移动社交、交易平台、智能硬件、互联网教育、垂直社区、文化、医疗、互联网金融等。经纬在国内投资的企业包括陌陌、快的、饿了么、猎聘网、36 氪、猎豹移动等。

6. 晨兴资本

晨兴资本于 1992 年开始投资中国大陆的高科技、媒体、通信和生命科技等各类项目。创立以来，晨兴资本致力于帮助初创和成长型高科技企业，不仅向创业者们提供长期的风险投资，而且向他们提供管理支持。

8.2.5　技能训练

李同学在居民社区附近拟开设 1 家便利店，需要资金 10 万元，而自己手中有 5 万元，缺口 5 万元，需要进行融资。从以下融资方式中选择一种融资方式或多种组合融资方式，设计一个融资方案。

融资方式之一：向个人借款。

向亲属、朋友借款，它适合简单生产经营和资本积累的初期。

融资方式之二：股东“融资”。

寻找合适的投资合伙人，牺牲一部分利益给别人，以换取一定资金，达到能开始经营和获利的目的。为吸引投资者，可采取股东置换的方式，换原合伙人以达到经营资金充足、保证经营的目的。

融资方式之三：会员制。

采取会员制融资的人一般有较好的无形资产或较特殊的实际资产。

融资方式之四：向银行贷款。

银行实施的一般为小额抵押贷款，以未到期的定期存单为抵押（人民币、外币存单均可），从银行取出一定金额，到期一次性归还。要想从银行拿到贷款，首先创业者要有资产，包括不动产和存单。

融资方式之五：典当。

到典当行把自己的资产抵押，从典当行拿出资金。资产种类不受限制，大到房产、汽车，小到珠宝、首饰、服装等，只要典当行认为还值些钱的均可典当。

你会选择哪种方式？为什么？你还有别的融资方式吗？结合自己情况谈一谈。

项目 9　创业计划认知与训练

知识目标

（1）掌握创业计划书含义、组成部分、写作要求。
（2）理解创业企业选名、选址方法。
（3）掌握路演的基本方法和技巧。

能力目标

（1）能写出一份创业计划书，并能路演。
（2）学会给自己的虚拟公司选名、选址。

素质目标

（1）培养学生的团队合作精神、大局观和规划意识。
（2）培养学生踏实认真、逻辑清晰、态度严谨的职业精神。

思政目标

（1）培养学生的爱国精神、民族自信、家国情怀。
（2）培养学生克服困难，努力奋斗的精神。

思维导图

项目分析

大学生在创业过程中，某一有前景的新产品或服务想要获得投资者的支持，就必须能撰写一份好的创业计划书（商业计划书），还要能掌握路演技巧和方法；企业名称对企业形象有重大影响，好的名字可以提升企业的无形价值；企业选址对于不同行业有不同作用，需要仔细研究其中的影响因素。本项目将引导大学生完成创业计划书的撰写、创业路演、企业选名和选址等方面的任务，帮助学生更好的创业。

9.1　创业计划书（商业计划书）

9.1.1　任务实施单

任务编号	9.1	任务名称	创业计划书（商业计划书）
任务简介	一份完美的创业计划书（商业计划书）不但会增强创业者的自信心，也会增强风险投资人、合作伙伴、员工对创业者的信心，这些都是创业成功的基础。本任务要求写出创业计划书的摘要，在此基础上完成整个创业计划书的撰写		
任务目标	1．理解计划书（商业计划书）结构、内容、各部分的写作要求。 2．自己动手写一份计划书（商业计划书）简述页		
设备环境	计算机，Office 或 WPS 办公软件		
实施专业		实施班级	
实施地点		小组成员	
指导教师		联系方式	
任务难度	初级	实施日期	年　月　日
实施内容	1．结合本专业内容，写一份计划书简述文档，要求按照创业计划书的格式、基本结构等完成。 2．能根据不同对象（校内竞赛、校外风投）制作针对性的计划书		

9.1.2　任务评价单

<table>
<tr><td colspan="2">任务编号</td><td>9.1</td><td>任务名称</td><td colspan="3">创业计划书（商业计划书）</td></tr>
<tr><td colspan="4">评价项目</td><td>自评/分</td><td>他评/分</td><td>综合/分</td></tr>
<tr><td rowspan="2">课堂表现</td><td colspan="3">学习态度（20 分）</td><td></td><td></td><td></td></tr>
<tr><td colspan="3">沟通合作（10 分）</td><td></td><td></td><td></td></tr>
<tr><td rowspan="2">任务完成</td><td colspan="3">完成一份与本专业相关联的创业计划书摘要（30 分）</td><td></td><td></td><td></td></tr>
<tr><td colspan="3">完成一份与本专业相关联的创业计划书（40 分）</td><td></td><td></td><td></td></tr>
<tr><td>学生签字</td><td colspan="2"></td><td>年　月　日</td><td>教师签字</td><td></td><td>年　月　日</td></tr>
<tr><td colspan="7">评价规准</td></tr>
<tr><td colspan="2">项目</td><td>A（≥90%）</td><td>B（80%～89%）</td><td>C（70%～79%）</td><td>D（60%～69%）</td><td>E（<60%）</td></tr>
<tr><td rowspan="2">课堂表现</td><td>学习态度</td><td>与老师辩论</td><td>向老师提出质疑</td><td>与老师互动交流</td><td>被动回答问题</td><td>沉默</td></tr>
<tr><td>沟通合作</td><td>主动承担任务且富有成效，主动发起讨论</td><td>主动承担任务，主动发起讨论</td><td>主动承担小组任务</td><td>能接受小组任务，配合他人</td><td>不能参与团队合作</td></tr>
</table>

续表

评价规准						
项目		A（≥90%）	B（80%～89%）	C（70%～79%）	D（60%～69%）	E（<60%）
任务完成	完成创业计划书摘要	能独立并帮助他人按格式和内容要求圆满完成创业计划书摘要，内容充实	能独立并帮助他人按格式和内容要求基本完成创业计划书摘要	能独立地按格式和内容要求基本完成创业计划书摘要	在他人帮助下，能按格式和内容要求基本完成创业计划书摘要	不能完成创业计划书摘要
	完成创业计划书	能独立并帮助他人按格式和内容要求圆满完成创业计划书，内容充实	能独立并帮助他人按格式和内容要求基本完成创业计划书	能独立地按格式和内容要求基本完成创业计划书	在他人帮助下，能按格式和内容要求基本完成创业计划书	不能完成创业计划书

9.1.3 案例引导

问题 1：为什么要写创业计划书？写给谁看？有什么作用？

【案例描述 1】

小明毕业后和几位志同道合的朋友自主创业开办了公司，公司前期运营取得了初步成功，但是没多久公司发展遇到了瓶颈，需要加大投入，但是小明和几位股东都没有更多的资金投入了。经朋友介绍认识了几位投资人，投资人要求小明就本公司的业务写一份商业计划书给他先看看。小明之前从未接触过商业计划书，于是着急上百度查找如何写。（写给投资人）

【案例描述 2】

小刘在校期间成绩优秀，社会实践经验丰富，在社会实践过程中发现了商机，经过自己和他人帮助觉得找到了好项目，但是苦于资金有限，在老师的引导下决定参加“互联网+”大学生创新创业大赛，参加大赛需要撰写创业计划书。（写给大赛评委）

问题 2：创业计划书的摘要是精华，该如何撰写？

【案例描述 3】一页纸的计划摘要

项目简介：本公司着力打造“人与自然”和谐共处的居住环境。随着社会经济的发展，人们的居住条件得到了改善，但生存环境却在不断恶化，尤其是装修污染问题日益严重。目前，绝大部分新装修的房屋的室内环境都达不到国家环保的标准，而由于室内空气污染引起的支气管炎、肺癌、呼吸道疾病及白血病患者的数量也在不断增加。因此，如何通过室内绿化设计来美化环境、消除污染将成为人们在装修时最关注的问题。

产品介绍：通过室内绿化项目，消费者可以在健康与舒适的环境中生活，同时还能减少因室内空气污染而引发的疾病。

项目进展：项目初始投资 100 万元。经过 3 年的发展，公司营业收入及利润将每年递增，第 5 年营业收入将达到 460 万元，税后利润达到 120 万元。

竞争优势：绿化环保产业是国家重点扶持和重点发展的产业。目前，市场上还没有将室内绿化设计与植物的特效功能（如吸收有害气体等）联系在一起的公司，该领域处于市场空白阶段。另外，地方政府对该产业有相关补贴政策。

团队介绍：创业团队由一群充满激情与创新精神的大学生组成，该团队拥有园林植物与观赏园艺专业的研究生、技术经济及管理专业的研究生，以及植物相关专业的本科生。其中，团队创始人还取得了初级室内设计师证书。

【案例感悟】

常言道，兵马未动，粮草先行。创业计划书除了对项目进行深刻分析外，还能够让合作伙伴知道是做什么，要准备怎么做，发展前景如何等信息。有了一份详尽的创业计划书，就好像有了一份业务发展的指示图，它会时刻提醒创业者应该注意什么问题，规避什么风险，并最大程度地帮助创业者获得来自外界的帮助。

9.1.4　知识链接

创业计划书
（商业计划书）

9.1.4.1　创业计划书的含义与作用

创业计划书也称为商业计划书，是创业者在初创企业成立之前就某一项具有市场前景的新产品或服务，向潜在投资者、风险投资公司、合作伙伴等游说以取得合作支持或风险投资的可行性商业报告，用来描述创办一个新企业时所有的内部和外部要素：从企业成长经历、产品服务、市场、营销、管理团队、股权结构、组织人事、财务、运营到融资方案。只有内容翔实、数据丰富、体系完整、装订精致的创业计划书才能吸引投资商，让他们看懂项目商业运作计划，才能使融资需求成为现实。创业计划书的质量对创业者的项目融资效果至关重要。

一般而言，创业计划书具有如下三个方面的作用。

（1）使创业者整体把握创业思路，明确经营理念。

（2）帮助创业者凝聚人心，有效管理业务。

（3）宣传本企业，并为融资提供良好的基础。

一份完美的创业计划书不但会增强创业者自己的信心，也会增强风险投资家、合作伙伴、员工、供应商、分销商对创业者的信心。而这些信心，正是企业走向创业成功的基础。

创业计划书的编写一般是按照相对标准的文本格式进行的，是全面介绍企业或项目发展前景，阐述产品、市场、竞争、风险及投资收益和融资要求的书面材料。书面的创业计划书是创业企业的象征和代表，它使创业者与企业外部的组织及人员得以良好的沟通，是企业进行对外宣传的重要工具。

9.1.4.2　创业计划书写作技能训练

1. 创业计划书的格式要求

（1）字型：大标题用小 3 号黑体，中标题用 4 号黑体，小标题用 4 号楷体，正文用小 4 号宋体。

（2）纸型：统一用 A4 纸，左侧装订。

（3）页边距：上 2.6cm、下 2.6cm、左 3.0cm、右 3.0cm。

（4）行距：1.5 倍行距。

（5）结构层次序数："一""（一）""1.""（1）"。

（6）每一章（部分）使用分页符另起一页。

（7）图、表居中显示，标题和内容为 5 号宋体，图的标题在图的下面，表的标题在表的上面。

（8）每段起始空两汉字格，每段行数为 3～6 行，每段间隔 1.5 倍行距。

2. 创业计划书的精华部分——摘要

创业计划书摘要的篇幅控制在一页纸，最多两页纸内，摘要内容参考如下。

（1）公司基本情况：主要包括公司名称、成立时间、注册地区、注册资本，主要股东、股份比例、主营业务，公司的地点、电话、传真、联系人等。

（2）主要管理者情况：主要包括姓名、性别、年龄、籍贯、学历/学位、毕业院校、政治面貌、行业从业年限、主要经历和经营业绩等。

（3）产品/服务描述：主要包括产品/服务介绍、产品技术水平、产品的新颖性、产品的先进性和独特性、产品的竞争优势等。

（4）研究与开发：主要包括已有的技术成果及技术水平、研发队伍技术水平、竞争力及对外合作情况、已经投入的研发经费及今后投入计划、对研发人员的激励机制等

（5）行业及市场：主要包括行业历史与前景、市场规模及增长趋势、行业竞争对手及本公司竞争优势、未来 3 年市场销量的预测等。

（6）营销策略：主要包括在价格、促销、建立销售网络等各方面拟采取的策略及其可操作性和有效性，对销售人员的激励机制等。

（7）产品制造：主要包括生产方式、生产设备、质量保证、成本控制等。

（8）管理：主要包括机构设置、员工持股、劳动合同、知识产权管理、人事计划等。

（9）融资说明：主要包括资金需求量、用途、使用计划、拟出让股份、投资者权利、退出方式等。

（10）财务预测：主要包括未来 3 年或 5 年的销售收入、利润、资产回报率等。

（11）风险控制：项目实施可能出现的风险和拟采取的控制措施等。

创业计划书摘要根据不同项目的实际情况，可以适当进行删减或补充。

3. 创业计划书的主要内容及模板

创业计划书基于具体的产品、技术、概念产品或服务，着眼于特定的市场、竞争、营销、运作、管理、财务等方面，阐述创立公司的过程并说明所需资源。文字表述应条理清晰、重点突出、力求简洁，相关数据科学、真实、准确，理想篇幅为 20～40 页 A4 纸。

（1）竞赛适用的创业计划书模板。近几年来，面向大学生的创业计划竞赛非常多，一份出色的计划书可以吸引观众，激发评委的兴趣，对提高比赛成绩起决定性作用。可以采用表 9.1.1 的模板，当然由于创业项目不同，模板的内容也应该做相应的调整。

表 9.1.1 竞赛适用的创业计划书模板

板块	具体内容
一、保密协议	
二、执行总结	①公司概述；②产品介绍；③市场分析与营销；④组织与人力；⑤投资与财务
三、产品介绍	①产品概述；②产品优点；③产品研发与延展
四、市场分析	①宏观微观环境分析；②市场竞争分析、发展趋势预测；③SWOT 分析图解；④问卷调查数据整理及分析

续表

板块	具体内容
五、营销策略	①营销目标；②前期市场进入策略；③成熟期市场扩大化策略；④阶段性创意营销活动
六、商业模式	①公司商业模式画布；②商业模式的创新途径
七、公司战略与体系	①公司总体战略；②技术创新战略、人才培养战略等；③公司组织形式；④企业文化、管理方式及创新机制
八、生产运营管理	①公司选址及布局；②产品研发与生产；③产品前景规划；④运营管理、物流管理、质量管理等
九、创业团队	①团队简介；②团队成员分工；③团队顾问
十、投融资及财务分析	①投资估算；②资金筹措方案；③股本结构与规模；④财务指标分析；⑤财务报表分析
十一、风险分析及其应对方案	①政策风险其应对方案；②市场竞争风险其应对方案；③技术风险其应对方案；④公司运营风险其应对方案；⑤财务风险其应对方案
附录	专利、专利授权书、资质计量认证证书、业绩证明、安全运行证明、获奖证书、订货合同书、支持本团队创业证明、调查报告等

（2）企业适用的创业计划书模板。一份好的创业计划书不仅是企业行动的指南，也能够吸引投资者的关注。在创业实践中，存在各种创业计划书的模板，要根据创业计划书的目的、意义和作用来确定创业计划书的具体内容，表 9.1.2 是一份常见的适用于企业的创业计划书模板。

表 9.1.2 企业适用的创业计划书模板

板块	具体内容
一、经营计划概要	①企业名称与经营团队介绍；②市场细分、目标市场与定位；③资金需求的时机与运用方式；④未来融资需求及时机；⑤财务计划；⑥人力资源和组织机构设计
二、企业简介	①企业成立时间、法律形式与发起人；②企业股东结构，包括股东背景资料、股权结构；③企业发展战略；④企业主要产品与经营范围；⑤企业核心竞争力
三、组织与管理	①经营管理团队的构成；②企业拥有的成功经营经验与优秀的组织管理能力；③企业的组织结构，以及未来组织结构的可能演变；④人力资源发展与培训计划；⑤薪酬管理
四、产品与行业	①整个行业的发展状况；②产品的发展阶段（包括创意、原型、量产）、开发过程，是否已具有专利；③产品的主要功能、特性、附加价值，以及具有的竞争优势；④企业产品与其他竞争性产品的优劣势比较
五、市场分析	①市场调查情况分析；②过去、现在以及未来的市场需求与市场成长潜力；③企业可能占有的市场份额；④过去、现在以及未来的公司销售量、市场发展情形、市场占有率变化情形；⑤主要目标顾客的消费特征；⑥说明市场上的主要竞争者，包括竞争者的市场占有率、销售量、排名等；⑦说明其他替代性产品的情形，以及未来因新技术发明而威胁到现有产品的可能性与后果，并提出对策
六、营销策略	①产品策略，包括新产品研发，品牌和包装策略；②定价策略，包括定价目标、定价方法、价格调整等；③渠道策略，包括渠道的长度和宽度设计、渠道评价与管理等；④促销策略，包括人员推销、广告、公共关系、营业推广等

续表

板块	具体内容
七、生产制造计划	①建厂计划，包括厂房地点、设计，以及所需时间与成本；②制造与加工工艺；③物料需求结构、主要原料及零配件的来源和成本控制；④产品的质量管理；⑤委托其他厂家进行外制与外包管理；⑥制造设备的需求，包括设备厂商与规格功能要求；⑦产品各项固定成本与变动成本，以及详细生产成本的预估
八、财务计划与投资报酬分析	①公司过去财务状况，包括过去三年期间的资产负债表、利润表的比较，以及过去融资来源与用途，并提供财务分析统计图表，指出统计图表异常处，同时也应说明所使用的会计方法；②提供融资后的财务预估，编制的原则是第一年的财务预估须按月编制；第二年按季编制；第三年按年编制；最后三年按年编制，并且应说明每一项财务预估的基本假设和会计方法；③提供未来五年损益平衡分析（或敏感性分析）和投资报酬率预估；④说明未来融资计划，包括融资时机、金额与用途；⑤说明投资者回收资金的可能方式、回收期等
九、风险评估	列出企业在经营过程中可能的风险因素，主要是管理风险、市场风险和财务风险等，以数据方式衡量风险对投资计划的影响，并提出控制风险的对应策略
十、结论	综合前面的分析与计划，说明企业整体竞争优势，并指出整个经营计划的利基所在，尤其强调投资方案可预期的远大市场前景，以及对于投资者可能产出的显著回报
十一、证明资料	①附上能够证实前述各项计划的资料（市场调查表、报告等）；②附上详细的制造流程与技术方面资料；③附上各种参考体的佐证资料（用户使用证明、资信证明等）

4. 创业计划书的检查

在创业计划书写完之后创业者最好再对计划书检查一遍，一方面可以看是否有些关键的内容遗漏了，创业计划书是否准确表达了自己的真实想法和意图，另外一方面还可以站在投资者的角度来看该计划书是否能准确回答投资者的疑问，争取投资者对本企业的信心。通常可以从表 9.1.3 列出的几个方面来检查创业计划书。

表 9.1.3　创业计划书的检查

检查内容	具体内容分析
是否能够显示出经营管理经验	明确说明自己具有丰富的经营管理经验，即使缺乏也要有相关的解决方法
是否有完整的市场调查、市场分析与预测	让投资人相信市场分析很扎实，产品需求是真实可信的
是否有良好的资金运营方案和风险控制	让投资者相信资金运营是稳健的，风险是可控的
是否有技术创新、产品创新和市场创新	让投资者相信产品或服务有竞争对手没有的核心优势
附件上的材料是否完备	附件上的材料是为了证明计划书是可信赖的
是否在排版、文案写作上有瑕疵	排版、文案写作上的瑕疵会给投资者留下不快

创业计划书撰写人在检查创业计划书时，还要避免那些让投资者（或阅读者）感到担心或者不快的错误，表 9.1.4 就是创业计划书中常见的错误。

表 9.1.4　创业计划书中常见的错误

序号	错误表现	投资者（或阅读者）反应
1	创业计划书凌乱，不专业，逻辑性不强	他们就是一群业余人，不要多做指望
2	创业计划书花里胡哨	他们可能更重视表面工作，或许还想隐瞒情况
3	产品说不清楚，好像哪里都能用	产品有没有研发出来，有没有特色
4	市场环境分析很少，没有支撑材料	可能他们根本就没有调查，或者天性乐观
5	团队成员工作说不清楚，好像都是万能的	可能这个团队是临时拼凑的
6	财务预期上夸大其词，不合逻辑	可能认为天上会掉馅饼，或者根本就不懂财务
7	错字连篇，排版随意	可能他本身就是一个随意和马虎的人

9.1.5　技能训练

选择一个项目计划书，小组讨论它的优缺点，并进行优化。

读书笔记

9.2 路演认知与训练

9.2.1 任务实施单

任务编号	9.2	任务名称	路演认知与训练
任务简介	进行商业计划书推介最好的方式就是路演，路演可以将创业者的想法推介出去，增强投资者的信心，使商业计划书有“用武之地”。本任务要求制作一份路演 PPT，并进行小组路演		
任务目标	按要求完成路演 PPT		
设备环境	计算机，Office 或 WPS 办公软件		
实施专业		实施班级	
实施地点		小组成员	
指导教师		联系方式	
任务难度	初级	实施日期	年 月 日
实施内容	结合本专业内容，以 9.1 的计划书内容为基础，制作一份路演 PPT，并汇报		

9.2.2 任务评价单

任务编号		9.2		任务名称		路演认知与训练
评价项目				自评/分	他评/分	综合/分
课堂表现	学习态度（20 分）					
	沟通合作（10 分）					
任务完成	制作一份路演 PPT，并汇报（70 分）					
学生签字		年 月 日	教师签字		年 月 日	
评价规准						
项目		A（≥90%）	B（80%～89%）	C（70%～79%）	D（60%～69%）	E（<60%）
课堂表现	学习态度	与老师辩论	向老师提出质疑	与老师互动交流	被动回答问题	沉默
	沟通合作	主动承担任务且富有成效，主动发起讨论	主动承担任务，主动发起讨论	主动承担小组任务	能接受小组任务，配合他人	不能参与团队合作
任务完成	制作一份路演 PPT，并汇报	能独立并帮助他人按格式和内容要求制作 PPT，内容充实，圆满完成汇报	能独立并帮助他人按格式和内容要求制作 PPT，基本完成汇报	能独立按格式和内容要求制作 PPT，基本完成汇报	在他人帮助下，能按格式和内容要求制作 PPT，基本完成汇报	不能完成汇报

9.2.3　案例引导

【案例描述】

动漫设计专业的张小朴由于专业技能过硬，毕业后许多动漫企业都向他抛出了橄榄枝，但他都没有动心，组建了自己的创业团队。经过几个月的调研，团队撰写了一份关于动漫工作室运营的商业计划书。商业计划书做好后，为了使其能付诸实践，就需要将商业计划书推介给投资者，也就是进行路演。

张小朴做好了充分的路演准备，反复操练路演 PPT 的播放。但在实际演讲时，由于太紧张，在整个演讲过程中不断出现“嗯”或“啊”这样的赘语，而且演讲思路不清晰，没有陈述清楚该项目最大的价值。不难想象，路演以失败告终。

【案例感悟】

通过路演可以进一步梳理和优化项目解决方案，但更重要的是获取资金及资源支持，因此必须要抓住路演的机会进行充分的项目推介。路演可以体现赛道的天花板高不高、解决需求的痛点真不真、方案提升体验显不显著以及创始人有没有成功人士的特质等方面的问题。

9.2.4　知识链接

路演认知与训练

9.2.4.1　路演的含义和主要形式

路演是指在公共场所进行演说、演示产品、推介理念，以及向他人推广自己的企业、团队、产品和想法的一种方式。路演可以让投资者真正读懂企业的项目，从而做出更为准确的判断。

路演的主要形式是举行推介会。在推介会上，创业者需要向投资者就企业的产品、发展方向、盈利模式等做详细介绍，充分阐述企业的投资价值，让投资者能深入了解具体情况，并能准确回答投资者所关心的问题。

9.2.4.2　路演的五大要素

不管是线上还是线下路演，最终目的就是让创业者和投资者双方进行高效对接。在路演前，创业者需要事先做好准备，以向投资者充分展示企业的产品或服务。那么，要想路演成功，就要学会合理处理以下五大关键要素。

1. 有一个大愿景

创业者需要展示一个吸引人的大愿景，告诉投资者企业未来的发展方向。通常来说，首次创业的人通常抱有的愿景都比较小，但要想成功，应尽可能把它合理放大，并让它变得更加吸引人。一开始，创业者表达自己的愿景时可能会感到一些紧张，甚至会有些不安，但创业者切忌将这些情绪表现出来，应尽量表现出自信、热情的精神面貌。

2. 详细解释如何使用投资

当投资者打算出资时，通常会询问创业者如何使用这笔投资，此时就需要一个详细的财务规划，在时间上至少应涵盖未来三年，其中不仅应包含企业的运营成本，还应包含企业的收入增长率、利润等。最重要的是创业者需要了解不同部门的资金使用情况，以及每一个创业项目的资金使用情况。如果创业者已经有了一个可预知投资回报率的营销策略，也需要详细地向投资者陈述清楚。

3. 展现竞争力

无论创业项目的产品或服务是否已经产生收入，创业者都需要在路演时向投资者展示出该产品或服务已经拥有的竞争力。如果项目已经产生了收入，且发展速度很快，那么一定要在路演时展示出来。如果暂时还做不到这一点，创业者可以在所有的业务指标里面找一个最具发展潜力的指标来进行展示，如用户总量、访问总量等。

4. 团队的力量

创业者在进行路演时，至少要用一页 PPT 来介绍创业团队，告诉投资者该团队的与众不同之处。对团队创始人要做一个简单的介绍，内容包括创始人的工作履历和具体的工作内容等。一个强大的团队通常会推出较好的产品和品牌，并最终赢得市场。创业者如果拥有一个强大的团队，就应该毫不犹豫地将其展示出来，但对于团队中的缺点也不要刻意回避。

5. 解决痛点的能力

出色的路演几乎都是围绕某个行业痛点来展开的，应首先描述该痛点，再给出解决方案。因此，创业者在路演时，一定要表述清楚自己的产品或服务是如何解决这一行业痛点的。

9.2.4.3 路演 PPT 制作与技巧

1. 路演 PPT

一份图文并茂、文字精练的 PPT，可以为创业者提示思路，让投资者抓住项目重点。因此简洁、清晰、有力是制作路演 PPT 时必须遵循的原则。

（1）篇幅。路演 PPT 的篇幅控制在 15 页左右为宜。创业者应根据路演的重点，把想要强调的关键词内容，如产品或服务、市场状况、竞争情况、商业模式、团队介绍、融资需求等醒目地展示给投资者。

（2）制作。从制作的角度来说，制作路演 PPT 应注意以下几点。

1）PPT 的版式设计、色彩风格要统一。色彩使用切忌超过四种，字体运用不超过三种（但不适用于创业者所要展示的项目跟艺术相关时）。

2）能用图尽量不用文字，切忌使用过多的文字。路演更注重的是演讲，如果 PPT 上内容太多，会占据投资者大部分的注意力，影响演讲效果。

3）在话题承接的地方，可以使用过渡页或疑问句引入下一个话题，以吸引投资者的注意。

（3）内容。下面是制作路演 PPT 时应包含的要素，仅供参考，创业者可以根据具体的情况灵活调整。

1）项目名称页，主要包含企业 Logo 和项目名称。创业者可以用一句话把项目介绍清楚，用最大的亮点吸引投资者关注。

2）痛点（需求）与时机页，展示创业者发现了什么样的需求、目标用户有哪些痛点、为什么现在是进入市场的最好时机等内容。创业者在讲述该页时应尽量营造真实的应用场景，引起投资者的共鸣。例如，创业者可以提问：“出门坐公交车时没有零钱怎么办？”

3）解决方案页，向投资者讲述目前针对该痛点的解决方案是什么、有哪些弊病、是不是还有更好的方案等内容。

4）市场规模页，向投资者讲述他们最关心的市场问题。如果是人尽皆知的市场，创业者可略讲，否则需要详细解释。此外，创业者可以拿已成功的案例来类比自己的项目。

5）产品或服务展示页，进行产品或服务展示，突出其核心竞争力，把产品或服务的特色转化为投资人的利益。

6）竞争优势页，详细说明自己的竞争优势，尽量用表格、图片来直观展示自己的竞争策略，或相对于竞争对手的优势。

7）商业模式页，参考商业模式画布，梳理业务逻辑与消费者、合作伙伴之间的关系，说清楚具体的盈利模式。

8）团队页，主要说明这是一个志同道合、互信互补、凝聚力超强的团队。同时，要突出团队核心成员的亮点，如名校高才生、名企高管、连续创业者、拥有独占资源等，介绍团队成员是如何帮助项目更好发展的。

9）融资计划页，主要说明企业将以什么方式分配股权、出让多少股权、融资数量多少等内容。如果路演 PPT 非融资型，此页可以忽略。

10）结束页，最后强调一次项目的亮点，如项目愿景，或者再次展示企业的联系方式等。

2. 路演的技巧

现在项目路演的机会越来越多，部分创业者可能参加了多次路演，但效果都不太理想，其原因之一就是他们没有掌握路演的技巧。下面具体介绍路演的技巧。

（1）路演的内容。路演的内容就是要向投资者传达的内容，也是路演是否成功的一个重要因素。路演的内容一定要符合路演所讲的主题，并具备良好的逻辑性，创业者在介绍时一定要抓住要点。如果时间充裕，创业者在路演前可以多排练，以保证对内容充分熟悉。

（2）语音、语速、语调。语音就是要发对音，语调就是要有感情，强调语音和语调的主要原因是创业者需要声情并茂地将项目信息传达给投资者，让投资者更易接受和理解。

语速上，创业者需要考虑两方面的因素。首先，要使投资者能够清楚地了解创业者传达的信息要点；其次，创业者要保持良好的节奏感，应在指定时间内不急不缓地完成一场完整的路演。因此，创业者语速要做到该快的时候快，该慢的时候慢，同时精准评估路演时间，假设要做一场 8 分钟的路演，那么就一定要根据时间准备内容，然后根据要点调整语速，从而使整场路演完成得更为完美。

（3）个人状态。在向投资者推介自己的创业项目时，创业者要表现出充满激情、积极向上的个人状态，要展现出对自己项目的信心和愿意为项目付出巨大努力的准备。

（4）肢体语言。肢体语言就是利用身体部位来传达思想，如手势、面部表情等。使用肢体语言的目的除了沟通外，最重要的是与投资者进行互动，让投资者感受到创业者对他们的重视。

（5）路演答辩技巧。路演的第 1 条注意事项就是严格控制时间，如发言时间为 30 分钟，最后得剩余 5 分钟用来回答问题，那么创业者就必须在 25 分钟之内结束演讲，不能超时。另外，创业者应尽可能多地了解演讲场地的情况，避免因不熟悉场地而出现紧张忘词、材料和演示工具准备不足、时间把握不好等问题。

（6）表露个人素质。投资者需要创业者有聆听的能力。如果创业者在推介自己的项目时只顾表现自己而不顾投资者的感受，那么就很难让自己的项目得到投资者的青睐。与此同时，创业者需要诚实地回答投资者的问题，不要过分夸大，要让投资者觉得创业者是可以信任的。

（7）运用数据支持。创业者应运用数据明确告诉投资者企业的目标人群、项目实施计划和产品的竞争优势，同时还要给投资者提供一份详细准确的财务预测。虽然数据略显枯燥，但是创业者应该牢记，只有数据才是最直观、最有说服力的。

3. 对提问环节进行准备

路演前进行角色互换，创业者可以假设自己是投资者，想一想有哪些问题是投资者提问概率较大的，提前准备这些问题的答案。投资者常问的问题如下。

- 项目的商业模式是怎样的？请说清楚一点。
- 你们的产品能解决什么行业痛点？
- 你们的产品具体能满足用户的什么需求？
- 你们为什么会创建这样的企业？
- 你们的产品凭什么吸引顾客？
- 为什么是由你的团队来做？
- 你们会面对怎样的市场？
- 为什么大家没有做这样的事？
- 为什么你们能做得比其他企业更好？
- 我为什么要向你们企业投资？
- 融资后的钱你们打算怎么用？
- 如果你们有足够充分的钱，你们会做什么？

4. 某学院“挑战杯”创业计划大赛路演评分细则

由评委会复议，决定 x 件作品参加模拟投资演示会进行公开路演。公开路演每场次由一个团队参加，时间为十分钟。分为参赛者陈述、评委提问两个部分。具体时间安排如下。

参赛者陈述 5 分钟，评委提问 2 分钟，回答问题 2 分钟，选手退场 1 分钟，各时间皆为上限，团队阐述超时应酌情扣分。

以下评分细则供评委参考。

（1）参赛者陈述（20 分）。

A．思路明晰、重点突出地阐述创业构想，使非专业人士易于理解。

B．大方得体，语言流利，分工明确，配合默契。

（2）回答提问（35 分）。

A．准确理解评委问题，回答具有针对性，而不是泛泛而谈。

B．准确回答问题，思路清晰，逻辑严密，语言简洁流畅，对评委特别指出的方面能做出充分说明和解释。

C．例证、数据科学，准确，真实。

（3）表现（15 分）。

A．陈述和回答问题思路清晰、逻辑严密、语言简洁流畅。

B．在规定时间内完成陈述和答辩。

（4）创业团队实战能力（30 分）。

A．团队是否能突破沙盘推演的“纸上谈兵”，考量将创业项目放入“真枪实弹”的市场实战之中的可行性。

B．考察创业团队对市场的判断力、实际营销能力及团队协作能力。

C．有创业实体的团队另加 10 分，但总分不能超过 100 分。

9.2.5　技能训练

观看一段路演视频，请指出其优缺点，并说明对你有何启示。

读书笔记

9.3 企业选名及选址

9.3.1 任务实施单

任务编号	9.3	任务名称	企业选名及选址
任务简介	给企业选个好名，会使得企业更具有传播力，有利于企业的推广和发展；企业的选址不仅仅是企业办公或营业的场所，更是企业广阔的成长空间和发展机遇。本任务要求学生掌握企业选名和了解企业选址方法		
任务目标	1．掌握企业选名方法。 2．了解企业选址方法		
设备环境	计算机，Office 或 WPS 办公软件		
实施专业		实施班级	
实施地点		小组成员	
指导教师		联系方式	
任务难度	初级	实施日期	年 月 日
实施内容	运用企业选名和选址的方法，根据教师要求，模拟给初创企业选名及给企业选址		

9.3.2 任务评价单

任务编号	9.3	任务名称	企业选名及选址		
评价项目			自评/分	他评/分	综合/分
课堂表现	学习态度（20 分）				
	沟通合作（10 分）				
任务完成	以本专业某项技术虚拟创业，给企业选名和选址（70 分）				
学生签字		年 月 日	教师签字		年 月 日

评价规准

项目		A（≥90%）	B（80%～89%）	C（70%～79%）	D（60%～69%）	E（<60%）
课堂表现	学习态度	与老师辩论	向老师提出质疑	与老师互动交流	被动回答问题	沉默
	沟通合作	主动承担任务且富有成效，主动发起讨论	主动承担任务，主动发起讨论	主动承担小组任务	能接受小组任务，配合他人	不能参与团队合作
任务完成	给企业选名和选址	能独立并帮助他人圆满完成任务	能独立并帮助他人基本完成任务	能独立基本完成任务	在他人帮助下，能基本完成任务	不能完成任务

9.3.3 案例引导

问题 1：企业名称对企业究竟有什么样的影响？有多大影响？

【案例描述 1】华为，名字取义“中华之作为”，由一家成立于中国的民营企业，成长为现在为世界各地通信运营商及专业网络拥有者提供硬件设备、软件、服务和解决方案的企业。

【案例描述 2】百度，在取名之时，同谷歌所见略同，都围绕核心业务——搜索上做文章，“众里寻他千百度”是对于公司核心业务的最好诠释了，但又富有中国文化特色，很容易让人记住。

【案例描述 3】麦当劳，英文名称是 McDonald’s，它由店主人名字的所有格形成。西方人习惯以姓氏给公司命名，如爱迪生公司、迪斯尼公司、福特公司等。但中国人则比较喜欢以喜庆、兴隆、吉祥、新颖的词汇给商店命名，如“百盛”“大润发”“好来顺”“全聚德”“喜来登”等。McDonald 是个小人物，如果老老实实地把 McDonald’s 译成“麦克唐纳的店”就过于平淡，而“麦当劳”就非常成功，具体表现在以下几个方面。

（1）大致保留了原发音。

（2）体现了食品店的性质。

（3）蕴含着“要吃麦就应当劳动”的教育意义。

（4）风格既“中”又“洋”，符合国人的口味。

【案例感悟】

国际品牌要在全球范围内营销，必须要跨越种种文化障碍，如语言差异、消费习惯差异、宗教差异、制度差异等。因此，国外品牌进入我国市场，必须要慎重考虑命名问题。

问题 2：如何给企业选址？有什么方法？

【案例描述 4】1999 年，丁磊带着网易从羊城广州北上首都北京，而马云却带着阿里巴巴从北京回到了杭州。这两件事颇耐人寻味。网易是门户网站，需要的是知名度、市场和充足的资金，广州虽然各方面条件也还不错，但显然不能与中国互联网风潮的起源地北京相比。而阿里巴巴做的是电子商务，主要是为中小企业服务，当时的浙江有中国最庞大的中小企业集群，是阿里巴巴最适宜生长的土壤。远离北京、深圳这些 IT 中心，也大大降低了阿里巴巴的人力成本。后来的发展证明，这两家企业的迁址都是非常正确的。

【案例描述 5】小饰品店的选址教训

阿英是个工科出身的年轻女孩。由于所从事的行业不景气，一个偶然的机会她了解到有人要转让一批饰品，于是她就想开一个小饰品店。在转让者的介绍下，她去了一个国际商业中心，市场组成大部分是小商铺，面积也就四五平米，这个商厦有政府的投资，不会垮的。阿英于是将店铺开到了这个商场里，但是过了 7 月、8 月的旺季，商场的顾客越来越少。阿英后来才知道了这个商厦的开发商在开盘时炒作得非常厉害，买商铺的人甚至连夜排队，然而商铺卖出后他们就不再宣传。商厦都开业半年了附近住的人竟然还有不知道的。商铺大部分都卖给了个人，再由业主进行出租，这给管理上带来很大困难。另外，由于开始大家对商厦的期望值很高，租金也定得很高，相应地货物价格就水涨船高，而附近居民的购买力和层次并不高。到最后，商场的摊位租金一降再降，可还是赔钱赔得厉害。合同到期后，90%的商户已经撤场，阿英也无法坚持下去，只得带着一堆货收场。

【案例感悟】

一个好的企业选址，也是企业发展的重要影响因素之一，有时甚至直接影响着企业的成功与失败。案例 4 和案例 5 分别从正反两个角度说明了企业选址的重要性，只有深入分析企业的性质和选址地点的特点，才能发展好企业。

9.3.4 知识链接

企业选名及选址

9.3.4.1 企业选名方法及训练

1. 企业名字对企业的重要性

对新成立的企业，创业者往往对企业起名十分重视，不惜花重金只为求得一个好名字。一个吉祥的企业名字可以给企业带来好的开始；朗朗上口、响亮、好记和好听可以让客户在最短的时间内记住企业的名字，从而为企业的长远发展奠定良好的基础；可以帮助企业快速向上发展，成为企业最好的广告；可以为自己企业发展提供更多的助力。

（1）企业名字是企业形象的化身。

（2）企业名字是企业资产。

（3）一个好的企业名字是聚宝盆。

（4）打响企业知名度，在于巨额广告费，更在于好的企业名字。

（5）企业名字是市场竞争的有力武器。

（6）企业名字是老板身价与实力的载体。

2. 企业选名的基本原则

企业名字字虽不多，但意义万千，它远远超越了几个字的框架。作为企业字号，它体现了企业的信任度、核心竞争力、商誉，以及名称寓意和企业未来发展的健康性。

不少国际知名品牌进入中国市场时，既保留了原品牌名字的精华，又兼顾了中国消费者的文化、生活习惯和审美心理，深具文化内涵。例如，宝洁公司将中华文化的内涵全部融入品牌，创出了具有中国文化风格的“飘柔”“潘婷”“海飞丝”“舒肤佳”“汰渍”“玉兰油”等好听、好记、意蕴丰富的名字；爱立信刚进入大中华区时，品牌名字直译为“埃瑞克森”，后采用中国营销专家建议改用“爱立信”，被赋予了深厚的中国文化背景，为爱立信这一洋品牌实现中国本土化、塑造美誉立了不少功。还有像可口可乐、宝马、奔驰等都是洋品牌中文俗译的神来之笔，起到了诠释品牌个性与文化内涵的作用。

企业选名要遵循以下几个原则。

（1）易读易记原则。这是品牌设计的最根本要求，只有易读易记才能充分发挥其识别功能和传播功能。具体要求是简洁明快、音节响亮、个性独特、新颖别致、高雅出众。如“美的”就是一个动听的好名字。

（2）暗示产品属性原则。品牌名字还应该暗示产品的某种性能或用途，如长虹电器、两面针牙膏等。当然，品牌名字的暗示性越强，品牌延伸就越困难。如长虹电器，有了“电器”的限制，长虹就不能延伸到食品上，也不能延伸到服装上。

（3）支持标志物原则。标志物是品牌中可被识别但无法用语言表达的部分，当品牌名字能够维持或刺激标志物的识别功能时，品牌的整体效果就加强了。

（4）启发消费者联想原则。品牌名字要富有寓意，能让消费者产生丰富、愉快、积极的联想。

（5）适应地域文化的原则。不同地区有不同的文化价值观念，有不同的风俗习惯、宗教信仰、价值观念、文化特点等，品牌名字要适应地域文化价值观念，不能和它相冲突。

（6）合法性原则。合法性原则是指品牌名字要符合国家或当地的法律，这样才能受到法律保护。品牌名字应该在允许注册的范围之内，不能有侵权行为。

3. 企业选名的常见类型

（1）以地名作为企业名。根据地名简称、地理位置或地方特色命名，名称响亮大方，这类企业名字有很多。例如，长江实业（集团）有限公司、青岛啤酒股份有限公司、黄河集团公司、泰山集团公司、嘉陵摩托公司、珠江集团公司、张家界旅游公司等。这种选名方式在我国企业中较为常见。

（2）以吉祥和社会喜爱之物作为企业名。从让客户喜欢的角度，选用反映客户喜爱的人或事、价值观念、吉祥宝贵的字词作为企业名字，如南京熊猫电子集团公司、猴王电焊公司、春兰集团公司、飞马味精公司、红梅照相机厂、金鹿集团公司、海马家具商场、福建七匹狼实业股份有限公司、杭州娃哈哈集团有限公司等。

（3）选用富贵气派类字作为企业名。此类企业用名又可分为含蓄与直白两类。比较直白的企业名竭力显示自己不同凡响的气派，如金利来公司、银利来公司、富绅公司、富贵鸟皮鞋公司、小霸王电脑公司、皇家度假村、帝王大酒店等。含蓄的企业名字有红都影业公司、新时代广厦、天龙沙发厂、巨人树制衣公司、高雅丝织品有限公司等。

（4）选用传统商业味极浓的名称作为企业名。此类名称老牌企业最为盛行。例如，源丰票号、大庆元票号、福康钱庄、顺康钱庄、汇丰银行、瑞康盛颜料号等。这类企业名字大都是用带有吉利、吉祥的汉字组合而成的，取其经营生产吉利之意。

（5）选用现代意味的名字作为企业名。一些企业为顺应时代趋势，迎合现代消费者的审美情趣，注意选用现代意味的名字，这类名字一般给人一种“洋”气感觉，给人一种有品位、有情趣的感觉，如北京燕莎商厦、赛格商城、百盛集团、协和集团、美琪美发、海韵健美中心、奥丽斯化妆品公司、美加净化妆品有限公司等。应该看到，借鉴外国语译音，追求洋味的企业用名越来越多，许多名字只注重字的表面的华丽意味，由几个颇有现代意味的字组合而成，至于名字的含义，则不再予以注意。这种企业用名，最终会逐渐失去文化内涵，而成为一种符号。

（6）使用奇异、幽默或逆反等别名俗语作为企业名。这些别名俗语贴近生活，十分亲切自然，传播速度快、范围广，社会影响力大，如天津狗不理食品有限公司、大娘水饺餐饮有限公司、老孙家餐饮有限公司、广州孙悟空网络科技有限公司、北京平娃餐饮有限公司等。

4. 企业选名的常见“门派”

（1）植物学派：蘑菇街、荔枝 FM、土豆、IT 桔子。

（2）动物学派：小猪短租、小马购车、土巴兔、考拉 FM、蜻蜓 FM、企鹅吃喝指南、搜狗、搜狐。

（3）数字学派：51 信用卡、58 同城、59 store。

（4）叠字学派：陌陌、探探、抱抱、人人、脉脉。

（5）字母学派：YY、QQ、KK 唱响。

（6）拟声学派：滴滴、么么搜、嘟嘟美甲。

（7）实物学派：豆瓣、穿衣助手、饭本、觅食、团车、爱屋吉屋、药给力。

（8）创意学派：拉勾网、3W咖啡、喜马拉雅、黄油相机、面包旅行、雪球、斗鱼。

（9）国学学派：凤凰网、知乎、金箍棒、榫卯。

（10）衍生学派：找钢网、找塑料、找叉叉。

（11）同业学派：易果生鲜、一米鲜、每日优鲜、爱鲜蜂。

（12）游戏学派：三国叉叉、萌叉叉、全民叉叉。

9.3.4.2 创业企业选址

1. 影响企业选址的因素

影响企业选址的因素很多，可以从以下几个方面进行考量。

（1）市场因素。市场因素主要可以从消费者与竞争对手两个方面进行考虑。还记得前面市场调查的内容吗？从市场层面出发，除了上述两方面外，还可以从销售渠道和产品方面全方位地考虑所在地的市场因素。

（2）商圈因素。商圈因素就是指要对特定商圈进行特定分析。例如大学城学生集中，可以开办高等培训机构，而在大型住宅社区，则是大型超市与餐饮业的黄金地段。而在选择商圈时，也一定要注重商圈人流的消费能力，这样才能准确定位，找到最合适的地址。

（3）物业因素。物业因素是指创业者需要了解地段或房屋的规划的用途与自己的经营项目是否相符；该物业是否有合法权证；还应考虑该物业的历史、空置待租的原因、坐落地段的声誉与形象等，是不是环境污染区，有没有治安问题等。

（4）政府支持因素。政府支持因素指的是经营业务最好能得到当地所属区域政府的支持，至少不能与当地的政策相背。

（5）个人因素。个人因素是指创业者在选择创业地点时受到个人经历、个人喜好、人际关系等非外部因素的影响。例如许多人喜欢在自己的家乡或伴侣工作的地方创业。

（6）价格因素。价格因素指的是创业者应当关注在一个地区创业相应的资金成本与安排，包括资金、业务性质、创业成功或失败后的安排、物业市场的供求情况、利率趋势等。

2. 企业选址的方法

影响企业选址的因素众多，通过一个系统结构性的方法将候选地址有效地进行归纳、分析、总结，能为创业者提供很大的便利，而一个好的企业选址，也是企业发展的重要影响因素之一，有时甚至直接影响着企业的成功与失败。

（1）优缺点比较法。优缺点比较法是一种最简单的企业选址分析方法，尤其适用于非经济因素的比较，当几个选址方案在费用和效益方面比较接近，则非经济因素就可能成为考虑的关键因素。

优缺点比较法的具体做法是：罗列出各个方案的优缺点进行分析比较，并按最优、次优、一般、较差、极差五个等级对各个方案的各个特点进行评分，对每个方案的各项得分加总，得分最多的方案为最优方案。

（2）因素评分法。因素评分法与优缺点比较法有相似的地方，不同的是因素评分法采用权数来评价各个影响企业选址因素的重要性，包括定性和定量因素都要考虑。具体步骤如下。

1）决定一组相关的选址决策因素。

2）根据企业目标为每个因素赋予一个权重，以此显示它与所有其他因素相比的相对重要性，各因素比重总和一般是 1.00。

3）对所有因素的打分设定一个共同的取值范围，一般是 1～10 或 1～100。

4）对每一个备选地址，对所有因素按步骤 3）所设定的范围评分。

5）将各个因素的得分与相应的权重相乘，并把所有因素的加权值相加，得到每一个备择地址的最终得分。

6）选择具有最高总得分的地址作为最佳的选址。

3. 不同行业的选址差异

不同行业由于经营模式、利润模式、客户群体与销售模式等不同，因而在地址的选择上存在着较大的差异。结合大学生创业的特点，在此对店面企业、高薪技术企业和制造企业三类选址差异进行分析。

（1）店面企业选址。店面企业主要是指企业与消费者的交易在一个相对固定的场所完成，对于大学生来讲，店面企业主要是指各类服务性的行业。例如培训机构、各类连锁经营的餐饮店、服装店，甚至一个彩票店等。这类企业的选址可以从以下几个方面去考虑，如图 9.3.1 所示。

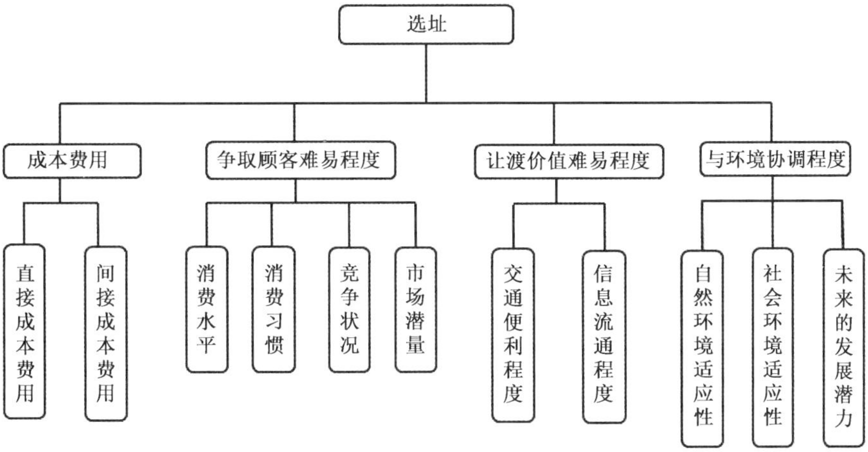

图 9.3.1　店面企业选址考虑因素

其中，成本费用主要是指企业获取经营地点以及购建各种设施装备等直接的成本与其他间接的成本。争取顾客难易程度首先受到该地区行业内竞争状况的影响，它直接影响企业盈利能力；其次是该地区的消费水平与消费习惯，它影响着该地区消费者的支付能力与获得顾客的难易程度；最后是地区市场潜量，它是一个市场的潜在消费力量，潜量越大，则企业争取到顾客越容易，反之亦然。

让渡价值就是顾客总价值与顾客总成本之差，为企业经营方向提供了一种全面的分析思路。有效让渡顾客价值应当首先考虑交通便利程度，不难理解人们更容易到离自己物理距离更近的地方消费；其次是信息流通程度，企业的各方面的信息能否有效地传递给消费者，也将直接影响企业让渡客户价值的容易程度。

选址是一个系统工程，企业作为一个系统最终必须与外部环境相协调，因此企业选址还应注意与周围环境的协调程度，包括自然环境的适应性、社会环境的适应性和地区未来的发展潜力。

（2）高新技术企业选址。提到高新技术企业的地址，硅谷、中关村、深圳特区科技工业园等名字可以让人脱口而出，这也直接反映了高新科技企业在选址上不同于传统企业的地方。高新技术企业具有以非实物形态的科技投入为主，市场定位为开拓全球市场，寻求长期生存、发展的空间的经营特征。这使得高新技术相关企业的选址自然条件等传统的企业选址因素影响弱化，人才与科技教育资源等成为影响企业选址行为的关键因素。

从中关村等各个地区的高新技术产业“落脚点”不难看出“政策环境与产业环境”的双重支撑。这就使得高新企业的选址具有以下特点。

1）专业园区化发展。高新技术企业在全世界均呈专业园区化发展的趋势，产业相近或密切相关的高新技术企业相对聚集，在空间上形成各具专业特征的园区，一方面能形成产业链乃至区域的整体竞争力和打造和谐共生的现代企业生态环境，另一方面也有助于企业形象的提升。

2）集中在大城市新区和新兴城市。一个发达的地区意味着人才、技术、信息与资金的密集，而发达城市成熟高效的交通体系与完善的基础也是高新技术企业发展的引擎。

3）分布于科研资源富集的区域。无论是硅谷还是中关村，高新技术企业总是与各大高校形影不离，城市中高等院校、科研机构所在的区域附近常常就有大量的高新技术企业。

（3）制造企业选址。中国一直被誉为世界的工厂，制造业一直是我国国民经济的支柱产业。制造业是指对制造资源（物料、能源、设备、工具、资金、技术、信息和人力等），按照市场要求，通过制造过程，转化为可供人们使用和利用的工业品与生活消费品的行业，包括扣除采掘业、公用业后的所有 30 个行业。由于制造业往往需要较大的场地，因而制造业的选址对于企业发展尤为重要。

制造业的选址归纳起来有几点原则。

1）能源、资源供应方便，劳动力充裕。

2）靠近目标顾客群，服务方便。

3）政策、税收、地价综合效益高。

4）有利于集聚人才和企业长远发展。

总而言之，在为企业选址的时候要综合各方面的条件考虑，选择最适合企业发展的土壤，只有这样，初创企业才能更顺利地抽枝发芽，茁壮成长。

9.3.5 技能训练

1. 企业选名

（1）拟创立一家定制化艺术培训服务公司，如乐器、舞蹈培训等，帮助培养小孩艺术技能，请代为该创业公司选名。

（2）拟创立一家租车公司，使没有私家车的客户在特定需要的时间能够使用车，解决没有车的难题。请代为该创业公司选名。

（3）拟创立一个以“健康零食”为特色的食品公司，让想吃零食又担心不健康的人可以放心吃零食。请代为该创业公司选名。

2. 企业选址

假设要开一家餐饮店，可以根据以下原则和方法确定一个开设餐饮店的最佳地址。

（1）根据餐厅定位和目标客源原则。如果餐厅主营快餐，那么理想区域是流动人口较多的商业购物区、大中专院校附近、主要交通干道附近等场所；如果其用餐环境较为雅致、菜肴精美、讲究服务和用具，那么此类餐厅适合开在高档住宅区、金融机构等所在地区，主要针对的客源市场是商务宴请、社交活动以及高收入者。

（2）根据可见度原则。评价餐厅可见度高低的办法就是看餐厅能够从几个方向观察到。

（3）根据投资回报原则。选址时要充分评估地价、租金、基础设施费用、劳动力成本、原材料供应、各种税费的有关规定等成本费用因素，并且预测餐厅可能的销售收入，以及经营过程中可能碰到的问题。

（4）选址考虑的交通条件、客流类型、竞争对手、地形特点、城市规划、餐厅的户型等因素。

请你在当地确定一位置，并说明理由。

项目 10　大学生创业实践

知识目标

（1）理解大学生创新创业大赛与创业政策等。

（2）掌握大学生与专业相结合的创新创业方法。

（3）理解如何树立正确的创业成败观。

能力目标

（1）能够参加创新创业大赛，善于利用创业政策为自己服务。

（2）能结合专业进行虚拟创业。

（3）能正确看待创业成败。

素质目标

（1）弘扬改革创新精神，培养学生敢于创新、勇于冒险、敢于挑战的精神。

（2）培养大学生创新创业意识、团队合作意识和坚持不懈、持之以恒的追求精神。

思政目标

（1）引导学生自觉地爱国、兴国，增强民族自信心、国家自豪感。

（2）培养学生诚信、责任、创新、奉献的职业精神和勇于担当的社会责任感。

思维导图

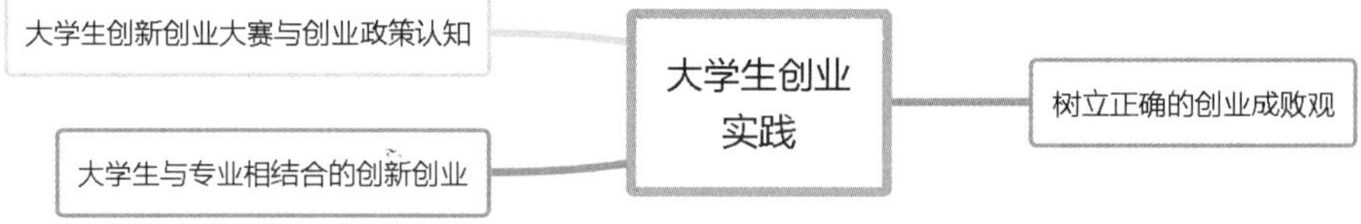

项目分析

在校大学生积极参加各种创新创业竞赛是大学生创业实践最有效途径之一，具有全国影响力的就有“互联网+”和挑战杯了。创新创业要与专业相结合，才能使创新创业走得更加久远，更有生命力。创业有成功，也有失败，即便是失败，也是人生的一种历练。本项目从参加竞赛、与专业结合和树立正确的成败观三个角度指导在校大学生进行创新创业实践活动。

10.1　大学生创新创业大赛与创业政策认知

10.1.1　任务实施单

任务编号	10.1	任务名称	大学生创新创业大赛与创业政策认知
任务简介	参加创新创业竞赛是大学生在校时参与到实际的创新创业最直接方式。本任务引导大学生熟悉几个国家级创新创业竞赛，并了解国家关于鼓励大学生创新创业的政策，从而积极投入创新创业的浪潮中		
任务目标	1．熟悉并了解国家级创新创业竞赛和鼓励大学生创新创业的政策。 2．分析自己应如何积极投入创新创业的浪潮		
设备环境	计算机，Office 或 WPS 办公软件		
实施专业		实施班级	
实施地点		小组成员	
指导教师		联系方式	
任务难度	初级	实施日期	年　月　日
实施内容	以 PPT 文档方式完成下面两个任务。 1．展示挑战杯、“互联网+”等国家级创新创业竞赛的特点。 2．结合本专业，分析自己应如何积极地投入创新创业的浪潮		

10.1.2　任务评价单

任务编号	10.1	任务名称	大学生创新创业大赛与创业政策认知		
评价项目		自评/分	他评/分	综合/分	
课堂表现	学习态度（20 分）				
	沟通合作（10 分）				
任务完成	展示挑战杯等国家级创新创业竞赛的特点（30 分）				
	分析自己如何积极地投入创新创业的浪潮（40 分）				
学生签字		年　月　日	教师签字		年　月　日

评价规准						
项目		A（≥90%）	B（80%～89%）	C（70%～79%）	D（60%～69%）	E（<60%）
课堂表现	学习态度	与老师辩论	向老师提出质疑	与老师互动交流	被动回答问题	沉默
	沟通合作	主动承担任务且富有成效，主动发起讨论	主动承担任务，主动发起讨论	主动承担小组任务	能接受小组任务，配合他人	不能参与团队合作

续表

评价规准						
项目		A（≥90%）	B（80%～89%）	C（70%～79%）	D（60%～69%）	E（<60%）
任务完成	分析国家级创新创业竞赛特点	全面展示竞赛特点，文档良好	全面展示竞赛特点，文档较好	基本展示竞赛特点，文档较好	基本展示竞赛特点，文档一般	没能展示竞赛特点，文档较差
	分析自己如何创新创业	全面展示创新能力，文档良好	全面展示创新能力，文档较好	基本展示创新能力，文档较好	基本展示创新能力，文档一般	没能展示创新能力，文档较差

10.1.3 案例引导

【案例描述】

林中都，2016 年毕业于深圳信息职业技术学院嵌入技术与应用专业，现任深圳市华谕电子科技信息有限公司法人。在校期间，在老师的指导下多次参加国家级、省级嵌入式专业技能竞赛和挑战杯创业大赛，并取得了优异成绩。经过一轮又一轮的竞赛历练，他更加坚定了创业的信念。大二时步入人生的创业初期，组建了一支以技术为基底的团队，创办了深圳市华谕电子科技信息有限公司，凭借当时公司主营的“咕饥校园餐饮项目”成为当时唯一一支入围深圳创新创业大赛总决赛的大学生队伍，并荣获互联网行业第一名，总决赛第三名的成绩。随后相继获得中国商业模式大赛深圳赛区第一名，深圳市逐梦杯大学生创业比赛二等奖，第三届“互联网+”创新创业大赛广东省金奖，汕头市第三届“创青春”挑战杯第一名等众多创业型比赛奖项，累计获得赛项奖励、政府科研资助数百万元，也为公司的运营贡献了力量，也相继获得国家高新企业认定。虽然创业之路仍然道阻且长，但是通过大大小小的创业比赛，他们获得了来自更多业内业外的关注以及相关部门的扶植。

【案例感悟】

在校期间就积极参加政府、行业组织的创新创业大赛并获得奖项是林中都同学创业成功的一个法宝。创新创业大赛与专业技能竞赛并不冲突，他在校期间也积极投入嵌入式专业的技能竞赛，并以此带动双创竞赛。政府、行业的创新创业大赛往往都有现金奖励、资本支持，也会为初创公司的正常运行提供助力，同时也扩大了公司的知名度。

10.1.4 知识链接

大学生创新创业大赛与创业政策认知

大学生如何参与到实际的创新创业？最直接的方式就是参加创新创业竞赛。为支持大众创业，鼓励万众创新，营造良好的创业氛围，激发大学生群体的创业热情，促进创业项目与创投资本、创业政策、创业服务的有效对接，各相关部门纷纷举办相关赛事，下面简要地介绍几个主要赛事。

10.1.4.1　“挑战杯”竞赛

1. 赛事简介

挑战杯是“挑战杯”全国大学生系列科技学术竞赛的简称，是由共青团中央、中国科协、教育部和全国学联共同主办的全国性的大学生课外学术实践竞赛。挑战杯竞赛在中国共有两个并列项目，一个是挑战杯中国大学生创业计划竞赛，另一个则是挑战杯全国大学生课外学术科技作品竞赛。这两个项目的全国竞赛交叉轮流开展，每个项目每两年举办一届。

（1）“挑战杯”中国大学生创业计划竞赛。创业计划竞赛起源于美国，又称商业计划竞赛，是风靡全球高校的重要赛事。它借用风险投资的运作模式，要求参赛者组成优势互补的竞赛小组，提出一项具有市场前景的技术、产品或者服务，并围绕这一技术、产品或服务，以获得风险投资为目的，完成一份完整、具体、深入的创业计划。竞赛采取学校、省（自治区、直辖市）和全国三级赛制，分预赛、复赛、决赛三个赛段进行。

大力实施“科教兴国”战略，努力培养广大青年的创新创业意识，造就一代符合未来挑战要求的高素质人才，已经成为实现中华民族伟大复兴的时代要求。作为学生科技活动的新载体，创业计划竞赛在培养复合型、创新型人才，促进高校产学研结合，推动国内风险投资体系建立方面发挥出越来越积极的作用。

（2）“挑战杯”全国大学生课外学术科技作品竞赛。“挑战杯”全国大学生课外学术科技作品竞赛是由共青团中央、中国科协、教育部、全国学联和地方政府共同主办，国内著名大学、新闻媒体联合发起的一项具有导向性、示范性和群众性的全国竞赛活动。自 1989 年首届竞赛举办以来，挑战杯竞赛始终坚持“崇尚科学、追求真知、勤奋学习、锐意创新、迎接挑战”的宗旨，在促进青年创新人才成长、深化高校素质教育、推动经济社会发展等方面发挥了积极作用，在广大高校乃至社会上产生了广泛而良好的影响，被誉为当代大学生科技创新的奥林匹克盛会。竞赛的发展得到党和国家领导同志的亲切关怀，江泽民同志为“挑战杯”竞赛题写了杯名，李鹏、李岚清等党和国家领导同志题词勉励。

申报参赛的作品分为自然科学类学术论文、哲学社会科学类社会调查报告和学术论文、科技发明制作三类。自然科学类学术论文作者限本专科生。哲学社会科学类社会调查报告和学术论文限定在哲学、经济、社会、法律、教育、管理 6 个学科内。科技发明制作类分为 A、B 两类：A 类指科技含量较高、制作投入较大的作品；B 类指投入较少，且为生产技术或社会生活带来便利的小发明、小制作等。

2. “挑战杯”两种并列赛事的区别

“挑战杯”中国大学生创业计划竞赛，简称小挑；另一个“挑战杯”全国大学生课外学术科技作品竞赛，简称大挑，两者比赛侧重点不同，大挑注重学术科技发明创作带来的实际意义与特点，而小挑更注重市场与技术服务的完美结合，商业性更强。

小挑奖项设置为金奖、银奖、铜奖，而大挑设置特等奖、一等奖、二等奖、三等奖，大挑发起高校可报六件作品，其中三件为高校直推作品，另外三件要与省赛组织方协商推荐，而小挑只能推荐三件作品进国赛，大挑有学历限制而小挑没有，大挑分为专本科组、硕士组、博士组分开评审，大挑国赛最多可以报八人，而小挑最多可以报十人，大挑比赛证书盖共青团中央、中国科协、教育部、全国学联、举办地人民政府的章，而小挑证书只盖共青团中央、中国科协、教育部、全国学联的章。

10.1.4.2 中国“互联网+”大赛

1. 赛事简介

中国“互联网+”大学生创新创业大赛是于 2015 年倡导发起，由教育部等 12 个中央部委和地方省级人民政府共同主办的重大创新创业赛事。大赛旨在深化高等教育综合改革，激发大学生的创造力，培养造就“大众创业、万众创新”的生力军，推动赛事成果转化，促进“互联网+”新业态形成，主动服务经济提质增效升级，以创新引领创业、创业带动就业，推动高校毕业生更高质量创业就业。

2. 赛事类别

（1）高教主赛道（含国际参赛项目）。面向普通高等学校师生，分为新工科类项目、新医科类项目、新农科类项目、新文科类项目；根据参赛申报人所处学习阶段，项目分为本科生组、研究生组；根据所处创业阶段，本科生组和研究生组均内设创意组、初创组、成长组，参赛项目团队应认真把握“四新”发展要求，结合项目实际，合理选择参赛项目类别。参赛项目不只限于“互联网+”项目，鼓励各类创新创业项目参赛，根据“四新”建设内涵和产业发展方向选择相应类型。

（2）“青年红色筑梦之旅”赛道。面向普通高等学校学生，须为参加“青年红色筑梦之旅”活动的项目，分为公益组和商业组。公益组要求参赛项目以社会价值为导向，在公益服务领域具有较好的创意、产品或服务模式的创业计划和实践；商业组参赛项目以商业手段解决农业农村和城乡社区发展的痛点问题、助力精准扶贫和乡村振兴，实现经济价值和社会价值的融合。

（3）职教赛道。面向职业院校（包括职业教育各层次学历教育，不含在职教育）、国家开放大学学生（仅限学历教育）可以报名参赛。参赛项目类型包括：一是创新类，以技术、工艺或商业模式创新为核心优势；二是商业类，以商业运营潜力或实效为核心优势；三是工匠类，以体现敬业、精益、专注、创新为内涵的工匠精神为核心优势。本赛道分为创意组和创业组。

（4）萌芽板块。面向普通高级中学在校学生，鼓励学生以团队为单位参加，允许跨校组建团队。要求引导中学生开展科技创新、发明创造、社会实践等创新性实践活动，培养创新精神、激发创新思维、享受创造乐趣、提升创新能力。

10.1.4.3 创业政策汇总及相关优惠政策

近年来，国务院办公厅、国家各个部委、各省市都陆续出台了各类有关促进大学生就业与创业的政策文件，见表 10.1.1，从简化注册程序、提供资金扶持、鼓励学校创新创业教育、提供创业服务等方面进行了积极的推动。

表 10.1.1　创业政策汇总表

颁发部门	政策文件
国务院	（1）国务院关于印发“十三五”国家战略性新兴产业发展规划的通知（2016 年 11 月 29 日） （2）国务院关于促进创业投资持续健康发展的若干意见（国发〔2016〕53 号） （3）国务院关于进一步做好新形势下就业创业工作的意见（国发〔2015〕23 号） （4）国务院关于加快构建大众创业万众创新支撑平台的指导意见（国发〔2015〕53 号） （5）国务院关于积极推进“互联网+”行动的指导意见（国发〔2015〕40 号） （6）国务院关于进一步做好新形势下就业创业工作的意见（国发〔2015〕23 号） （7）国务院关于大力推进大众创业万众创新若干政策措施的意见（国发〔2015〕32 号）
国务院办公厅	（1）国务院办公厅关于深化高等学校创新创业教育改革的实施意见（国办发〔2015〕36 号） （2）国务院办公厅关于发展众创空间推进大众创新创业的指导意见（国办发〔2015〕9 号） （3）国务院办公厅关于支持农民工等人员返乡创业的意见（国办发〔2015〕47 号） （4）国务院办公厅关于同意建立推进大众创业万众创新部际联席会议制度的函（国办函〔2015〕90 号） （5）国务院办公厅关于促进以创业带动就业工作的指导意见（国办发〔2008〕111 号）
教育部	（1）高等职业教育创新发展行动计划（2015—2018 年） （2）教育部关于大力推进高等学校创新创业教育和大学生自主创业工作的意见（教办〔2010〕3 号） （3）教育部办公厅关于印发《促进高等学校科技成果转移转化行动计划》的通知（教技厅函〔2016〕115 号） （4）教育部办公厅关于召开深化高校创新创业教育改革经验交流会的通知（教高厅函〔2016〕81 号）
国家发展和改革委员会	（1）国家发展改革委办公厅关于进一步做好支持创业投资企业发展相关工作的通知（发改办财金〔2014〕1044 号） （2）国家发展改革委办公厅关于做好 2015 年全国大众创业万众创新活动周组织筹备工作的通知（发改办高技〔2015〕2576 号） （3）关于促进东北老工业基地创新创业发展打造竞争新优势的实施意见（发改振兴〔2015〕1488 号）
人力资源和社会保障部	（1）人力资源社会保障部办公厅关于进一步推进创业培训工作的指导意见（人社部发〔2015〕197 号） （2）人力资源社会保障部关于贯彻落实《国务院关于进一步做好新形势下就业创业工作的意见》的通知（人社部发〔2015〕42 号） （3）人力资源社会保障部关于做好 2016 年全国高校毕业生就业创业工作的通知（人社部函〔2016〕18 号） （4）关于举办中国农业科技创新创业大赛的通知
财政部、国家税务总局	（1）财政部国家税务总局关于进一步扩大小型微利企业所得税优惠政策（财税〔2015〕99 号） （2）财政部国家税务总局关于小型微利企业所得税优惠政策的通知（财税〔2015〕34 号）

续表

颁发部门	政策文件
科技部	（1）科技部关于进一步推动科技型中小企业创新发展的若干意见（国科发高〔2015〕3号） （2）科技部关于印发《发展众创空间工作指引》的通知（国科发火〔2015〕297号）
共青团中央办公厅	（1）共青团中央办公厅关于高校共青团积极促进大学生创业工作的实施意见（中青办发〔2015〕2号） （2）共青团中央关于印发《关于加强共青团促进青年创业就业服务体系建设的实施意见》的通知（中青发〔2014〕1号）
多个部委联合	（1）财政部等四部委关于支持和促进重点群体创业就业税收政策有关问题的补充通知（财税〔2015〕18号） （2）国土资源部等六部委关于支持新产业新业态发展促进大众创业万众创新用地的意见（国土资规〔2015〕5号） （3）五部门关于推动小型微型企业创业创新基地发展的指导意见（工信部联企业〔2016〕94号） （4）人力资源社会保障部等九部门关于实施大学生创业引领计划的通知（人社部发〔2014〕38号）

按照《国务院关于进一步做好新形势下就业创业工作的意见》（国发〔2015〕23号）、《国务院办公厅关于深化高等学校创新创业教育改革的实施意见》（国办发〔2015〕36号）等文件规定，高校毕业生自主创业优惠政策主要包括以下内容。

1. 贷款、税收、收费方面的优惠政策

（1）注册资金（本）的优惠政策。

（2）企业所得税征收的优惠政策。

（3）自主创业贷款的优惠政策。

（4）税收的优惠政策。

（5）创业担保贷款和贴息的优惠政策。

（6）免收有关行政事业性收费的优惠政策。

（7）社会保险补贴的优惠政策。

2. 创业服务、培训方面的优惠政策

（1）享受培训补贴。

（2）免费提供创业指导服务。

（3）享受创业指导与扶持政策。

（4）取消高校毕业生落户限制。

3. 创新创业教育教学方面的优惠政策

（1）创新人才培养。

（2）开设创新创业教育课程。

（3）强化创新创业实践。

（4）改革教学制度。

（5）完善学籍管理规定。

10.1.5 技能训练

搜索当地政府发布的有关政策，小组讨论：假如开办一个科技公司，会享受哪些优惠？分类罗列出来。

读书笔记

10.2 大学生与专业相结合的创新创业

10.2.1 任务实施单

任务编号	10.2	任务名称	大学生与专业相结合的创新创业
任务简介	创新创业与专业是密不可分的，两者是相互联系、相辅相成的，需要将创新创业与专业有机地结合在一起。本任务引导大学生理解与专业相结合的创新创业的重要性，学会怎样与专业结合去创新创业		
任务目标	1．理解创新创业与专业相结合的重要性。 2．掌握创新创业与专业结合的方法		
设备环境	计算机，Office 或 WPS 办公软件		
实施专业		实施班级	
实施地点		小组成员	
指导教师		联系方式	
任务难度	初级	实施日期	年　月　日
实施内容	要求以 PPT 文档方式完成下面两个任务。 1．说明与专业相结合的途径与方法。 2．结合本专业，用案例分析说明与专业结合去创新创业		

10.2.2 任务评价单

任务编号	10.2	任务名称	大学生与专业相结合的创新创业		
评价项目			自评/分	他评/分	综合/分
课堂表现	学习态度（20 分）				
	沟通合作（10 分）				
任务完成	说明与专业相结合的途径（30 分）				
	用案例分析说明与本专业结合去创新创业（40 分）				
学生签字		年　月　日	教师签字		年　月　日

评价规准						
项目		A（≥90%）	B（80%～89%）	C（70%～79%）	D（60%～69%）	E（<60%）
课堂表现	学习态度	与老师辩论	向老师提出质疑	与老师互动交流	被动回答问题	沉默
	沟通合作	主动承担任务且富有成效，主动发起讨论	主动承担任务，主动发起讨论	主动承担小组任务	能接受小组任务，配合他人	不能参与团队合作

续表

评价规准						
项目		A（≥90%）	B（80%～89%）	C（70%～79%）	D（60%～69%）	E（<60%）
任务完成	与专业相结合的途径与方法	全面展示途径和方法，文档良好	全面展示途径和方法，文档较好	基本展示途径和方法，文档较好	基本展示途径和方法，文档一般	没能展示途径和方法，文档较差
	案例分析说明与本专业结合创新创业	全面展示发挥创新能力，文档良好	全面展示发挥创新能力，文档较好	基本展示发挥创新能力，文档较好	基本展示发挥创新能力，文档一般	没能展示发挥创新能力，文档较差

10.2.3　案例引导

【案例描述】一款 SDN 智能路由器的故事

小李是某信息职业技术学院网络技术专业的大二学生，学习了软件定义网络（SDN）的课程后，深刻理解了软件定义网络技术的创新原理。某一天，他看到了智能路由的介绍，突然想到能否将 SDN 的技术用到智能路由器上呢？这样一方面保留智能路由器的优点，另一方面能对路由器进行软件编程，自定义转发策略，对路由器的信息安全、网络自动调优有极大的好处。通过三个月的努力，一款 SDN 智能路由器的试验产品问世了，参加挑战杯比赛获得了专家一致好评。

【案例感悟】

SDN 智能路由器就是专业技能与创新创业典型的结合。将专业先进的知识用在市场上已有的产品，进行创新优化，这样既深化了在课堂上所学的专业技能，又为将来的创新创业奠定了基础。

10.2.4　知识链接

大学生与专业相结合的创新创业

10.2.4.1　与专业相结合的创新创业必要性和可行性

创新创业与专业是密不可分的，两者是相互联系、相辅相成的，需要将创新创业与专业有机地结合在一起。专业的目的在于专业知识的传授和技能的训练，为学生参加社会生产实践做准备；专业培养的是某一行业或者专业领域的专家。如果只对学生进行某一职业所需知识和技能教育而不进行创新创业教育，这样很有可能使培养出来的学生在知识、能力、思维上都被专业化，很难培养出具有创新能力的复合型人才。将创新创业理念融入到专业中，就是破除这种单一的“专业化”教育的有效方法之一。

专业能力的培养是创新创业的基础，而要培养具有创新创业能力的专业人才，必须在教育思想、培养模式、专业设置、教学内容、教学方法等方面进行一系列的改革，构建适用于创新创业人才培养的专业教育模式。虽然现代科学的综合性与交叉性越来越强，需要的人才要求具有广阔的知识面，但是更能满足社会要求的是复合型的专业人才。学习的最终目的，不在于求知，而在于致用。因此，将创新创业和专业有机结合在一起是非常有必要的。

教育的目标是让人成就自我、超越自我。无论是专业还是创新创业都是高等教育的重要组成部分，教育目标都是培养适应社会需求，为经济建设服务的高级人才。通过创新创业学习专业，既可以培养学生创新创业的意识和心理品质，又可以促使学生理论联系实际，将所学知识运用到实际中，产生学习专业知识的需求，进一步激发学生学习专业知识的兴趣，增强专业学习的动力，强化专业。

以基础知识和专业知识课堂教学为实施载体，在专业教学中渗透创新创业的意识，训练学生综合能力，提高学生整体素质，达到高等教育的最佳效果。过去的教育观念要不就一味强调专业，而忽视了学生创新创业能力的培养；要不就将创新创业与专业分离开来，而忽略了作为创业根基的专业，这些做法都不利于对学生创新能力的培养，离开了专业谈创新创业，容易成为空谈。

以计算机类专业为例，随着计算机应用和网络技术的发展，新的知识、技术、理论也不断涌现，计算机领域的变革对计算机人才提出了更高的要求。高校计算机类专业进行创新创业是符合市场需求的，也能满足社会经济发展对计算机类专业人才的需求。从短期来讲是缓解计算机行业面临的人才短缺的压力，从长期来看是解决计算机类专业人才素质结构问题，进而增强我国计算机领域的国际竞争力。要提升计算机类专业人才创新创业的成效，就需要遵循创新创业能力形成的规律，结合计算机类专业学生的特色，充分发挥其先天优势，在具体的教学实践过程中，有意识地弥补学生的劣势，培养其创新创业能力，让高校计算机教育跟上计算机行业的快速发展。

10.2.4.2 与专业相结合的创新创业方法

1. 在专业课程中寻找创新灵感

在专业课程的学习中，利用创新原理与创造技法等方面知识，充分发挥自己的创造性思维能力，在掌握专业课程知识的同时，也培养了自己专业领域的创新创业能力。

以计算机类专业课程“计算机网络技术”为例，现有的网络技术的发展都是为了满足应用需要而发展起来的，这种应用需要贯穿了计算机网络发展的整个过程。因此，在学习中可以用网络技术应用需要的创新思路来学习每一个知识点，注意其应用背景，把自己带到当时的应用现场，将重要知识点的学习变成一个个小案例的分析，分析存在的问题，探讨问题的解决方法，培养自己的关于计算机网络技术的专业创新能力。

例如，在计算机网络的发展过程中，计算机应用的早期阶段没有计算机网络的概念，为了解决“数据的传送”，开始了引入“电话通信”的技术，发展了远程联机系统。以后又有面向终端的计算机网络、计算机—计算机网络、网络互连，整个过程就是一个为了满足应用需要，不断地进行技术创新的过程。

每一个阶段，通过网络示意图、特点、目的、解决的主要技术问题、缺点和新的应用问题及解决思路进行学习，从没有网络的时代，到现在的移动互联网时代，发挥自己的想象力和创新能力，进一步引导自己展望未来的网络图景，也更进一步地掌握了教学内容。

再比如学习“多媒体网络技术”时，在学习多媒体及多媒体网络的概念后，以一个具体的多媒体网络应用系统为例，分析其功能要求，在一般网络上实现多媒体网络应用系统需要解决的技术问题，然后分析和讨论解决的思路，再到一些具体的技术。这样既掌握了多媒体网络技术，又学习了技术创新的思路和产品技术应用的方法，扩大了创新和创业的视野。

2. 利用实践平台进行创新创业

创新创业实践实习场地就是开展创新创业的实践平台。通过实践平台，能够连接学生理论知识和实践能力，也是发现新问题、产生探究欲望、激发学习动力、提高大学生学习兴趣的重要途径。当前高职院校实践平台主要有以下几种。

（1）模拟实践平台。模拟实践平台主要有创业模拟实训、创业孵化基地等，其中创业模拟实训是指通过培训，使学生掌握创业的基本技能，提高驾驭市场和抵抗风险的能力，在短期内实现微小型企业的创业，提高创业成功率；创业孵化基地是由政府或者社会力量投资兴建，通过市场化运营，为创业者提供经营场所、配套公共设施和相关创业服务，具备孵化和培育企业功能的特定区域。目前，许多高校建立了创业孵化基地，为在校大学生创新创业提供必要的场地和设施。

（2）专业实践平台。专业实践平台主要指高校在专业课程的教学中，将创新创业能力的培养融入课程学习、实习、实训、顶岗实习等专业实践平台，提高学生创新创业的专业水平和科技含量，增强创新创业项目的仿制难度，提高创业的成功率。不同的专业，实践平台要求差异较大，一般而言，工科专业比文科专业投入大。

（3）社会实践平台。社会实践平台主要指由学校组织或个人和群体主动参加诸如勤工俭学、社会调查、公益活动等，通过社会实践活动，培养锻炼学生的创新创业能力。有些学生就是通过参加社会实践活动发现了商机，从而萌发了创业的想法，如学校团委组织的暑假期间下农村进行扶贫调查活动，通过扶贫调查了解了农村、农民和农业的需求，间接培养了他们的创新创业能力。

（4）竞赛实践平台。竞赛实践平台主要指学校为学生参加科技竞赛、创新创业和技能大赛等搭建平台，使学生在校期间能更多、更早地参与到创新创业实践中去，通过竞赛培养创新创业能力。

创新创业实践平台为学生提供了将学到的知识用于实践的机会，提供了学生与真实环境接触的机会，提供了在真实或接近真实的环境中动手、交流、思考、合作的条件。在这样的实践过程中，学生的理解能力、团队合作能力、独立思考能力、沟通能力、创新能力才能得以提升，从而促进了大学生的全面发展。

10.2.4.3 与专业相结合的创新创业案例

创新创业与专业是相互联系、相互渗透的，专业是创新创业的基础，创新创业又能强化、促进专业。将创新创业渗透到具体的专业中，在理论和实践上将创新创业与具体的专业结合起来，培养出具有创新创业素质的专业人才。这里以 IT 类专业为例，表 10.2.1 列举了某高校计算机类专业学生在校创业案例，希望给大家以启发。

表 10.2.1 某高校计算机类专业学生在校创业案例

序号	姓名	专业名称	创业项目	项目简介	专业关联情况	备注
1	庄创丰	嵌入式技术与应用	深信圈圈电子商务	主要立足于微信自定义开发应用，着力优化客户的微信营销环境，为中小企业客户提供低价、便捷安全的微信交易平台。提供各种数据功能插件，端口开放区，产生不同的数据盈利点，赚的是“快钱”	利用专业所学的微信开发技术，抢占微信交易平台，赚取微信应用第一桶金	获得全国第一届挑战杯彩虹人生金奖

续表

序号	姓名	专业名称	创业项目	项目简介	专业关联情况	备注
2	陈家良	软件技术	速运邦邦	速运邦邦是一款针对快递“最后一公里”问题而建设一个安全、便捷、优质的服务软件，把传统快递行业在末端配送的人工流转换成技术流。分为两个版本：快递员版本和用户版本，包含了安卓手机端、WP手机端、微信公众平台、手机网页版本	利用专业所学的软件开发技术，瞄准校园速递的痛点，开发了实际软件产品，在比赛时已有订单	获得广东省挑战杯金奖，获得广东省攀登计划重点项目资助
3	陈杰源	嵌入式技术与应用	Ink盒子	“Ink盒子”是一款便携迷你的打印设备，相对于传统打印机，该设备在固定的纸张上自主移动打印，主要面向办公领域的白领群体、户外即兴打印群体和学生群体而定制	利用逆向思维创新原理和所学的嵌入式设备开发技术进行一种新的创意	获得广东省挑战杯金奖
4	曾嘉	嵌入式技术与应用	巡龙无人潜航器	模块化设计的多用途潜航器，满足多样化任务扩展，以动力舱为基础，能灵活配置功能舱以满足不同任务需要，灵活配置浮力舱大小则能够满足不同的任务载荷，在军民两用领域拥有非常可观的应用前景	利用所学的嵌入式设备开发技术，抓住水下经济潮流及行业欠缺该类设备的痛点而提出项目	获广东省挑战杯二等奖，广东省攀登计划重点项目资助
5	钟伟雄	信息安全与管理	产权卫士	一款以网页、插件形式表现的知识产权审核系统，应用在官网和主流新媒体社交平台（如微博、微信、今日头条）。通过运用感知哈希算法，基于大数据技术、爬虫技术等技术手段将公开知识产权进行实时信息汇集，实现用户对知识产权真伪的高效比对查询，解决了传统知识产权甄别的难、繁、慢等问题	利用信息安全与管理专业所学的技能引用的知识产权安全领域，解决了该行业痛点，创意独特	入驻该校国家级大学生创业园

IT类专业是近年来各类综合院校的热门专业，招生质量一般要高于平均水平。IT类专业学生思维严谨，观念新潮，接受新鲜事物能力强，思想上敢于创新开拓，具有创业的激情。从学科特点上来看，IT类专业工具性强、应用面广，使得该类专业学生在创业实践时，专业知识和操作技能具有广泛的实用性和可操作性，加大了创业成功的可能性。社会上IT类专业人才创业成功的案例比比皆是，这不仅证实了计算机类专业创业的先天优势，更是极大地鼓舞了IT类专业在校学生走向创新创业之路。

10.2.5 技能训练

网络搜索以本专业为内容的大学生创业案例，小组分析它们与专业相结合的要点，并说明对自己有何启示。

10.3　树立正确的创业成败观

10.3.1　任务实施单

任务编号	10.3	任务名称	树立正确的创业成败观
任务简介	创业的成败对于创业者来说无疑是很重要的，而树立正确的成败观同样也非常重要。本任务引导大学生树立正确的创业成败观，从而提高抗压能力		
任务目标	树立正确的创业成败观，提高抗压能力		
设备环境	计算机，Office 或 WPS 办公软件		
实施专业		实施班级	
实施地点		小组成员	
指导教师		联系方式	
任务难度	初级	实施日期	年　月　日
实施内容	以 PPT 文档方式结合本专业，用 1～2 个案例说明如何树立正确的创业成败观，提高抗压能力		

10.3.2　任务评价单

任务编号		10.3	任务名称		树立正确的创业成败观		
评价项目					自评/分	他评/分	综合/分
课堂表现	学习态度（20 分）						
	沟通合作（10 分）						
任务完成	树立正确的创业成败观，提高抗压能力（70 分）						
学生签字		年　月　日	教师签字		年　月　日		

评价规准						
项目		A（≥90%）	B（80%～89%）	C（70%～79%）	D（60%～69%）	E（<60%）
课堂表现	学习态度	与老师辩论	向老师提出质疑	与老师互动交流	被动回答问题	沉默
	沟通合作	主动承担任务且富有成效，主动发起讨论	主动承担任务，主动发起讨论	主动承担小组任务	能接受小组任务，配合他人	不能参与团队合作
任务完成	树立正确的创业成败观，提高抗压能力	全面展示正确的创业成败观，文档良好	全面展示正确的创业成败观，文档较好	基本展示正确的创业成败观，文档较好	基本展示正确的创业成败观，文档一般	没能展示正确的创业成败观，文档较差

10.3.3 案例引导

【案例描述】缺乏核心内容的创新导致创业失败

小伟与阿杰是某大学的学生，两个人都是流行文化的追逐者，他们都怀揣创业的梦想。阿伟在一次日常浏览网络信息的过程中，发现一种叫作“泡面小食堂”的餐饮模式非常火爆。这种店铺借助动漫中的“泡面文化”在中国的一些城市颇为流行，通过“二次元”式的精致装修来吸引顾客，其出售的食品就是速食拉面，也就是泡面，但往往能卖出 20 多元一碗的高价。

小伟觉得“泡面小食堂”技术门槛低、利润大，而且学校附近没有同类的店铺竞争，将这种新的餐饮模式引入周边一定能赚钱。于是他拉着阿杰一起，想尽各种办法筹集了一些资金，在学校旁边租了铺面，经过几个月的装修与准备后，盛大开业。

“泡面小食堂”开业的当天，凭借别致的装修吸引了不少顾客，小伟和阿杰还扮演成动漫中的人物来招揽顾客。小伟和阿杰认为前景一片光明，但是好景不长，没过多久他们店铺的生意就一落千丈。小伟和阿杰只能通过打折、赠饮品、加小料等方式来促销，但是效果平平。阿杰对此非常疑惑，为什么在别处爆红的模式在这里就行不通呢？

他浏览了学校的网络社区，发现同学们对他们店铺的评价普遍是“味道没有亮点，就是泡面而已，分量也不多，价格却较高，只有装修和服务较好，总体就是华而不实”。

【案例感悟】

小伟和阿杰创业选择的“泡面小食堂”对当地来说是一种全新的模式，并且在店铺的装修和服务上都有创新之处，但是他们的创新却忽略了餐饮业的核心指标“味道”，因此导致了创业失败，这种引进创新是不靠谱的。

10.3.4 知识链接

树立正确的创业成败观

成功与失败是个永恒的话题，创业的成败对于创业者来说无疑是很重要的，而树立正确的成败观同样也非常重要。简而言之，不要因为一时的成败影响前进的步伐，“胜不骄，败不馁”才是应当树立的正确成败观。

10.3.4.1 如何看待创业成功

创业成功值得骄傲吗？答案当然是肯定的。我们花费了大量的心血、精力和资金，取得了一定的成绩，这会让我们产生由衷的成就感。但要记住，“创业”的成功并非终点，相反是起点。企业创立之后要面临的问题比创业过程中多得多，企业持续经营要比取得初步成功更富有挑战性，成功率也更低。所以不能被一时的成功冲昏了头脑，而要戒骄戒躁，继续前行，如同爬山一样，初步成功只是爬到了小半个山腰，虽然可以停下来俯瞰一下远处的风景，但要时刻记住，更美的风景还在前面，迈向巅峰才是我们矢志不渝的目的。

这里有一组关于初创企业的数据：

我国工商总局企业注册局曾发布了《全国内资企业生存时间分析报告》，对内资企业的“生存时间”，即企业从在工商部门注册成立到被工商部门吊销营业执照或企业在工商部门办理完注销手续、退出市场经营之间的存续时间进行了统计。报告显示，近五成企业年龄在 5 年以下，企业成立后第 3 年死亡数量最多，死亡率达到最高。其中，生存时间 5 年以下占企业总量的 49.4%，5～10 年的占 32.9%，而 10 年以上只占 17.7%，企业成立后 3～7 年为退出市场高发期，即企业生存时间的“瓶颈期”。从退出企业寿命（企业在工商部门注册成立至统计时点的存续时间）分布来看，寿命为 1 年以内（即注册后当年退出市场）的企业最多，占退出企业总量的 13.7%；其次是寿命为 2 年的企业，占退出企业总量的 13.5%；寿命在 5 年以内的企业则占退出企业总量的 59.1%。

而在世界范围内，美国《财富》杂志的统计数据显示，美国 62%的企业寿命不超过 5 年，只有 2%的企业能存活 50 年。《日本百强企业》一书记录了日本百年间的企业变迁史，在百年中，始终列入百强的企业只有一家。有人通过对 10 个经合组织国家的数据分析发现，20%～40%的企业在最初两年之内就会退出市场，40%～50%的企业可生存 7 年以上，对于一个给定的市场，在 1 年之内大约有 5%～10%的企业离开市场。

通过以上数据，创业者们更应该做好心理准备，创业持续成功的道路本就不是一条“寻常路”，创业的成功靠的是天时地利人和，也有一定的运气成分。即使历尽千难创立了企业，生存下去的企业也绝非全部。创业者们应该更加坦然地面对未来企业管理中的各种困境，即使没有实现“基业长青”的梦想，这段成功创业、努力守业的经历也是宝贵的，值得创业者们珍惜并骄傲，从中不断总结和吸取的经验会成为创业者们未来人生之路上的财富。

10.3.4.2 如何看待创业失败

金庸的武侠名著《笑傲江湖》中描写了一位围棋高手黑白子，说他“未算胜，先虑败”。这种心态在很多创业者当中也存在。不少创业者也考虑过一旦失败的情况，从一开始就承受了非常大的压力，“害怕失败”成为一种常态。放弃了原本稳定收入的工作去创业，如果失败了如何向家里人解释？自己和亲朋好友为创业项目投入了自己的积蓄，如果失败了怎么偿还债务和人情？用来陪伴家人、朋友的时间都花在了找客户、谈生意上，如果失败了，家人能理解并宽容吗……他们眼里只有成功而不允许失败，一旦失败，他们便无法承受，就会意志消沉，甚至放弃生命。

其实完全可以将创业当成一份特殊的“工作”，一旦不成功，也不过是失业而已。我们完全不必要背负那么沉重的压力，背负过多压力对自己和创业事业都是很不利的。

如何能避免创业失败带来的一系列问题呢？刚才提到本质上创业和就业没有差别，很多人第一份工作找得并不理想，或许是工作了一段时间发现和自己的想象偏差太大，或许是对自己有了更深入的认识与更准确的定位，也许是在第一份工作中积累了经验、提高了能力、扩展了人脉而能够胜任更高平台上的工作，人们会放弃这份工作而转投新的岗位。

创业也是这样，在创业的过程中更好地认识了自己的优势和短板，在创业相关的领域积累了经验，开拓了人脉，也对市场有了更好的认识。无论创业者之后是选择继续创业，还是选择去其他公司就业，都是有用的。创业者要做的，是不断回头审视自己的创业之路并进行总结，这些才是从创业中获取的最宝贵的财富。其实，当产生了创业的念头并将其付诸实践时，就已经拥有了比其他人更多的获取经验和资源的机会。从这方面来说，不论成败，都能在经验和资源方面有所收获。

每一个创业者都渴望成功。如果成功了，说明我们很幸运，在正确的方向上选用了恰当的方法和资源。但如果付出了很多时间、精力和资本仍然失败了，也请记住：创业成败不重要，重要的是回过头来想想在这条路上收获了什么？是经验，是团队，是资源，还是一颗更加坚强和勇敢的心？这些才是创业过程中最宝贵的收获。

10.3.5 技能训练

小组讨论，各选取两个创业成功和失败或两个成功失败再成功的例子，看看创业者的感言，并说明对自己有何启发。

参 考 文 献

[1] 齐洪利．创新思维训练教程[M]．北京：清华大学出版社，2019.
[2] 寇静，徐秀艺．创新思维[M]．北京：中国人民大学出版社，2013.
[3] 陈工孟．创新思维训练与创造力开发[M]．北京：经济管理出版社，2016.
[4] 周苏．创新思维与科技创新[M]．北京：机械工业出版社，2016.
[5] 杨哲，张润昊．创新思维与能力开发[M]．南京：南京大学出版社，2016.
[6] 刘卫平．知识创新思维学[M]．北京：中国书籍出版社，2013.
[7] 董振华．创新实践论[M]．北京：人民出版社，2011.
[8] 郎宏文．创业管理：理论、方法与案例[M]．北京：人民邮电出版社，2016.
[9] 李家华．创业基础[M]．2 版．北京：清华大学出版社，2015.
[10] 张玉利，薛红志，陈寒松，等．创业管理[M]．4 版．北京：机械工业出版社，2016
[11] 刘沁玲，陈文华．创业学[M]．北京：北京大学出版社，2012.
[12] 贺尊．创业学概论[M]．2 版．北京：中国人民大学出版社，2015。
[13] 李时椿，常建坤．创业学：理论、过程与实务[M]．2 版．北京：中国人民大学出版社，2016.
[14] 王卫东．大学生创业基础[M]．北京：中国水利水电出版社，2013.
[15] 王卓，李剑玲，丁杰．商业模式创新与评价研究[M]．北京：知识产权出版社，2015.
[16] 孙洪义．创新创业基础[M]．北京：机械工业出版社，2016.
[17] 龚荒．创业管理：理论、实训、案例[M]．北京：机械工业出版社，2013.
[18] 吴健安．市场营销学[M]．4 版．北京：高等教育出版社，2011.
[19] 陈承欢，杨利军，高峰．创新创业指导与训练[M]．北京：电子工业出版社，2017.
[20] 姚波，吉家文．大学生创新创业基础：项目式[M]．北京：人民邮电出版社，2020.
[21] 杨京智．大学生创新创业基础：大赛案例版[M]．北京：人民邮电出版社，2020.
[22] 刘霞，宋卫．大学生创新创业指导：慕课版[M]．北京：人民邮电出版社，2019.
[23] 王中强，陈工孟．创新思维与创业教育[M]．北京：清华大学出版社，2017.
[24] 张香兰，程培岩，史成安，等．大学生创新创业基础[M]．北京：清华大学出版社，2018.

读书笔记